U0135513

Web 3

科技新趋势

〔美〕克里斯·达菲（Chris Duffey）著

陈锐珊 译

DECODING
THE METAVERSE

Expand Your Business Using Web 3

ZHEJIANG UNIVERSITY PRESS
浙江大学出版社
· 杭州 ·

图书在版编目（CIP）数据

Web3：科技新趋势 / (美) 克里斯·达菲著；陈锐珊译. -- 杭州：浙江大学出版社，2024.3
书名原文：Decoding the Metaverse: Expand Your Business Using Web3
ISBN 978-7-308-24386-5

Ⅰ.①W… Ⅱ.①克… ②陈… Ⅲ.①信息产业—产业经济—研究 Ⅳ.①F49

中国国家版本馆CIP数据核字（2023）第231669号

Decoding the Metaverse: Expand Your Business Using Web3

Copyright © Chris Duffey, 2023

This translation of Decoding the Metaverse is published by arrangement with Kogan Page.

Simplified Chinese translation copyright ©2023

by Hangzhou Blue Lion Cultural & Creative Co.,Ltd.

All RIGHTS RESERVED.

浙江省版权局著作权合同登记图字：11—2023—461号

Web3：科技新趋势

（美）克里斯·达菲　著　陈锐珊　译

策　　划	杭州蓝狮子文化创意股份有限公司	
责任编辑	黄兆宁	
责任校对	朱卓娜	
封面设计	王梦珂	
出版发行	浙江大学出版社	
	（杭州天目山路148号　邮政编码：310007）	
	（网址：http://www.zjupress.com）	
排　　版	浙江大千时代文化传媒有限公司	
印　　刷	杭州钱江彩色印务有限公司	
开　　本	710mm×1000mm　1/16	
印　　张	16.5	
字　　数	268千	
版 印 次	2024年3月第1版　2024年3月第1次印刷	
书　　号	ISBN 978-7-308-24386-5	
定　　价	69.00元	

版权所有　侵权必究　印装差错　负责调换

浙江大学出版社市场运营中心联系方式：（0571）88925591；http://zjdxcbs.tmall.com

感恩家人，让我经历了一段充满幸福、爱意和意义的人生旅程。

感恩好友约翰·塞伯特（John D. Seibert），让我看到了力量、善良和成功的光辉典范。

引言
PREFACE

我们距离人类历史上超大规模的社会发展潜力爆发仅有一步之遥。

元宇宙搅动商界风云，彻底颠覆了以往的剧本。曾几何时，传统的商业战略模式和绚丽的新技术把我们的集体思维囿于一隅，但放眼未来，元宇宙带来的划时代进步将会为我们的集体思维卸下镣铐。面对这场革命性变革，我们需要采用一种全新的思维方式。在这个时代，企业必须以无畏的姿态跃进元宇宙，用新视野成就新高度——在这片广阔无垠的 3D 世界里，人类将通过大量的共同经验实现瞬时的空间转移。

时异势殊，元宇宙将重塑企业成长的新范式。企业增长不再是将客户的时间和注意力变现，而在于回报他们的时间和注意力。一切将不同以往……

- 不再是中央集权，而是关乎去中心化；
- 不再是交出所有权，而是关乎自我所有权；
- 不再是单一经济，而是关乎共享经济；
- 不再是交出控制权，而是关乎自主权；
- 不再是封闭孤立，而是关乎开放互通；
- 不再是无安全保障，而是关乎安全性；
- 不再是孤立，而是关乎共享经济；
- 不再是单维体验，而是关乎沉浸式体验。

本书会将前述的元宇宙特性——铺陈开来，为读者提供迈向发展新局面的方向。颠覆企业、产品、品牌和消费者之间的传统关系；重新定义创意卓越，创造新方法，传递消费者和商业的价值；有效地赋予人类发挥创造力以及释放想象力的力量；最终成功沉淀出沉浸式体验的副产物，全面唤起情感与共鸣。元宇宙正在引领一种全新的世界秩序——冲破地点的束缚，通过空间的柔性捆绑[①]，以全面数字化的方式自下而上构建企业和平台。

我们将这种方式称为"持续效用循环"（persistent utility loop）。这是一种面向未来的企业方法论，颠覆了传统的营销、产品和销售策略，适用于创业者、中小型企业和财富500强企业。这种方式主要追求用户为先、适应市场和价值飞轮效应[②]，可以促进元宇宙中的企业成长。

在物理学领域，"虫洞理论"概念提出一种假设，连接不同时空的通道可能成为星际航行的捷径，光年旅程，转瞬可至。大概也是以这样的方式，元宇宙将会把人类带到一个别样的宇宙。在那里，创新永无止境，创意纵横无界，商机前所未有。

在本书中，我们将以多维度领航，带大家一起遨游元宇宙，探索其中的商业机会。

---

① 柔性捆绑即表示元宇宙的技术和平台是灵活的、可塑的，可以根据需要进行组合和调整。——译者注

② 飞轮（flywheel）效应是指为了使静止的飞轮转动起来，一开始必须使很大的力气，一圈一圈反复地推，每转一圈都很费力，但是每一圈的努力都不会白费，飞轮会转动得越来越快。达到某一临界点后，飞轮的重力和冲力会成为推动力的一部分。

目 录

CONTENTS

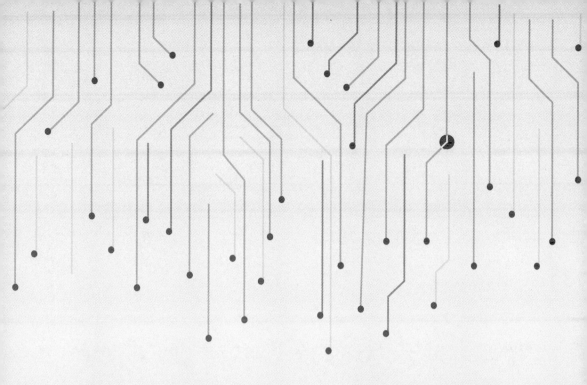

第一部分

解码平台

第1章 Web 1.0、Web 2.0 和 Web 3

元宇宙是不同技术的复杂融合，人们可以在这个环境里进行工作、娱乐和交流。它为我们描绘了一个宏伟愿景，即通过增强现实（augmented reality，AR）和虚拟现实（virtual reality，VR）等技术将真实世界和虚拟世界融合在一起。从概念上讲，元宇宙是指人们可以轻松且频繁地进出虚拟世界，犹如人们可以轻松且频繁地在智能手机上使用社交媒体。通俗地讲，元宇宙将会逐渐成为个体生活的重要部分。

很多人喜欢将元宇宙与技术画上等号，但这种看法过于狭隘。诚然，元宇宙始于技术，但它不止步于技术——它还融合了旅行、协作、交流与社交。元宇宙的核心主题是摆脱中央威权的控制，创造一个开放多元的社会。在这个社会里，人们可以自由挥洒，充分发挥潜力。

这种潜力是多方面的。例如，为企业创造新前景，突破可能性的极限；打碎束缚人类创造力的桎梏，带来全新的、令人振奋的价值创造巅峰；企业可以挣脱真实世界的约束，为新产品、服务和作品创造出无限的扩展空间。

在踏上元宇宙之旅之前，我们首先要对成就元宇宙的基础技术进行探究。

我们可以将元宇宙比喻成一个分层蛋糕：各种各样的技术层层结合在一起。底层是基础，只有底层的基石牢固，才能承载上层架构的运行。

一般来讲，专家和计算机工程师都很熟悉协议或者网络堆栈的概念，也就是开放式系统互联通信参考（open system interconnection，OSI）模型。OSI 模型共分为 7 层，最底层是物理层（硬件层），最顶层是应用层。

在随后的段落中，我们将继续使用分层蛋糕的比喻来阐述元宇宙的基础概念。首先是元宇宙的基础。

无论我们最终如何阐述元宇宙及其基础，如果没有硬件，那一切都无从谈起，这也是"硬件"位列分层蛋糕最底层的原因。逐层向上，分别叠加软件、智能设备、云技术、互联网、Web（1.0、2.0、3）以及其他支撑技术和应用程序，如此才足以构建数字世界。

每个层级都需要互相配合，缺一不可。如果从中间抽走一层，那就不用指望整个结构还能够正常运作。下文将首先讲述蛋糕的底层——硬件。

硬　件

不失公正地说，自从算盘发明以来，计算工具已经存在了数千年。但实际上，电子计算机是在第二次世界大战中才开始投入使用的。在硝烟弥漫的年代，军事情报的来回传递要仰赖无线电和电话线。但敌人往往可以轻松截获情报，读取内容并制定相应战略。

为了防止敌人读取机密信息，作战人员使用了原始形式的数据加密，虽然从现代标准来看，这种加密方式相对较为简单。当时的复杂机器可用于加密和解密消息，期望敌人无法破解算法背后的数学原理。虽然这些原始计算设备构成了消息安全性的支柱，但这种形式并非牢不可破，因为作战双方都可以破译出密码，并根据消息内容采取行动。二战同盟国 [①] 的情报工作做得尤为出色，他们屡屡破译秘密信息，利用搜集的信息赢下了多次战役。

值得注意的是，最初研发计算机的目的是为军事部门服务，但这种趋势在二战之后仍旧存续，而且还因为火箭和卫星制导系统的需要而愈演愈烈。渐渐地，计算机的应用扩展到商业领域，用于会计及其他用途。再往后，计算机的功能越来越强大，体积越来越小，最终以个人电脑和电了游戏的形式到达消费者的手中。

很难想象没有计算机的生活会是什么样了。现在绝大部分人每天都离不开智

---

① 二战同盟国包括苏联、美国、英国、法国、中国等国家及其盟友，它们在二战中组成反法西斯同盟，对抗轴心国，最终获得了胜利。

能手机。携带式电子游戏机、平板电脑和智能电视也走进了多数人的生活。消费者、军营、政府或企业的生活场所和工作场所都布满了智能设备。

硬件迭代的速度很快，今天的设备和几年前的设备已不可同日而语。我们甚至不用妄想在 20 世纪 90 年代的台式电脑上运行现在的游戏应用程序、人工智能、增强现实 / 虚拟现实和全息眼镜。哪怕是曾经极为先进的超级计算机，也无法运行智能手机上的普通应用程序。计算机硬盘的运行速度和容量呈指数级增长。1956 年，1 兆字节（MB）的硬盘容量售价 1 万美元，包含了 50 个 24 英寸的磁盘，相当于两台冰箱的体积。1979 年，硬盘售价降至 233 美元 /MB；1983 年，搭载 10MB 硬盘的设备售价升至 2700 美元。时间快进到 2011 年，一个 4 太字节（TB）的硬盘售价仅需要 399.2 美元。

不仅传统硬盘实现了容量和性能的飞升，内存和中央处理器（CPU）的功能也大幅提升。设备的尺寸缩小到极致，就连功能强大、具有完整内存和存储的计算机都能够内置到智能手表或智能手机中。此外，运算能力的售价不再高不可攀，因此家庭、工厂和汽车中出现了大量的智能设备，颇有不受约束之势。

细究之下不难发现，互联网技术的应用离不开硬件基础设施的支持，包括：智能手机、平板电脑或笔记本电脑等移动计算设备，台式计算机，云服务器、内存和磁盘驱动器，以及路由器。真正进入元宇宙需要一些特定的 3D 技术支持，例如专用手套、护目镜和触觉手套。可穿戴物联网（即把传感器和其他设备嵌入服装中）将能够实现触觉交互（即触摸）。美国国防部和其他企业正在开发一种脑机接口，希望让人脑与计算机直接相连，并直接进入元宇宙。

硬件是构建分层蛋糕的基础。没有硬件基础，元宇宙时代将无从谈起。一旦硬件设施准备就绪，我们就可以迈向蛋糕的第二层——软件。

软　件

我们必须清楚，硬件和软件相辅相成，脱离了软件的硬件不过是一堆惰性金属和稀土元素。如果没有软件提供指令，磁盘驱动器根本无法执行任何有用的操作。我们可以将软件定义为一组指令的集合，这些指令告诉计算机硬件和其他软件组件该执行哪些操作。"软件"和"程序"这两个术语在过去是可以互换使用的，但我们现在也会用"应用程序"这个术语来代替它们。

固件是一种嵌入式软件，它通常被预先安装在硬件设备中，用于管理和控制硬件的功能。例如，磁盘驱动器通常包含用于控制驱动器旋转、磁盘缓存和读 /写臂运动 ① 等操作的固件。

操作系统（也称为系统软件）用于控制计算机及其外围设备，包括磁盘驱动器、显示器和打印机等。常见的操作系统包括微软视窗（Windows）、苹果（Apple）操作系统和安卓（Android）操作系统。

大多数人日常使用的程序都被称为应用程序。应用程序可以为用户提供各种功能和服务，例如游戏、薪资管理和销售等。除了用户交互的应用程序之外，还有一些应用程序在后台运行，执行一些不需要用户输入的任务。

任何使用过智能手机、台式计算机、笔记本电脑，甚至是亚马逊 Alexa 等人工智能助手的人，都不会对软件感到陌生。应用程序是为特定目的而设计的软件，从启动手机到访问银行应用程序，我们的一系列操作都离不开这些软件。

元宇宙需要高度先进的软件来实现其潜力，例如：3D 图形技术和人机界面应用程序；能够将现实中银行出纳员的行为和动作模拟到虚拟世界中，并创建出 3D 银行出纳员的应用程序；以及数不胜数的控制数字化身、创建模拟和体验的其他应用程序。但是，软件的意义远不止于此——它还负责不同模拟世界之间的连接，数字世界（即孤岛）之间的连接，以及在进入元宇宙数字世界后实现各种通信和功能。

归根结底，各种类型的软件都是元宇宙建立和运行的必要条件。尽管软件可能非常复杂，但如果情况理想，它可以运行顺畅且无须用户干预。在元宇宙中，数字化身使我们能够亲身（或大部分感官）体验这个虚拟的世界。此外，正如后文所详述的，增强现实是一种新兴的技术，它通过数字图像将虚拟世界的元素叠加到现实世界中，有可能成为进入元宇宙的主要入口之一。那么，在这种情况下，

---

① 读 / 写臂（read/write arm）是硬盘驱动器（HDD）的一个重要组件，它可以控制磁头的位置并读写数据。通常情况下，读 / 写臂由一对磁头组成，这些磁头位于机械臂的两端。读 / 写臂通过机械臂的运动来使磁头移动到正确的位置，以读取或写入数据。

数字化身或许就不存在了。但首先，我们必须了解这个蛋糕的第三层——智能设备。

智能设备

随着物联网（internet of things，IoT）技术的不断发展，智能设备在市场上越来越受欢迎。在家里安装智能报警器、智能灯泡、智能插座等各种智能设备的消费者比比皆是。此外，智能传感器和自动化设备在现代工厂和制造基地也扮演着至关重要的角色。甚至，汽车也集成了全套的娱乐、安全驾驶和表演智能设备。现代世界的建立离不开无处不在的智能设备，这些设备拥有广泛的感知和控制能力，贯穿了我们的日常生活。

同样值得注意的是，亚马逊 Alexa、苹果 Siri 和谷歌 Home 等智能虚拟助手已成为消费者生活和工作的控制中心。通过消费者简单的语音指令，这些虚拟助手就可以控制电视、家庭照明、报警系统以及其他常见任务。

截至 2021 年，全球共有 460 亿台智能设备。到 2030 年，这个数字预计将激增到 1250 亿台，预计产生的数据总量将达到 79.4 泽字节（ZB）。如此庞大的数字表明，这些小型智能设备已经变得益发实用。

它们的应用范围非常广泛，可以控制家庭中的各种设备和系统，如暖气、空调、照明、电视等。机器人等工业级智能设备在制造业中也可以执行许多不同的任务，包括检测设备故障、开启或关闭阀门以及管理计算机系统。假以时日，智能城市将会投入数以百万计的智能设备来管理和监测城市的方方面面，例如，调节交通流量，监测水位，自动检测坑洼等道路问题并自动派遣维修人员进行修复。而且，物联网已经延伸到可穿戴智能设备的领域，如监测血压和血糖水平，改变服装颜色，或感知危险的接近。

反过来，元宇宙能够链接许许多多的智能设备，从而实现真实世界和虚拟世界的互动。试想，我们可以使用数字自我（digitalself）^①访问虚拟控制中心，轻松查看家中情况并控制家庭设备，例如调整温度、设置报警等。借助虚拟技术，我们只需要坐在家中的控制室里查看仪表盘和屏幕即可——这个房间完全存在于元宇宙中，而且已经通过智能设备连通到真实世界的家中。

这类智能设备的操作离不开蛋糕的第四层——云。

云

人们普遍认为，云计算正迅速成为支撑现代社会的基石。亚马逊、美国国际商用机器公司（IBM）、微软（Microsoft）和谷歌（Google）等公司提供了几乎无限大的磁盘空间、内存和CPU，且价格合理。例如，微软通过其云服务，为每个家用电脑用户提供1TB的云存储空间，用户可以通过互联网连接到云存储账户，完成文件备份、照片存储以及任何其他想要的操作。

公共云是云计算定义的重要组成部分之一。去中心化数据库和其他资产并不需要公共云功能。相反，它们会利用分布式计算技术，通过整合来自不同计算机（例如智能手机和台式机）的计算和存储资源，形成一个分布式云环境。虽然这种分布式云环境不同于传统意义上的公共云，但为了方便起见，我们暂且将其归为云的一种形式。

在任何时候，公共云服务提供商都会提供现收现付的计费模型，让企业和消费者按照自己的需求和使用量来购买和使用云资源，包括磁盘、内存、CPU等。物联网设备可以利用云平台来执行各种功能，例如亚马逊Alexa的语音翻译功能。这些功能可以帮助企业有效减少内部设备的成本，并极大提高业务的可扩展性。使用云服务的关键优势在于，在应用程序中提供灾难恢复和高性能解决方案要简单得多。这是因为，云基础设施是一个网络连接的数据中心网，如果一个数据中

---

① 数字自我指个人在数字世界中的存在，包括在互联网上的个人信息、社交媒体账户、在线交易记录、搜索历史等数字足迹。数字自我还包括虚拟身份、在线个性和在线行为等方面的内容。

心发生故障，应用程序可以自动切换到另一个数据中心，而不会影响业务。这些数据中心可以全球覆盖，位于世界上任何一个角落。

云及其相关机制和服务对于 Web 3 和元宇宙正常运行至关重要。云计算的访问配置促进了智能设备、游戏和其他应用程序以及分布式技术的实现。关于云，我们有太多要说的，哪怕写成一本完整的书也不为过。可以说，元宇宙、Web 3、智能设备和现代游戏等诸多领域的发展，都离不开云服务的支持和驱动。我们的大部分工作被计算机、智能手机、笔记本电脑、亚马逊 Alexa 以及无数智能设备转移到了云端。

请谨记，元宇宙的运作离不开云的支持。数字自我需要数字世界和其他人进行交互，而连接到云技能（cloud proficiencies）[①] 是实现这一目标的途径。在某种程度上，未来支持元宇宙的智能设备都需要具备"细巧性"，只包含足够在云中工作的必要硬件和软件。毕竟，社交媒体、互联网银行和多人在线视频游戏等应用程序通常需要使用远程服务功能，如果没有互联网连接，这些应用程序将无法正常工作。

很多时候，在满足快速向多个用户传输大量数据的需求时，云基础设施和分布式云计算至关重要。

传统的云模式通常采用按需计量的方式提供各种服务，包括对磁盘存储、内存、CPU 和数据库等组件的访问。这些组件可以通过互联网进行访问，并使用虚拟化技术确保安全性、隐私性和隔离性。云服务提供商负责维护云资产，也就是说，企业、个人和设备可以从任何地方访问这些组件。

常规的分布式云计算可以将工作量分布在不同的云计算平台中[②]。在这种模式下，应用程序可以同时使用来自科罗拉多州、休斯敦和纽约等不同云服务提供商的计算资源。对于用户来说，这些云服务提供商的计算资源在逻辑上被视为一组单一的配置。

云服务的主要优点在于，企业、设备和移动设备等用户端不需要创建和维护自

---

① 云技能是指通过云计算平台提供的一组服务和工具，使数字自我能够与互联网上的其他应用程序和服务进行通信和交互。

② 即多云模式，指企业或组织在建设或使用云计算平台时，同时选取两个或多个不同的云服务提供商，以获取性能、可靠性、安全性和成本控制等方面的优势。

己的服务器（甚至是服务器群），从而确保应用程序能够尽可能高效地利用服务。

我们不妨以最受喜爱的网络电子游戏为例，并假设它通过分布式云系统运行。这个游戏可能大部分时间都在游戏提供商的云服务平台上运行。但是，如果其他位置的云服务平台访问速度更快，那么电子游戏可能会开始使用更高效的云可扩展性[①]。它可以使用其他计算机、智能手机、笔记本电脑和台式机的资源。这个过程不会对玩家的游戏体验造成任何影响。实际上，玩家根本不会知道他目前使用的云服务平台是丹佛的，还是纽约的。

相对而言，这种情况比较复杂。玩家的游戏数据可能存储在丹佛云提供商的云存储中，而计算资源则可能来自加利福尼亚州和内华达州等多个地理位置的服务器。这一切完全以高效至上为原则。当然，针对每个云服务提供商不同的成本结构，相应的规则也会建立并完善，这些成本最终都会转嫁给游戏提供商。

如果把"去中心化"的理念引入这个环境，我们就可以调用全网成千上万台计算机的潜在存储资源，而不只是增加或替代云服务提供商。如此一来，游戏玩家可以从更广泛的资源池中获取所需的存储资源，从而在特定环境下使游戏更快速、更高效地运行。在元宇宙中，这种去中心化资源调度方式可以更轻松地实现同步虚拟体验，因为无论何时何地，我们都可以利用分散的资源来满足需求并获取支持。

如果没有云服务和去中心化计算，元宇宙就难以成立——它需要同时具备公共云功能和去中心化资源。因此，云服务和去中心化能力毫无疑问是这个分层蛋糕的关键组成部分。

互联网

20 世纪 70 年代和 80 年代，美国国防部高级研究计划局（Defense Advanced

---

① 云可扩展性指根据需要添加或减少资源以满足工作负载需求，同时受托管云预配服务器中的容量限制的约束。

Research Projects Agency，DARPA）资助了一项名为"阿帕网（Advanced Research Projects Agency Network，ARPANET）"的研究计划，它就是现代互联网的前身。该项目旨在将分布在不同地理位置的大学和政府机构的计算机连接在一个网络中，从而实现相互之间的信息交换和共享。20世纪90年代，随着超文本标记语言（hypertext markup language，HTML）的横空出世，互联网才真正得到了广泛的应用。任何走过那个年代的人都应该很熟悉美国在线（American On Line，AOL）①和计算机在线（CompuServe）②等知名在线服务提供商，它们通过拨号调制解调器提供网络连接，允许千千万万个家庭通过电话线接入互联网。还有多少人记得初次收到高速调制解调器时的雀跃？这种高速调制解调器的最高速率可以达到19200波特，相当于每秒钟传送4800位（600字节）。但处于高速互联网的时代，57600位/秒（bps）的网速在今天的用户看来已经相当慢了。很多家庭甚至已经升级至千兆线路，几乎是每秒1亿位的传输速度。

不管怎么说，互联网速度的重要性在数字世界中已经变得愈发明显。人们在同一网络上同时进行多项任务是当今很普遍的现象，例如，在远程办公的同时还可以观看流媒体电影以及玩电子游戏。实现企业、家庭、网上店铺以及其他所有实体之间的高速通信，是元宇宙背后的基本要素之一。没有高速互联网，元宇宙将只是一个美丽而遥远的梦。

互联网由多种组成部分构成，除了快速、可靠的带宽，还包含了多种协议和标准。这些协议和标准共同创造了一个统一的网络，该网络允许人们在其中进行各种各样的活动，包括在自己钟爱的线上商店购物，进行游戏娱乐、社交互动，获取新闻信息，以及观看流媒体电影，等等。

下文将就其中部分协议展开详细描述。传输控制协议（transmissions control protocol，TCP）/互联网协议（internet protocol，IP）是互联网的基础协议，是支撑互联网运行的基石。每个连接到互联网的设备都会被分配到一个唯一的TCP/IP地址；它类似于我们的家庭地址，不仅可以标识设备在互联网上的存在，还可以定位设备在互联网上的位置。TCP/IP协议有两个版本，即互联网协定第4版

---

① 这是一家总部设在弗吉尼亚州维也纳的在线信息服务公司，可提供电子邮件、新闻组、教育和娱乐服务，并支持因特网访问。
② 美国最大的在线信息服务机构之一。

（IPv4）以及互联网协议第 6 版（IPv6）。IPv4 是最早的版本，采用了 32 位地址；而 IPv6 的性能更优越，它采用了 128 位地址，可以支持更多的设备和其他功能。

不过，数字地址并不便于记忆。为了将 TCP/IP 地址转换成易于记忆的单词，方便在 Web 浏览器和其他应用程序中输入，域名应时而生。域名的发明让人们能够快速轻松地找到网域入口，访问网站。

Web 随着这些协议和地址的出现而诞生。在这个分层蛋糕中，Web 位于互联网层级的上方。前述 HTML 在概念上类似于校对标记语言，可以用结构化和有组织的方式创建网站和其他对象。HTML 具有链接不同对象的功能。举例来说，一个网站中包含了图形、文档、视频和音频等多种媒体文件的链接，通过 HTML 可以将它们组合并形成不同的页面类型，如网上店铺、博客等。

带宽、TCP/IP 协议、域名系统和 HTML 是创建一个可用、动态的互联网的必要基础。而所有其他内容都是在这些协议、标准、软件和相关硬件的基础上构建的。

摩尔定律指出，集成电路上可容纳的晶体管数量大约每两年翻一番，这预示着，计算机硬件的速度和内存容量将会被不断提高。更快、更大、更强的计算机内存以及具有大量存储空间的磁盘驱动器的诞生，可以说是摩尔定律的直接体现。这也解释了为什么现代电子设备已经可以达到 20 年前的超级计算机的性能水平。

互联网是这个分层蛋糕的关键一层。但是，如果没有一些界面来帮助普通用户访问和利用互联网信息和资源，那么互联网的作用就无法充分发挥。这就引出了蛋糕的第五层——Web 1.0，也称静态 Web。

Web 1.0：静态 Web

大多数现代人可能会将网络视为理所当然的产物。我们会打开计算机或智能手机，通过网络浏览器找到自己喜欢的商家，付费让产品直接送到家门口。我们也会每天多次使用搜索引擎，花费数小时在社交媒体上交流互动。

但是，这一切并非由来如此。20 世纪 60 年代，军方资助美国国防部高级研究计划局建立了一个名为"阿帕网"的项目。其初衷是希望把分布在不同地理位置的军事站点连接在一起，使得彼此间能够通过电子邮件和其他协议共享信息。很快，教育机构也加入了阿帕网，将节点（即系统）的数量扩增到 1000 多个。

以下三个协议的创建成了阿帕网的重要里程碑。

·传输控制协议：TCP 协议提供了一种机制，让两个网络端点（即三个设备）之间建立连接并交换数据。该协议确保了数据传输的可靠性，保证数据能够被正确地接收并按照发送顺序被重组。

·互联网协议：IP 协议规定了数据在网络上如何被划分成数据包并进行寻址，使其能够在网络中正确地被传输和接收。

·超文本传输协议（HyperText Transfer Protocol，HTTP）：HTTP 协议用于在万维网（World Wide Web，WWW）上传输信息，简称 Web。

阿帕网在发展过程中逐渐演变成了互联网，并被广泛应用。在互联网中，大型计算机系统之间通过建立永久通信链路来相互通信，而小型计算机则通过拨号调制解调器连接到电话线上，让用户直接连接到互联网。美国在线和计算机在线等服务提供商相继涌现，它们提供了通过拨号调制解调器连接到电话线并访问各种服务（包括电子邮件通信）的门户。这些服务往往使用功能较少的专有协议。

在互联网发展的早期阶段，大部分的协议和软件都由志愿者维护。这些志愿者坚信开源软件的理念，并致力于创建开放的协议和软件。他们开放地与其他人分享，不收取费用，也没有报酬。时至今日，我们仍然可以在 Web 和互联网的基本构建块中体悟到这些志愿者的贡献，他们所设计和实现的大部分主要思想、协议和概念现在仍在被不同程度地使用。

在 Web 出现之前，人们会通过网络新闻组（UseNet）[1] 进行在线交流。它由一系列的新闻组组成，每个新闻组都聚焦于一个特定的话题。用户可以在组内发帖、阅读、提问以及回复。新闻组可以由管理者进行管理和监管，也可以是自由的。新闻组一直是很受欢迎的网络交流方式，直到 21 世纪初被博客、网站和社交媒体逐渐取代。

---

[1]　早期的分布式互联网新闻组服务。

1989 年至 1990 年期间，蒂姆·伯纳斯·李（Tim Berners-Lee）创建了 Web，这成为互联网的一次永久性变革。蒂姆·伯纳斯·李设计了 HTML 标准。这一标准不仅成为显示网页信息和内容的基础，还推动了网站的兴起，迅速发展为我们今天所熟知的万维网。

起初，用户会通过拨号直接连接到感兴趣的系统。后来，随着服务提供商的兴起，用户可以通过服务提供商访问计算机网络并开始网上冲浪。这时先后涌现了美国在线、雅虎、远景公司（AltaVista）和网景公司（Netscape）等知名在线服务提供商。

随后几年被称为创新的黄金时代，不仅出现了许多令人难以置信的激动时刻，还带来了大规模的创新和投资。其中的大部分都要归功于无偿志愿者构建的开源服务。但是，他们所构建的服务大多仅限于只读，可读写的服务少之又少。

我们可以把 Web 的初始设计类比为一本联机杂志：出版商创建内容，用户阅读内容。社交媒体、动态网站以及个性化的发展轨迹直到 Web 2.0 时期才崭露头角。在那个时期，动态内容已经可以保存在网站留言板、访客留言板以及购物车内。但与今天相比，Web 2.0 时期的动态内容仍然存在一些限制，尤其是在全动态方面。

Web 的早期版本以提供信息、通信和交易为主要目的。其主要输出是一种单向的发布方式，几乎无法与用户进行互动。因此，Web 1.0 常被称为只读 Web（read-only Web）。

Web 1.0 时代主要由开放协议主导。除了前述的 HTTP 和 TCP/IP，当时也有许多其他的协议。例如：

·简单邮件传输协议（SMTP）、邮局通信协定第三版（POP3）和消息访问协议（IMAP）电子邮件：发送邮件由 SMTP 执行，接收邮件则由 POP3 和 IMAP 处理。

·网络新闻组：在当今时代已经基本被淘汰，可以将其视为线程组消息①。

·文件传输协议（FTP）和安全文件传输协议（SFTP）：通过 FTP 和 SFTP 传输文件。

---

① 线程组消息是指一种在互联网上的讨论形式，其中多个用户可以在一个主题下发布消息和回复，形成一个线程。

· 远程登录协议（TELNET）：用于远程终端支持的应用协议。

不管怎样，事实是这些协议目前依旧是 Web 和互联网的基础，尽管随着时间的推移，它们已经包含了其他功能的安全层。

20 世纪 90 年代，蒂姆·伯纳斯·李提出了关于 Web 的一些关键理念。

· 去中心化（decentralization）：在 Web 发布内容无须获得中央机构的许可。Web 的运行不依赖于任何单一的控制系统，因此不会出现单点故障。根据初始概念，Web 没有任何"强制开关"，而且它无须接受审查监管。而当前的 Web 只满足了其中部分设想：去中心化以及无单点故障。但是，由于缺乏集成安全模式，互联网监管却始终无法避免，这意味着，尽管已经设计了一些机制来为 Web 增加安全层，但其效果并不完美。此外，一些国家已经建立了"强制开关"，将部分的 Web 和互联网与万维网隔离开，完全与去中心化的理念背道而驰。

· 自下而上的设计（bottom-up design）：Web 最初是开源的，也就是说，它的开发和编码不会受到公司或组织的控制。Web 的代码、规范和设计具有开放性和公开性，可供所有人查看、修改和使用。这种设计理念沿用至今，但也有一些例外情况。

· 网络中立性（net neutrality）：不论用户使用何种方式连接到互联网，他们都应该能够以相同的速度、质量和成本访问 Web。如果用户支付了 100MB 的服务费用，那么他就可以使用相应的数据容量来进行通信，不受具体的通信内容或通信对象的影响，前提是通信对方也支付了相同或者更高的访问费用。

· 通用性（universal）：任何相关的计算机或系统都必须使用相同的通用"语言"，也就是说，它们必须都采用相同的基础协议进行通信（即 HTTP、TCP/IP）。

· 共识（consensus）：所有用户都必须同意采用相同的网络标准，否则整个 Web 概念将无法成立。万维网联盟（World Wide Web Consortium，W3C）提出了一个透明的过程，确保所有用户都可以参与制定新的 Web 标准。

基于前述理念，企业、政府和人们开始迈向 Web 1.0 新时代，也就是万维网时代。Web 1.0 虽然在今天看来相对原始，但它的价值不容忽视。它为后来的互联网变革性发展奠定了基础，改变了人们的沟通、经商和社交方式，并且其影响力一直延续至今。

在 Web 1.0 时代，企业主要通过创建静态网站向用户展示信息，而用户只能搜索和浏览这些信息。他们与企业的互动仅限于访客留言板、订货单和网站留言板等简单且有限的方式。与用户和企业之间的动态互动相比，搜索和目录服务更受重视。我们可以把 Web 1.0 看作是一种一对多的通信模式。

在 Web 的早期阶段，其服务主要是围绕静态网页的呈现方式。HTML 的早期页面几乎都采用了手工编码，而且大多数没有提供用户互动的功能。

把所有这些协议结合在一起就构成了 Web 1.0 的基础，也就是早期互联网。尽管静态网页以及电子交易功能在今天看来相对简单且原始，但它们的出现极大地振奋了当时的人们，并且带来了惊人的创新。

在早期互联网的发展过程中，志愿者们通过手工编写 HTML 文件来制作大量的网站目录，对互联网资源进行分类和整理。蒂姆·伯纳斯·李则在这个背景下创建了万维网虚拟图书馆，这是最古老的在线目录之一。从那时起，他便开始通过这个虚拟图书馆来组织和理解 Web 1.0。

1998 年，美国太阳微系统公司（Sun Microsystems）[1]的两名工程师创建出多语言开放目录项目 DMOZ[2]，其迅速成为人们在 Web 上查找信息的标准方式。但目录项目中的网站需要由管理员手动进行添加、修改或删除；在高峰时期，目录项目包含超过 500 万个网址（URL）。

可以说，目录对于查找特定网站的内容非常有用，但它们只能覆盖其所涵盖的网站，无法建立全网索引。搜索引擎的发明填补了这一空缺。1993 年，在线搜索引擎 W3Catalog（也称为 Jughead）推出，用于索引当时已有的目录。

类似地，1994 年推出的网络爬虫（WebCrawler）是第一个真正意义上的在线搜索引擎，通过遍历全球网站上的网页内容来构建索引数据库。网页搜索引擎及门户网站来科思（Lycos）也由此确立了自己的地位。此外，有几个商业搜索引擎在 1995 年相继出现，包括 Excite 搜索引擎、远景搜索以及雅虎。

1997 年，凭借太阳微系统公司提供的 10 万美元创业投资，拉里·佩奇（Larry Page）和谢尔盖·布林（Sergey Brin）筹集到 100 万美元，成立了谷歌公司并推

---

[1] 在 20 世纪 90 年代和 21 世纪初期，太阳微系统公司是计算机行业中的重要公司之一，2009 年被甲骨文公司收购。

[2] DMOZ，Directory Mozilla 的缩写，是一个由世界各地志愿者共同维护与建设的全球目录社区。

出了同名搜索引擎。但是，当时由于许多用户常通过各种技巧来提高自己网站的搜索排名，除了谷歌，其他搜索引擎都出现了"垃圾搜索结果"。谷歌通过引入新技术来检测这些行为，从而改善了搜索结果的质量。1999 年，谷歌搜索引擎推出了关键字广告（AdWords）系统，为搜索引擎领域引入了商业化的可能性，进一步改变了互联网。2005 年，微软发布了搜索引擎必应（Bing）。

历年来，人们不曾否认过 Web 1.0 的实用性，而且它的出现确实改变了世界。但是，这项技术的商业化前景却相当渺茫。人们想要更多的互动和参与，企业希望提供动态、以用户为中心的体验，但是，Web 1.0 的静态性质并不能满足这些需求。这时，全新的网络体验——Web 2.0 登上了时代舞台。

Web 2.0：动态 Web

1999 年 1 月，信息架构咨询师达西·迪努奇（Darcy DuNucci）发表了一篇题为《碎片化未来》（Fragmented Future）的文章，首次谈及 Web 2.0 及其定义。她在文中写道：

> 正如我们所了解的，当前的 Web 版本（也就是 Web 1.0）只是一个暂时的状态，在未来很可能会改变。Web 1.0 与未来 Web 的关系，就犹如电子游戏《乒乓》（Pong）与电影《黑客帝国》（The Matrix）的关系[①]。Web 1.0 的本质就是一个原型，是一个理念的验证。事实印证，随时随地通过标准界面访问交互式内容的理念是成功的。这种成功激发出一个新行业，希望对这种理念进行变革，并充分利用其强大的潜力。我们现在所知道的 Web 基本上是以静态形式被加载到浏览器窗口中的，但这只是未来 Web 的雏形。

---

① 《乒乓》是第一款投币式电动玩具游戏和第一款家庭电视游戏，最开始只是一个"人与机器进行对战"的游戏。Web 1.0 可以比作电子游戏《乒乓》，是一种简单、单一的娱乐形式；而未来版本的 Web 可以比作电影《黑客帝国》，是一种更加复杂、多样化的体验。

2014 年，奥莱理出版公司（O'Reilly Media）和国际飙媒体（MediaLive）联合举办了第一届 Web 2.0 会议，约翰·巴特利（John Battelle）和提姆·奥莱理（Tim O'Reilly）分别发表演讲并阐述他们对未来 Web 的愿景。他们提出了一个革命性概念，即应用程序可以通过 Web 访问，不再需要安装在本地设备的桌面上。

两位演讲人将这一新愿景与网景公司相提并论，认为它们都具备革命性的潜力。网景公司致力于构建一个能够替代传统桌面操作系统的"网络桌面（Webtop）"概念，希望通过它来创建一个 Web 浏览器，为基于服务器的产品开辟新市场。网景公司最终创建了一款面向用户的软件 ①，如此一来，用户就可以通过应用程序来推广网络桌面。

与网景公司相反，谷歌则开始提供基于数据的服务。它建立了网络索引，收集大量的网页链接和用户生成的内容，并将其存储在一个巨大的数据库中。这个数据库一直保持不断更新，可以添加、删除和修改网站链接。

基于前述这些概念，应用程序可以独立于用户的计算机并存储在 Web 服务器上，如此一来，用户的计算机就可以通过浏览器网络桌面访问这些应用程序。用户可以摆脱手工编码的目录结构，进而通过动态组合的索引来查找网站。

2006 年，《时代》（Time）周刊把"你（You）"选为年度风云人物，意指匿名贡献了大量用户生成内容的无数网民。在该期封面故事中，列夫·格罗斯曼（Lev Grossman）解释道：

> 人心空前凝聚，协作精神空前高涨。这个故事，既讲述了包罗万象的知识纲要维基百科（Wikipedia）、拥有百万频道的人际网络油管（YouTube）以及社交网络大都市聚友网（MySpace），也赞美了多数人从少数人手中夺取权力，且不计回报地相互帮助。它不仅会改变世界，还将以全新的方式改变世界。

社交媒体和电子商务网站是 Web 2.0 时代的核心组成部分。具备个性化功能的网站可以根据其产品和服务的内部数据集，对网站的观感进行调整。换句话说，

---

① 指 Web 浏览器网景领航员（Netscape Navigator）。

Web 2.0 是一个全新的"读写"时代。

WebAppRater.com[①] 总结了 Web 2.0 的关键特点，包括：

· 自由信息分类（也称为民间分类法）；

· 基于 Web 的应用程序；

· 利用 Ajax 和 HTML5 等工具提供丰富的用户体验；

· 用户创建信息，例如产品评论和社交媒体上的帖子；

· 群众外包[②]；

· 内容共享；

· 全渠道内容发布。

但是，Web 2.0 也存在以下缺点：

· 信任易受损，例如当平台意外删除某项功能时，用户可能会感到失望和不信任。

· 存在数据孤岛现象，导致数据在不同平台间流动变得困难。

· 可能会导致金融排斥现象，即内容创作者无法从其创造的价值中获得应有的收益。

相较于早期的 Web 1.0，Web 2.0 标志着互联网的巨大进步和飞跃。但是，互联网的快速增长也让人们开始思考如何解决相关的问题，例如数据所有权、隐私、安全和商业等的变革。同时，随着 Web 2.0 的发展，人们开始引入另一个 Web 版本的概念，即后来的 Web 3 概念。Web 3 通过区块链技术实现了数据信息的电子存储，为互联网带来了一个全新的范式。这个范式以去中心化、安全、隐私和信任为核心，同时更加关注元宇宙的发展。

---

① WebAppRater 是专门针对 Web 应用程序开发人员和用户的社区倡议。

② 群众外包指利用互联网来连接大量的个人和组织，以完成各种任务和项目。

Web 3：去中心化互联网

Web 2.0 是当前最普遍、最常用、最受欢迎的互联网版本。根据最初的设想，Web 2.0 的数据主要存储在集中式存储库中。然而，这一设想已经随着时间的推移而发生了改变，如图 1 所示。

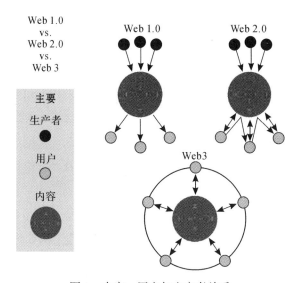

图 1　内容、用户与生产者关系

Netlify[①] 公司的首席执行官马特·比尔曼（Matt Biilmann）曾与基于云计算的网络开发平台提供商 CMSWire 展开一场对话，席间他谈道：

> 网络最初是一个基于域名服务器（DNS）的去中心化系统，任何人都可以购买、拥有和管理他们的域名，并根据需要将其从一台主机转移到另一台主机，同时对所有底层数据拥有完全的控制权和所有权。但结果是，我们的

---

① Netlify 是一家提供静态网络托管服务的初创公司，旨在提升网页加载速度，提升用户网页访问体验。

在线业务却随着网络的发展越发集中在企业平台上。例如，如果某人注册了一个照片墙（Instagram）账号，由于这个账号及其所有的内容和粉丝已经与这个网络绑定在一起，所以他不可能将它们迁到别处。

对此，Web 3 的解题思路是：创建一个去中心化的点对点网络，将所有权归还终端用户。在这种模式下，无论是数据的存储、应用程序的运行，还是网站的托管，用户都可通过其联网设备一一实现。所有这一切都将分布在千千万万台计算机上。

那么，如何在众人素未谋面的情况下协调他们齐心协作呢？不相识又如何相信？ Web 3 的设计者迎难而上，直面这个根本性问题。信任缺失始终是互联网的"先天缺陷"。早先，我们通过一系列协议、行为准则与安全层建立起互联网的信任机制。但随着社交网络和其他业务的出现，它们也可以自行向用户施加自己的信任协议。

从许多方面来说，这一切归根结底都只是"如何与陌生人建立信任关系"的问题。互联网存在的问题不在少数，但信任危机是 Web 3 希望解决的首要问题。

应当指出的是，Web 3.0 和 Web 3 是两码事。万维网的发明者蒂姆·伯纳斯·李将 Web 3 定义为语义网（Semantic Web），即互联网数据是机器可读的结构化数据。认证和合规服务提供商（Schellman and Co.）的高级经理雅各布·安萨里（Jacob Ansari）表示，从概念上讲，Web 3 的核心特征在于去中心化，其涵盖了区块链、加密货币、非同质化通证（non-fungible token，NFT）等技术。Web 3 这一术语由以太坊联合创始人、波卡链（Polkadot）创造者加文·伍德（Gavin Wood）提出，他将其定义为"基于区块链的去中心化在线生态系统"。本书所指 Web 3 的定义与加文的定义一致，这一定义对理解元宇宙具有重要意义。

拜占庭将军问题

我们不妨设想这样一个场景：有一支由多个将军带领的军队，承担了保护要塞的责任。摆在这些将军面前的选择有两个：要么进攻，要么撤退。但将军们各持己见，有人倾向于前者，有人倾向于后者。如果不形成战略共识，他们就极有可能失败，战争也无法取得胜利。因此，将军们需要就两种选项进行投票，并积极执行选定的方案。

这个问题之所以棘手，是因为部分别有用心的将军可能会投出虚假选票。但更棘手的是，将军们的投票均由信使送达，而这个过程会存在选票被拦截、内容被篡改的风险。这个类比例子恰恰反映了陌生人之间的信任问题。在缺乏信任的情况下，互不了解的各方如何有效协作？

为了避免各系统组件之间出现分歧，拜占庭容错机制应运而生。在这一机制下，任何未能成功传递消息的系统组件都无法获得投票权。在经过多次的失败尝试后，系统组件可以使用默认值。就前述列举的比喻情况而言，任何不干实事的将军都无法获得投票权，换言之，只有成功传递信息的将军才有投票权。

在计算机领域，一台台电脑就宛如一个个将军，而将军们要传达的消息就相当于系统之间的通信。就电子设备而言，这种解决方案可以排除那些出现问题或无法运行的组件。它支持多个 CPU 操作，即使部分 CPU 出现"变节叛变"的情况也不会影响运行。

同样地，人与人之间也可以运用这种解决方案。如此一来，陌生人之间因为缺乏信任而无法协作的问题便迎刃而解。每个躬身入局的人都必须投出可靠的一票，反之，任何玩忽职守的人都将会失去投票权。

Web 3 创建了一个去中心化的系统，参与者可以在公平参与的基础上拥有可靠的投票权。换句话说，只有参与者对系统尽职尽忠，他们才会获得投票权。

哈希现金（Hashcash）

哈希现金是一种用于过滤垃圾电子邮件和拒绝服务攻击的工作量证明（proof-of-work）系统；当下，它也是挖矿算法中的重要部分。在这个机制下，电子邮件的发送者或区块链网络中的参与者需要付出一定的计算资源，以证明他们的合法性。以电子邮件为例，每条消息都必须包含一个哈希戳记，以证明发件人付出了计算戳记的代价（即 CPU 资源），从而表明正在发送的是合法（非垃圾）信息。其背后的原理是，垃圾邮件发送者常常不费吹灰之力就可以发送出成千上万封邮件，但如果每封邮件都必须创建一个哈希戳记，那么每封邮件请求的计算累加将是昂贵的，而制造垃圾邮件的成本也会水涨船高。因此，从理论上看，高昂的成本可以让垃圾邮件发送者望而却步。

Web 3 延伸了哈希现金的概念，要求网络运营人员[1]投入资金、设备或工作量证明，从而成为 Web 3 实现去中心化的强有力途径。

Web 3 是指基于区块链（相关研究详见后文）和通证经济学的去中心化互联网。它与 Web 1.0 和 Web 2.0 都不一样，了解清楚这一点很重要。Web 3 并不依赖中心化平台以及受监管的金融服务；相反，它是去中心化的，在这种生态系统下，用户的个人数据和资产将完全回归个人。

Web 3 的设计

Web 3 的设计具有以下特点：去中心化、区块链、去中心化金融（decentralized finance，DeFi）、去中心化应用程序（decentralized application，DApp）、智能合约、去中心化自治组织（decentralized autonomous organizations，DAO）和 NFT。根据蒂姆·伯纳斯·李提出的初始理念，有部分特点我们或许已经能够理解一二。值得注意的是，Web 3 建立在 Web 1.0 和 Web 2.0 的基础上，这三者都可以同时存在于万维网。

这些特点都是 Web 3 的建构模块，有助于实现元宇宙，因此本书将对这些特点进行详细讨论。以下我们将逐一分解进行介绍。

去中心化

在 Web 3 中，数据可以存储在由数百、数千甚至数百万个计算系统（即智能手机、台式机等）组成的分布式网络中。这个网络的一个主要优势是冗余性[2]，因此即使一台或多台计算机发生故障或遭受攻击，数据也可以从其他计算机中恢复。

去中心化是 Web 3 的核心特征之一，这与 Web 2.0/1.0 截然相反。在 Web 2.0/1.0

---

[1]　这里指网络中的节点，也称为矿工或验证者。

[2]　冗余性可以看作是备份或替代性能部件的一种方式，以保障系统的可用性和可靠性。

中，数据常常存储在单个固定位置或服务器上，并基于其 TCP/IP 地址（和域名）进行定位；而在 Web 3 中，数据都是通过分布式系统在多个位置存储和处理的。

区块链

加密数字货币构成了 Web 3 金融交易的基础。这些货币建立在区块链之上，在去中心化的网络中进行交易。加密数字货币是自给自足的实体，不依赖于任何中央机构或银行，也不受政府或其他机构的干扰。在本书撰写之时，加密数字货币的市值估计为 2 万亿美元。

区块链是一种维护去中心化和安全交易记录的方法，能够确保其所包含信息的真实性和安全性。区块链会将数据收集到"组"里，也就是我们常说的"区块"。当这些区块填满数据时，新的区块就会开始创建。成堆的区块堆叠在一起，然后和链条一样互相链接，因此产生了"区块链"一词。所有区块都按照时间顺序链接，每个区块的数据都无法被篡改，形成了一条"永久链"。

区块链技术可以用于许多不同类型的数据和信息。它可以用于保存许多类型的数据，包括医疗记录、家谱和合同等。由于区块链技术的灵活性和去中心化特点，它被认为是 Web 3 和元宇宙的基础架构。

例如，区块链技术可以用来存储个人的医疗记录。当一个孩子出生时，可以创建一个关于该孩子的区块链，并在其中记录每次体检情况、化验情况、疫苗接种情况、处方药信息以及身体状况。这些记录将随着孩子的成长不断累积。利用区块链技术，孩子的医疗记录是无法被篡改的，非常安全，并且完全由本人拥有所有权。孩子可以授权他人访问其医疗区块链的任何部分，或者整个区块链，并且可以随时撤销这些授权或设置时间限制。此外，患者还可以指定由特定的医疗专业人员添加特定类型的信息，例如，只有眼科医生才可以添加有关眼睛的信息。

区块链技术是元宇宙的重要支柱之一，因为它能够确保信息得到安全、可靠的存储，并授予所有者设置安全限制和规则的能力，以决定数据如何被使用和访问。

去中心化金融

去中心化金融是一种数字基础设施，旨在消除对中央机构监管金融的依赖。

它利用区块链技术，在核心层面上消除了任何单一实体控制交易分类账的需求。

去中心化应用程序

去中心化应用程序是一种基于区块链的应用程序，可在智能手机、笔记本电脑和其他计算机上运行。它们使用区块链来存储数据并保护用户隐私。应用程序的创建者无法干预用户使用应用程序的方式。去中心化应用程序是使用智能合约构建的应用程序，这将在下一节进行更详细的解释。创建去中心化应用程序并不困难，这也是以太坊等区块链平台的主要目标之一。以太坊是一个开源、去中心化的区块链平台，开发人员可以通过它构建和部署基于区块链技术的应用程序。所以，以太坊是这些去中心化应用程序的主机平台。

简明扼要地说，去中心化应用程序是指运行在去中心化网络上的应用程序，其后端代码运行在分散式网络上，而不是像"传统"应用程序一样运行在中央服务器上。去中心化应用程序具有以下特点：

·去中心化。它们没有中央控制式服务器，而是在去中心化的公共平台上运行。

·它们可以执行任何逻辑，只要它们可以获取必要的资源。

·独立性。它们在虚拟环境中运行，以防止应用程序代码中的错误影响其他任何东西。

·确定性。它们在任何环境下都可以保持一致。

去中心化应用程序具备以下优点：

·没有中央服务器，因此不受离线或宕机的影响。

·基于智能合约构建，数据被视为私有。

·基于区块链技术构建，数据无法被篡改。

·不依赖于中央权威。

·抗审查，可以在不受任何政府或其他机构干扰的情况下运行。

·可以无限扩展。

·具有容错性。

智能合约

智能合约是一种基于区块链技术的程序，旨在自动记录和执行合同规定。例如，一位作者可以使用区块链技术来创建智能合约，以管理自己的版权和版税。该智能合约的规则可以是，每售出一本电子书时自动向作者支付一笔版税，并在售出一定数量的图书后增加版税金额。此外，智能合约还可以设定版权条款，以限制他人对书籍内容的使用，并规定他人如何使用基于该图书创作的电影剧本等权利。这些工作都可由智能合约的代码自动完成。

以太坊创始人维塔利克·布特林（Vitalik Buterin）在他的博客文章《去中心化自治组织（DAO）、去中心化自治公司（DAC）、去中心化自治（DA）及其他：不完整术语指南》（DAOs, DACs, DAs and More: An Incomplete Terminology Guide）中谈到了智能合约：

> 智能合约是一种涉及数字资产的双方或多方合作协议，其中部分或全部参与方将各自的资产纳入合约中。根据合约启动时的未知数据而预设的算法，智能合约将会自动重新分配资产。

智能合约可以基于预设条件自动执行协议，因此不需要中介来实施或签订合约。智能合约可以在满足预设条件时自动执行相应的工作流程。

在区块链中，智能合约由一系列"条件语句（if/then）"组成，用于自动执行各种操作，例如出售汽车、购买门票、转移资金等。智能合约一旦部署在区块链上，就成为不可更改的记录。只有获得许可的人才能查看合约的执行结果。

如有需要，智能合约可以包括多个"条件语句"条款，用于定义协议的规则（即条款）。除了规则条款之外，智能合约还必须指定任何异常条件，并建立争议解决的框架。

现代 Web 界面使得创建智能合约变得越来越容易。智能合约具有快速、高效、准确的特点。此外，智能合约的操作是公开可见的，所有相关各方都可以查看和理解所有条款和执行结果。智能合约在执行过程中不需要中介人——不需要律师、法官或任何其他人的介入来解释或执行。虽然智能合约目前还没有被法院普遍承认，但是随着区块链技术的发展和广泛应用，这种情况可能会改变。

因为智能合约受到加密保护，并嵌于拥有固有安全特能的区块链之中，因而它们的安全性毋庸置疑。一旦智能合约启动执行，即不再容许任何修改。

去中心化自治组织

去中心化自治组织是一种基于去中心化应用程序技术的新型组织形态，通过加权投票系统实现无须等级制度的民主决策。成员可以通过购买通证来获取投票权；谁的通证多，谁的投票权就越多。通证的数量可以反映成员对组织的投入程度，因此，那些在组织投了更多时间、精力或资金的人将拥有更多的发言权。

去中心化自治组织允许人类成员和数字实体共同运作。它们可以制定治理协议，包括决策流程、资产共有、参与经济以及组成团体等。涉及人员或实体相互交流的情况，都可以通过去中心化自治组织制定的规则进行管理。

在去中心化自治组织中，决策是自下而上完成的，也就是说，组织成员（即社区）可以根据区块链制定和实施的协议进行治理。组织成员可以根据其对DAO 的投入程度获得相应的投票权，并据此影响去中心化自治组织的治理和发展方向。去中心化自治组织具有以下特征：

- ·由成员共同管理，而不是由一个中央实体管理。
- ·拥有内置资金池，未经组织成员批准，任何人都无权使用资金。
- ·没有设置层级结构。
- ·由组织成员共同拥有。
- ·完全自治。
- ·公开透明。
- ·基于开源区块链。

去中心化自治组织消除了信任问题；由于智能合约确保了组织成员间的互动遵循的是公开透明且完全可见的规则和过程，所以他们不再需要建立信任基础。

在去中心化自治组织中，通证持有人被视为利益相关者。他们可以投票使用资金池的资金以及修改规则。

NFT

NFT 是不可互换的。每一个 NFT 都是独一无二的；因此，即使两个 NFT 在外观上非常相似，它们仍然被视为完全不同的资产，不能互相交换或替换。每个通证都具有独特的标识符和所有权信息。NFT 常被比喻成护照——虽然护照的外观看起来相似，但每个护照都具有独特的标识符和元数据，记录了持有人的身份和旅行历史。NFT 可以进行扩展或组合，也就是说，将多个 NFT 进行属性叠加，两个 NFT 可以合并成一个新的 NFT。

NFT 作为一种加密数字资产，可以代表现实世界中的任何物品或资产，所以它们在 Web 3 和元宇宙中具有重要的地位。正因如此，NFT 在数字世界中常常被识别、使用、交易、出售、持有并象征化。本书将对 NFT 进行更深入的讨论。

每一个 NFT 都是独一无二的，无法被任何其他东西所取代。例如，我们可以用一张 1 美元的普通钞票兑换成另一张 1 美元的普通钞票，因为它们的价值是相同的。但是，我们无法用一个独一无二的古董花瓶去交换另外一个古董花瓶，因为它们具有不同的特征和价值，无法进行互换。

NFT 是数字资产的一种形式，可以代表艺术、音乐、视频、书籍等数字内容或物品。所有者与 NFT 联系在一起，这让数字资产在数字世界中也能拥有所有权概念。因此，NFT 在元宇宙中发挥了重要作用，它们创造了物品的所有权和价值。

假设某支乐队在互联网上发布了自己创作的音乐作品，那么听众很有可能会进行下载和复制。在过去，音乐制作人和音乐公司可能会依靠分布式权限管理（distributed rights management，DRM）或其他数字版权技术，添加加密和所有权管理。但是，这些技术可能会被绕过和破解。甚至市面上一些应用程序可以完全将分布式权限管理删除。

如今，通过将音乐作品与 NFT 关联起来并授予所有权——实际上，NFT 只能有一个所有者（但是所有权可以转移）——艺术家和内容所有者都可以从自己的创作中获得收益。他们可以直接地向公众出售他们的音乐作品（或任何他们想要出售的项目/内容），而无须依赖传统的商店或拍卖行。从很多方面来说，NFT 可以简化内容创作者的入市流程。

NFT 定义了资产的所有权，NFT 的所有者可以决定如何使用这首音乐作品。NFT 的编程还可以包括版税的概念，也就是说：当音乐作品被使用或查看时，NFT 所有者可以获得版税收入；当音乐作品被交易时，所有者可以获得一定比例的收益。

我们不妨再详细了解下这个操作过程。假设一位艺术家想要转手卖掉自己的原创艺术品，她首先可以为这件艺术品创建一个 NFT，然后在智能合约中设定购买价和版税金额，并指定如何分配版税收入。如果有人愿意购买这个 NFT 代表的艺术品，那么他们将支付艺术家设定的价格。如果这个 NFT 被商店或者下载网转售，那么艺术家可以获得销售收益的一部分。对于艺术家而言，所有支付都是自动进行的，并且支付方式已经被编码到这件艺术品所代表的 NFT 的设计中。

NFT 是一种数字资产，由区块链技术支持。因为没有实体形式，所以它通常被认为是无形的；但是，它也可以与实体物品相关联，使其具有有形性。例如，NFT 可以是以下任何一种物品：

- 一首歌曲；
- 一件艺术品；
- 一张图像；
- 一件收藏品；
- 一首电话铃声；
- 一个服饰图案；
- 舞蹈编排；
- 社交媒体上的帖子（哪怕是一篇文章）；
- 电子游戏中的道具；
- 一个电子游戏。

小　结

接下来的章节，我们将会进一步阐述 NFT、去中心化自治组织、区块链以及去中心化金融等技术。这些技术构成了 Web 3 的核心模块，为元宇宙的消费者和商业体验建设提供了重要支持。

Web 3（以及元宇宙）通过去中心化的金融、治理、组织、应用程序和数据库，改变了 Web 1.0 和 Web 2.0 的范式。基于区块链技术，Web 3 通过多种方式对控制和权利进行重新分配。在 Web 3 时代，数据回归个人所有，应用程序可以在任何地方运行，金融则由智能合约和 NFT 管理。

元宇宙被视为下一个时代的入口，它在 Web 1.0、Web 2.0 和 Web 3 的基础上，创造出一个可以呈现 3D 世界的虚拟空间。这个虚拟空间将以沉浸式的方式让用户进行交互和体验，通过视觉、听觉甚至是其他感官来感知这个虚拟环境。

元宇宙将 Web 1.0、Web 2.0 和 Web 3 等互联网技术结合到一个全面的交互界面中，让人们能够用一种比以前更直观的方式访问和使用互联网。它像黏合剂一样，将之前出现的所有技术和理念融会贯通。

关于元宇宙基础知识的部分将不再赘述，接下来我们将进入下一章，一起探究元宇宙的定义。元宇宙是什么？为什么我们需要它？它解决了哪些问题？

第 2 章 元宇宙

元宇宙正在逐渐形成，但它的未来发展方向尚存在诸多争议和不确定性。目前，元宇宙仍处于阿尔法（Alpha）阶段，只是概念验证的阶段，旨在将现实世界和数字世界融合在一起，创造一种全新的现实体验。从根本上说，元宇宙是互联网的继承者，构建在硬件、软件、智能设备、云技术以及 Web 1.0、Web 2.0 和 Web 3 等现有技术基础之上。

今时今日，人类社会对沉浸式体验有更强烈的渴望，因此从许多方面来说，元宇宙是一种符合预期的发展。很大程度上，人们之所以有这种强烈愿望，是因为他们希望拥有更真实的沉浸式体验，而不仅仅是在屏幕上观看。

在本章，我们将对元宇宙进行描述，同时通过"概念和实践"两个镜头维度对其进行分析，希望以此帮助读者发掘出炒作信息和干扰信息。

我们可以将元宇宙描述为一个融合了物理世界和数字世界的虚拟空间，其为用户提供沉浸式体验，增加业务扩展和消费者价值，并具有持久的效用。它为创意、技术和软技能创造了新的时代需求。

从概念的角度来看，元宇宙汲取了社交媒体、娱乐、游戏和电子商务等方面的构想，并以社区、商业和共享旅程的形式创造了新的价值主张。

从实践的角度来看，元宇宙具备了以下几个基本特征：沉浸式 3D 体验、实时性、所有权、互操作性、共享体验、共享经济和持久性。这些特征都建立在现有的技术基础之上，并利用 Web 3 的功能来实现。

通过前面对元宇宙的描述及其概念性框架和实践性框架，我们可以亲眼见证元宇宙从零开始的构建过程。每个人都有可能成为元宇宙的创造者，我们需要重新思考如何以用户为中心并融入最佳技术实践，为用户创造最佳体验。作为元宇宙的建设者，我们需要团结一致，共同创造未来。这个未来将以协作解决问题、深思发问、攻克困局并最终激发灵感为中心。我们将以负责、谦恭的方式完成每一个阶段的建设。元宇宙将改变我们所知的世界。

以下将简要描述元宇宙的一些功能，为后文深入研究元宇宙的概念性价值主张以及实践性要素奠定基础。

元宇宙的功能

沉浸式开会

显然，随着移动设备、笔记本电脑和台式电脑的广泛应用，人们越来越频繁地通过虚拟会议与他人建立联系。然而，仅仅几年前，虚拟会议还只是单一的线上集会，参会者很难充分表达自己的情绪或进行互动。尽管虚拟会议平台尽力以直观的方式呈现信息，但由于屏幕空间和带宽速度等方面的限制，参与者无法进行深入的互动，虚拟会议常常给参会者带来吃力的感觉。

想象一下，我们正在沉浸式会议室中，参会者可以自由互动，仿佛置身于真实生活场景之中。大家围坐在一张悬浮桌子前，享受无重力的自由，或是舒适地坐在休闲椅上，被静谧的景色环绕。每位参会者不仅可以使用定制的 3D 数字头像来代表自己，还可以通过空间和方向感知来听取对话，感知其他人的情绪反应，并通过触觉反馈与他们握手告别。所有这些都可以在一个虚拟世界中实现。

虚拟旅游

想象一下，在元宇宙中，我们可以购买前往异域的"虚拟旅游"产品。我们可以前往印度攀登喜马拉雅山，或在夏威夷冲浪，或爬上埃及金字塔的顶部，体验刺激和心跳加速的乐趣。如果对科幻有兴趣，我们也可以访问埃德加·赖斯·伯勒斯（Edgar Rice Burroughs）所创造的虚构火星，在《星河战队》（*Starship*

Troopers）中与外星人一起飞行，或在尼尔·阿姆斯特朗（Neil Armstrong）登月时坐在他身旁。所有这些虚拟旅游体验都可以在家中的舒适环境下实现。

医　疗

除了虚拟旅游和先进的会议形式之外，元宇宙有望为医疗领域带来巨大的变革。医生能够以虚拟视角在患者体内进行复杂的手术。利用元宇宙的多感官感知技术，机器人显微外科手术将会更加精确，医生可以进行更多医学探索，为医学界提供更精确的诊断和治疗方案。例如，在手术探查中，医生不需要随意切除患者身体的组织，而是可以通过模拟仿真技术，检查患者身体内部的每个器官是否存在潜在的梗阻。

制造业

制造业也会迎来变革性的发展。想象一下，一家完全由机器人构成的工厂可以建造多台规模庞大、结构复杂的机械设备。工厂四周巧妙地布满了连接到物联网的传感器，技术人员能够实时监测到每个机器人以及每台设备的运行情况。再想象一下，连接到物联网的传感器可以帮助空中交通管制员实时监测引擎突发故障的飞机，并及时了解飞行员和乘客的情况。这项技术甚至可以在调查飞机撞击或其他意外事故时提供帮助。

真实世界元宇宙

增强现实技术再次展现了元宇宙的未来愿景。假设我们漫步在巴黎街头，每当我们经过一个地标建筑时，一个小型消息屏幕就会自动弹出，提供与我们兴趣相关的个性化背景信息。接着，我们在一家商店前驻足，凝视着橱窗里的衣服。如果我们对其中一件衬衫感兴趣，只需通过简单的语音命令，一个虚拟镜子就能够呈现我们试穿这件衬衫的样子。在这种情境下，增强现实与现实世界融为一体，虚拟图像被叠加并映射到实际世界之中。

对于许多玩过《宝可梦》（Pokémon）游戏或在购买家具前使用手机上的购物预览应用程序的人来说，他们已经体验到了增强现实的早期版本。在很多货仓，工人已经开始佩戴增强现实眼镜。这些眼镜能够清晰地显示地上的数字箭头，帮助工人准确地找到货物。此外，一些装载货物的木箱上也配备有数字平视显示器（digital heads-up display，HUD）界面，为工人提供相关的信息。

这些例子并非出自科幻小说或科幻电影，而是展示了元宇宙在当前和未来的潜力。元宇宙正在引领我们进入一个全新的现实世界。

差异点

元宇宙创建了一个无缝互联的虚拟世界，集成了各种现有技术，包括硬件、软件、人工智能、虚拟现实和物联网。

游戏在元宇宙中的影响力不容忽视。得益于 3D 图像、人工智能和其他技术，电子游戏为玩家提供了非常逼真的体验，使其可以完全沉浸在虚拟世界中。这个虚拟世界往往非常真实，具有目标、工具和金融等未来元宇宙所具备的特征。毫无疑问，元宇宙将借鉴现代电子游戏的许多概念，并为玩家提供更丰富、更强大的游戏体验。但需要明确的是，电子游戏本身并不是元宇宙。

整体而言，元宇宙是由多种不同的技术和体验组成的。而单独地看，其中许多现有的技术和体验都可视为元宇宙的前身，它们的存在为元宇宙的诞生奠定了基础。但是，元宇宙本身是一种全新而独特的现象，它将对人类社会和世界产生深远而持久的影响。通过一系列的 3D 互联模拟，人们可以更加直观地与元宇宙进行互动。平台和企业希望创建一个独特而互联的世界，最终形成一个广阔、开放和可访问的元宇宙。

下文将就元宇宙的概念性价值主张进行详述。

概念性框架：元宇宙的价值主张

创建社区

　　总而言之，元宇宙将会成为虚拟的功能世界，而社区意识的建立也不再受地点的限制。元宇宙将包括电子游戏、教育、远程会议、文化体验和体育运动等多个方面；由于空间、时间和物理法则的限制，其中许多方面在真实世界中都无法实现。元宇宙是数字互动的新浪潮。这些令人陶醉的体验将是丰富、持久的共享互动体验，以合作和共同创作为核心。美国游戏厂商英佩数码（Epic Games）的首席行政官蒂姆·斯威尼（Tim Sweeny）曾表示：

　　　　元宇宙将比其他任何事物都更具渗透性和感染力。如果一家中央公司控制了元宇宙，它将变得比任何政府都更强大，甚至可能成为地球的主宰。

社区建设

　　元宇宙中的社区将以人们的共同兴趣和活动为核心，并通过这些共同点形成集体的影响力。从教育到娱乐，元宇宙的多样化能力将创造出广阔的社区前景。从商业角度来看，社区建设者和管理者将与志同道合的社区携手，建立新形式的真实联系。这些共享的社区体验将增加成员的忠诚度和黏性，并让元宇宙成为企业和品牌共同为用户提供更高质量体验的重要平台。

粉丝圈（fandom）①

　　创建社区在元宇宙中具有重要影响力，而"粉丝圈"则是这一影响力的产物。当社区围绕共同兴趣和活动形成紧密联系时，超级粉丝就会涌现出来。这些超级粉丝可以成为不同企业的增长驱动器。社区的共同影响力不容忽视。当粉丝圈充

---

① 粉丝圈是由粉丝构成的一种亚文化现象，这些粉丝拥有共同的兴趣爱好并且彼此之间存在一种志趣相投的友情。

分发挥作用时，它可以鼓励共同创作，为粉丝和品牌提供共享收益的可能性。这就是创意经济的实践，粉丝和消费者可以共同在元宇宙中构建世界。这种趋势正在推动一种新的奖励和忠诚度体系，利用 Web 3 和元宇宙的能力实现共同所有权和合作。当社区和品牌在元宇宙中携手合作时，他们可以通过 NFT、游戏、娱乐和数字时尚等各种方式，获得经济上的利益，创造一种互惠互利的模式。通过粉丝圈这个窗口，我们能够一窥 Web 3 和元宇宙的商业和创收机会。企业可以利用粉丝圈推动以权益为导向的参与，并鼓励建立共享互利的世界。

共同旅程 ①

元宇宙本质上是连接真实世界和虚拟世界的接口，为用户提供一种沉浸式体验的机会，类似于《黑客帝国》中的场景。今天的电子游戏为我们展示了未来元宇宙的样貌和功能；此外，元宇宙将存在功能完备的虚拟文明社区。我们将能够在数字购物中心购物、图书馆阅读，甚至去远方旅行。

在元宇宙中，数字世界往往与真实世界重叠，利用增强现实和人工智能将两个世界合并，创造出许多新的动态。在 Web 2.0 中，"消费者旅程（customer journeys）"是指从购买前到购买后，消费者与品牌、产品或服务在整个过程中的所有互动。在元宇宙中，共同旅程将由消费者和品牌共同创造并拥有。

新兴的互动形式

沉浸式共同旅程在元宇宙的兴起将促使企业以全新的方式与受众建立联系。消费者预期和偏好的变化将推动元宇宙空间向前发展。这将促使企业和品牌适应这些变化的需求，以创新方式展开行动和表现，实现和鼓励共同创造和共同所有权。元宇宙将为企业和消费者提供一个平台，以一种持续且有意义的方式进行互动。

---

① 共同旅程指在元宇宙中，消费者与品牌共同创造和拥有的消费者旅程。

跨越现实限制的叙事

元宇宙可以摆脱现实世界和数字世界所存在的种种限制，因此，品牌可以迸发出更多的想象力。在元宇宙，品牌有可能与消费者建立更深层次的联系，这将成为企业的驱动力。然而，只有当真实性成为互动的核心时，这一切才有可能实现。近来，关于用户生成内容（user-generated content，UGC）的讨论络绎不绝；在元宇宙，用户生成故事（user-generated storytelling，UGS）将成为新的常态，人们可以一起构建品牌的故事。品牌将以创新的方式激活元宇宙社区的互动，与他们共同创造难忘且有价值的沉浸式体验。

新游乐场

这种全新的沉浸式旅程为元宇宙带来了巨大的机会，不仅释放了创造力，还带来了经济倍增效应。企业可以通过别开生面的方式与社区互动，提高忠诚度，扩大影响力。

新商业系统

元宇宙不仅具有引人入胜的 3D 图像、增强现实技术和特效，它还融入了 Web 3 的理念和技术标准。元宇宙赋予人们更多的控制权和所有权。同样地，企业和创业者也有机会探索新的商业模式。

新商业模式

元宇宙将会带来新的商业模式——这是一场变革性的新旅程，将会全新、创造性地改变人们在元宇宙购买、拥有和利用资产的方法。"拥有他人的时间"在元宇宙被赋予了新的概念。在现实世界，人们通常通过就业或其他方式来换取金钱，但是在元宇宙，人们可以通过参与虚拟活动或关注虚拟内容而获得金钱或其他奖励。结合 Web 3 技术和元宇宙的基础设施将赋予品牌创造新工具和技术的能力，品牌可以与消费者和社区合作，共同拥有资产和知识产权。

价值链

第一层区块链[1]可以将智能合约作为一种报酬形式，促进社区成员的贡献。例如，当元宇宙社区成员分享和贡献品牌的知识产权时，这些有能力构建虚拟环境的成员不仅有机会发挥自己的创造力，而且还有机会获得报酬。这激活了 Web 3 的核心能力，为元宇宙的创意经济提供动力。这些新价值链彻底改变了传统的资产买卖方式，人们可以通过在元宇宙社区中创建和贡献资产而获得奖励。与传统的产品销售不同，优先提供真正价值并与客户建立真实关系的品牌最终将会脱颖而出。

元宇宙钱包

元宇宙和 Web 3 结合通证和数字钱包等概念，创造了全新的奖励体系。从某种程度上来说，数字钱包可以视为 Web 2.0 时代中缓存文件（cookie）[2]的升级版或进化形式。与 cookie 类似，数字钱包可以作为一个唯一的标识符，记录用户的购买历史，并根据用户的个性化喜好进行个人化建模和塑造。

Web 3 和元宇宙的关系

需要强调的是，元宇宙不能与 Web 3 混为一谈，这二者有着明显的区别，可以满足不同的需求。但是，Web 3 是元宇宙实现其最大潜力的核心推动者。

全球数字认知战略家马克·麦纳维奇（Mark Minevich）称："Web 3 被称为第三代互联网，它建立在去中心化的计算机网络之上。这意味着没有单点故障，也不存在控制信息流的中心机构。"

Web 3 是继 Web 1.0 和 Web 2.0 之后互联网的下一次进化。一方面，元宇宙利用互联网和 Web 技术进入 3D 世界，创造了引人入胜的互动体验。另一方面，

---

[1]　第一层区块链是元宇宙的核心技术基础设施。

[2]　cookie 是用来追踪用户行为并提供个性化服务的一种技术。

Web 3 实现了区块链、智能合约、去中心化应用程序和数字身份的概念。Web 3 提供了许多强大的工具和技术，元宇宙可以充分利用这些资源。

接下来，我们将会深入讨论元宇宙的实践性要素。

实践性框架：元宇宙的要素

元宇宙包含多个关键要素。如果没有这些实践性要素，元宇宙将无法完全实现，也无法满足不断变化的用户期望。只有充分定义和实现这些要素，元宇宙才有可能存在并实现其实用性。这些要素依赖于互联网和 Web 1.0、Web 2.0 和 Web 3 的基础技术。这些要素包括：

· 沉浸式 3D 体验；
· 实时性；
· 所有权；
· 互操作性；
· 共享体验；
· 持续性。

这些要素让元宇宙独具特色。只有实现了这些要素，才能创造出一个功能完备的元宇宙，如图 2 所示。这个元宇宙是一个完整的世界，模拟并扩展了真实世界的数字身份、体验、经济、治理系统和完全协作能力。

接下来，我们将简要了解元宇宙的每个要素。

沉浸式 3D 体验

沉浸式 3D 体验创造了一个虚拟世界，让个人或群体感知到自己作为数字实体的存在。用户可以通过感官来体验周围的世界，操纵（和感知）物体及其所处的环境。他们也可以与现实世界和数字世界的其他人互动，例如电子游戏的非玩家角色（non-player character，NPC）。

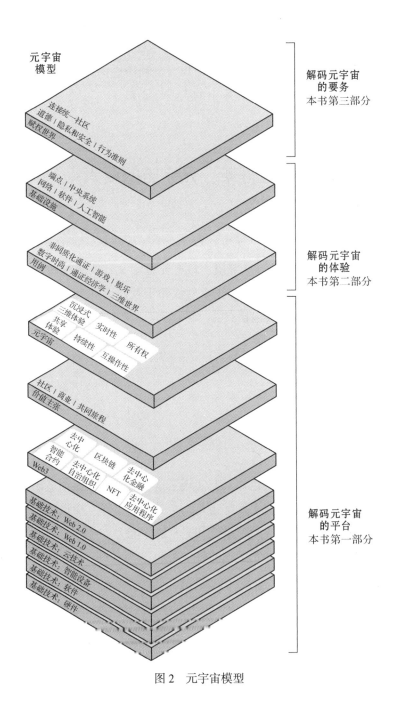

图 2　元宇宙模型

用户可以通过视觉、听觉、触觉，甚至味觉和嗅觉来感知周围的世界。实际上，当元宇宙达到终极配置时，任何身处其中的人都可以感受一个多维立体的世界。他们能够触摸和放置物品，轻嗅花香，品尝食物，在城市闲逛，在图书馆的书架前浏览图书，或者在虚拟国家公园中漫步。

随着增强现实和虚拟现实技术的高度融合，以及人工智能和机器学习等先进技术的广泛应用，我们将能够进入一个更加逼真和个性化的虚拟世界。我们不仅可以理解不同虚拟世界的细微差别和细节，而且有技术能力实时地与之进行互动。

Web 2.0 电子商务和元宇宙体验的不同之处在于，元宇宙商店可以提供更具沉浸感和体验感的购物体验。在元宇宙中，电子商务企业能够为我们和朋友建立一个完整的个性化数字商店。我们可以逛遍这个数字商店，挑选喜欢的商品并放入虚拟购物车。最后，我们只需要把购物车推到收银台，我们的信用卡 / 借记卡将会自动付款。

对于曾经佩戴奥克卢斯（Oculus）[1] 头盔体验过最爱的数字世界，或者玩过电子游戏的人来说，他们应该不会对前述场景感到陌生。我相信，这种体验听起来就像在玩游戏——这种感觉是对的。许多针对电子游戏开发的游戏化概念可以被直接应用于元宇宙。

实时性

在元宇宙中，事件通常以实时响应用户输入和交互的方式发生，而不是通过记录和回放来呈现。从本质上讲，用户体验是以非线性方式展开的。

在元宇宙中，所有事件都是实时发生的，这意味着所有用户都能即时体验。在元宇宙的电子游戏中，所有玩家都可以同时体验游戏，而且游戏的操作不会有延迟。但是，在传统的象棋游戏里，玩家必须轮流操作，每个人都要等待对方轮流玩游戏。这是基于轮流行动的线性反应方式，而不是基于同时反应的方式。要实现这种实时的沉浸式体验，元宇宙需要具备快速且可扩展的实时体验，这将极大地依赖于云和分布式基础设施。

---

[1] Oculus 头盔是一款由脸书（Facebook）旗下的 Oculus 公司生产的虚拟现实头戴式显示器设备，它可以带给用户沉浸式的虚拟现实体验。

所有权

人们对于元宇宙"自我保管"的概念建立在个人拥有数字资产所有权的信条之上，这类似于现实世界中的所有权概念。就像拥有房屋或汽车的人一样，数字资产的所有者有权在任何时候使用和支配这些资产，并拥有可以证明和展示所有权的产权证书。

在元宇宙中，人们将能够拥有自己的财产和资产。此外，通过NFT等数字合同，他们也能够获得这些资产的所有权和使用权。所有权是元宇宙和Web 3的核心原则之一。

换言之，"自我保管"是指用户可以直接掌控和管理自己的资产，是一种去中心化的方式。它与NFT紧密相关。NFT为实现自我保管提供了基础，并依靠区块链技术的支持。在这种方式下，用户独自掌控私钥，获得管理自身财产、资产、记录和其他所有归属物的权利。

互操作性

互操作性是元宇宙的核心信条之一，它可以实现不同资产在虚拟世界之间的轻松传输，例如虚拟世界里的虚拟替身——人们可以选择创建一个数字自我，也称为"虚拟替身"（avatar）。这些虚拟替身可以呈现出数字自我的外貌、财产和其他属性，让用户在元宇宙中更加流畅地进行交互。

为了在元宇宙中实现互操作性，虚拟替身和资产必须能够在不同的虚拟世界之间自由流动。通俗地讲，这就像人们可以在现实世界中自由穿梭于不同的地方一样。例如，虚拟替身可以沿着数字街道从银行走到购物中心，完成购物后再走到另一个虚拟世界进行日常社交媒体互动，最后还可以观看喜剧表演或现场足球比赛。

需要注意的是，虚拟替身不仅代表真实世界的人类，也可以代表AI合成人等数字实体。借助人工智能和机器学习技术的发展，人工智能虚拟替身能模仿人类错综复杂的互动方式，并与人类互动。例如，公司可以雇佣"数字员工"作为第一反应客户服务代表并执行相关日常任务。这些数字员工可以作为助手与真人员工一起完成更复杂的任务。

共享体验

当人们参与元宇宙中的活动或事件时，共享体验意味着所有参与者能够在同一时间看到、感觉到和听到相同的东西。

要实现这种共享体验，创造沉浸式环境至关重要。通过对周围环境进行 3D 渲染，可以增强参与者的现实感，让他们仿佛置身于真实环境中。虚拟 3D 商店不一定需要配置收银员等真实的要素，但是通过提供可关联的视觉提示[①]，可以让体验更加真实和吸引人。同时，创造新的虚拟环境也提供了建造有趣场景的机会，让参与者沉浸在全感官的体验中，与其他人进行有意义的互动和交流。这种共享体验为品牌和消费者之间的合作和共同创造提供了交互和分享的机会。

电子游戏玩家早就深刻认识到游戏环境的重要性。在游戏中，由于玩家会沉浸在虚拟世界中，所以洞穴、隧道、道路、湖泊和河流等环境元素的设计可以增强玩家之间的共享体验。游戏环境（背景景色）的营造可以增强共享体验，因为人们的所见所闻都是即时同步的。

电影《无敌破坏王 2：大闹互联网》（*Ralph Breaks the Internet*）生动地展现了游戏环境的重要性。主人公拉尔夫（Ralph）和云妮洛普（Vanellope）生活在电子游戏的虚拟世界中。为了修复游戏，他们必须进入互联网世界寻找替换组件。在这个过程中，两人穿越了多个虚拟世界，经历了一系列惊险刺激的冒险。他们还进入了现实世界的商店；云妮洛普甚至还误闯了迪士尼公主房，在这个富丽堂皇的圆形房间里与公主们互动。在虚拟世界中，这个房间被精心打造，有家具、窗帘和天花板等细节。

共享体验可以促进人与人之间的认同感。当我们穿梭在不同的元宇宙环境中，这些共享体验还增强了彼此的亲密感。

---

① 视觉提示是指在沉浸式环境中，通过图像、图标、标识等方式，向参与者提供可视化的信息，以便他们更好地理解和交互。视觉提示可以被用于引导参与者前进、提示特定的物品或区域、提供必要的信息等。例如，在虚拟 3D 商店中，收银台和货架等元素可以通过视觉提示来呈现，以提供更真实和易于理解的购物体验。

持续性

元宇宙的核心概念之一是持续性。它指的是将体验的存在时间延续到超出用户直接参与的时间范围，并在虚拟世界赋予这种体验一个长久的"持续"位置。换句话说，虚拟体验不会因为用户的离开而重新开始、中断或结束，而是像现实世界中的时间一样，持续不断地发展和演进。

元宇宙正在解决的事

元宇宙的基本承诺是让人类拥有无限的机会。例如，在虚拟会议中与同事合作，与朋友一起在卡尔斯巴德洞穴（Carlsbad Caverns）冒险，攀登最高峰，或在遥远的海洋里畅游，等等。

虽然这个愿景听起来非常吸引人，但有人可能会问：为什么要在元宇宙中体验这些事情，而不是在现实世界中完成？其中有什么独特价值吗？这些问题实际上反映了人们理解元宇宙所需的思维转变——元宇宙不是要将真实世界和数字世界对立起来，而是将二者相互融合。接下来，我们将探讨三个例子，说明元宇宙如何将真实世界和数字世界相融合，从而帮助解决一些紧迫的问题。

课堂规模和学生参与度的问题

首先，我们来看看教育领域的问题。因为新冠疫情，学生们被要求居家上课，使用网络会议工具进行远程学习。学生和教师都需要一定的时间来适应这种解决方案。这种方式虽然保证了教学的延续，但同时也削弱了社交互动和存在感，而这才是教育具有价值的要素。

元宇宙可以有效地解决这个问题。学生不仅可以通过网络会议平台与几十名同学进行面对面交流，还可以通过穿戴 3D 眼镜进入虚拟教室，感受周围其他同学的存在。学生们可以听讲座、在学习小组内合作，或者串门到朋友房间进行一对一的社交聊天。

此外，元宇宙中的人工智能可以进一步提高讲座的效果和质量。人工智能讲师可以与学生进行个性化互动并回答问题。同时，教师可以利用数字助手帮助那些迫切需要一对一关注的学生。这些进步意味着课堂规模将不再是问题，成千上万学生参加的讲座将会变得常态化。

无限的娱乐可能性

元宇宙提供的工具让我们可以创建功能与乐趣兼备的世界，实现更自主、更自由的娱乐体验，不再受限于精心编写的剧本。人工智能和机器学习技术赋予娱乐更深层次的乐趣，让游戏或电影中的角色表现更加活灵活现，能够即时做出反应，甚至执行电影或游戏创作者没有预设的动作。电子游戏和电影也将深度融合成互动式电影，观众可以身临其境、从各种角度观看并向"演员"提问，从而在电影过程中获取更多信息。

元宇宙为纪录片的未来带来了巨大的潜力。传统的纪录片是一个经过精心编排的叙事，由叙述者和各种视频、图片等材料组成，用来向观众讲述事件。而在元宇宙中，支持纪录片的技术可以让观众身临其境，感受自己置身于恐龙世界、非洲丛林或蜂巢之中。观众不再只看到平面的二维图像，而是可以近距离地观察虚拟恐龙的身躯，感受它的力量，仿佛触摸到它的皮肤。

元宇宙将带来娱乐产业的革命，通过低成本的手段提供参与度更高的娱乐体验，彻底颠覆这个行业的格局。

元宇宙将网络世界变成沉浸式体验

元宇宙通过创建充满人物虚拟替身的虚拟世界，为社交互动带来了全新的机遇。在元宇宙中，人们可以通过虚拟现实技术参加音乐会、出席员工大会或课堂，完全感受 3D 呈现的现场体验，并与其他出席者建立社群意识。在这种更立体的体验中，每个人都可以与他人建立联系、互动并获得丰富的体验。

小　结

至此，我们对元宇宙的潜力和运作方式已经有了一定的了解。正如我们所见，在这个虚拟的世界中，人们可以通过自己的虚拟替身角色与他人进行无限的交互。这些虚拟替身角色的本质是空白的，需要有人为它们注入生命，赋予它们表达身份和个性的灵活性。元宇宙具有不可估量的价值，其重点不在于让用户投入更多的在线时间，而在于提供让用户与他人联系和建立社群的有效方式。

从商业角度来看，元宇宙将为企业带来长期的新收入流、创新的商业模式和突破性的商业机会。这些进展正在迅速发展，未来的商业扩张前景从未如此明朗。然而，我们必须认识到元宇宙战略必须与总体商业战略协同工作，以实现最大的商业成果。

可以肯定的是，元宇宙将永远改变我们的世界。

在后面的章节，我们将更深入地探讨区块链，并研究几个与元宇宙有关的使用案例。

第 3 章 区块链：元宇宙的基本构建块

在本章中，我们将会了解区块链的定义、目的和运作方式。如果有读者希望先了解元宇宙的使用案例，可以直接跳到后文关于"NFT"的章节，然后再回到本章的内容。毫无疑问，区块链有可能改变我们的世界。正如威廉·莫加耶尔（William Mougayar）在《商业区块链》（*The Business Blockchain*）一书中所说："我们不能把区块链简单地视为一场革命。它更像是一股汹涌澎湃的海啸，缓慢而稳定地向前推进，以其强大的力量逐渐覆盖并改变沿途的一切。"

区块链是一个由许多数据块构成的分布式数据库，其主要作用是作为数字账本，支持安全有效的资产转移和管理，无须依赖于中心化的机构来管理系统。这些数据块采用加密方法相互链接，具有永恒性（即不可篡改）。此外，这些数据块还包含所有权信息，可用于表示多种数据类型，例如货币、医疗记录和家谱材料等。作为元宇宙的基础技术，区块链支持所有权、互操作性和无限可扩展性。

以下是关于区块链的描述：

· 单一真相来源；

· 分布式账本；

· 永恒性（即不可篡改）；

· 包含智能合约；

· 去中心化；

· 点对点；

· 开放性（即无须许可）。

那么，区块链是如何起步的？它为什么会出现？我们将在下文中一一阐述。

区块链的技术起源是什么

区块链经常被误解，并与加密数字货币混淆。区块链的概念往往充满神秘色彩，不过，简单来说，正如安东尼·斯卡拉穆奇（Anthony Scaramucci）在《系统中的系统工程与操作》（*Engineering and Operations of System of Systems*）一书中所指出的：

> 虽然区块链概念是由数字货币而推动产生的，但是工程师们已经构思了许多其他应用场景，旨在利用分布式账本技术改善各个领域的业务流程。例如，股票交易所和大型银行正在积极探索将区块链技术应用于交易结算平台等领域。

2008年，一位化名为中本聪（Satoshi Nakamoto）的人发布了一份白皮书，详细阐述了比特币的技术细节及其概念背后的动机。该论文提出了一种全新的电子化支付思路，并讨论了进行交易、奖励个人以及网络使用的方法。

然而，中本聪是否发明了区块链的争议一直存在。实际上，有证据表明区块链在比特币之前已经存在，只是名称不同。因此，关于区块链的起源和发展过程一直存在争议。在中本聪的白皮书中，他引用了密码学家斯图尔特·哈伯（Stuart Haber）有关时间戳的研究成果。而在哈伯的白皮书中，他声称自己创造了一个名为担保（Surety）的区块链。哈伯推测，中本聪可能借鉴了他的工作，并在比特币白皮书中引用了他的成果（全文9个引用共有3个出自哈伯的成果）。哈伯指出，他的区块链是中心化的，但比特币则采用了去中心化的模式。所以问题是，关于区块链的起源存在一些分歧。

比特币和区块链都经历了多次演变。最初，区块链是专为比特币设计的一个可扩展、安全、分布式的数据库。但很快人们意识到，区块链可以从比特币中分离出来，用于存储各种各样的其他信息。

以太坊区块链系统在当时仍是一项新兴事物，它的引入和发展随后推动了智能合约的概念。智能合约这项创新技术能够将计算机程序直接嵌入区块链，并支持贷款、债券、法律合同等概念的实现，而无须中央权威机构的参与。

后来，"工作量证明"机制被引入作为验证新加密数字货币交易的共识机制。由于区块链不受中心化机构的控制，因此验证机制变得尤为重要。"工作量证明"是一种有效的方法，能够确保区块链中的数据可靠性。

区块链的应用正在不断扩展，但目前仍然存在一些技术掣肘。由于需要存储区块链从初始区块①到最新区块的所有数据信息，因此扩展区块链是一项具有挑战性的任务。此外，处理费用、区块大小和响应时间等其他问题也限制了区块链的可扩展性。截至本书撰写时，这个问题尚未得到解决，但许多研究人员正致力于寻找解决方案。

不过，区块链技术确实旨在解决互联网的主要挑战之一，即在数字交易和互动中很难（甚至是不可能）建立信任。

电子系统及信任机制

正如本书所述，早期的互联网和 Web 1.0 主要是面向军事、教育和权威机构设计的，因此它们并没有内置的信任机制。然而，随着互联网逐渐普及并扩展到家庭用户、企业和电子商务，建立安全和信任的基础变得至关重要。

信任是一切关系的基石，它建立在相信某人或某事物的基础上。然而，陌生人之间如何建立互信？这是区块链试图解决的问题之一，即通过创建一个完全去中心化的"无信任"框架来解决这个问题。以区块链为例，这意味着用户不需要信任银行等第三方机构，既降低了欺骗的可能性，又提高了可信度。

截至撰写本书时，电子商务和其他平台已经通过中心化的可信机构来加强信任。这些平台充当值得信任的第三方并收取一定费用，将两个或更多的人聚集在这个可信的环境中。电子商务是信任关系的一个典型案例。互联网的运作方式也与此类似，企业（即中央可信机构）创建了一个平台，让人们进行社交、购买或形成社区形态。

正如我们即将探讨的，基于中心化机构的信任机制并不完美。相反，如果人

---

① 也称为"创世块"（Genesis Block）。

们能够在没有第三方机构执行信任的情况下建立连接和关系，那情况可能会更好。这种"无信任"的机制具备以下特征：

- 永恒性；
- 链式结构；
- 透明性；
- 去中心化；
- "无信任"的设计。

在区块链上进行的每一项操作都会被记录在一个新的区块中。如果创建一个用于记录销售过程的区块链，那么在购买时（甚至在产品制造时）会创建一个初始区块。一旦初始区块创建完成，随着交易的发生，区块链将持续增加新的区块来记录交易信息，包括最终付款、产品运输和收货等信息。

区块链中的区块一旦生成，即不可删除或修改，可以永久保留。所有对区块链的更改都必须由整个网络中的每台计算机进行验证，通过解决复杂的数学问题（即工作量证明）或其他验证方法（后文将会进行详述），以确保操作的有效性。只有当相关的计算机之间达成多数共识时，区块链才会被认定有效。由于区块是加密以及去中心化的，并且经过社区验证，因此攻击系统变得极为困难，甚至几乎不可能。总之，整个社区共同强制执行信任，不存在任何中央权威或单个参与方。

所有权和资产

区块链的设计基于信任，它实现了资产所有权的去中心化。区块链资产是真实或虚拟物品的数字化表示形式，可涵盖各种内容，如数字货币、法律文件、医疗数据、NFT，以及其他可数字化的物品。

正如前文所述，区块链技术的关键特点之一是去中心化，这意味着它不受单一的计算机或组织的控制或托管，而是将权力和控制权分散到网络中的所有节点（即计算机）中。但尽管如此，在区块链上创建的资产仍会有一个具体的所有者有且仅有一个。资产所有权信息将会被记录在区块链的电子账本中。一旦在区块链上创建了资产，所有者就会被记录在区块上。在区块链上进行任何更改之前，都必须经过所有者的验证，以确保资产的安全性和可靠性。

假设某个用户利用区块链技术为一幅原始绘画作品创建了一个数字化的表示形式，区块链便可以使用 NFT（将在下一章进行详述）的形式来表示这个数字资产。该画作的所有权将被存储在区块链中。如果所有者想要出售该画作，他必须在区块链上验证新所有者的身份。每个过程都将被记录在区块链上，这意味着所有权的每次变更（以及任何其他更改）都将会得到完整的数字记录。

那么供应链记录是什么样的情况呢？许多企业都会记录产品从生产源头到目的地的整个流程，包括从工厂到船运公司、货船和接收港的过程。然而，要想获取完整的记录信息并不容易，因为每个交易记录都保存在不同企业的数据库中，只有少数人能够访问到全部记录数据。

如果将供应链记录存储在区块链中，那么这些记录将归生产产品的实体所有，并可授权其他用户（即企业）查看或者将他们添加到区块链中。产品的完整历程将始终以唯一、全面且安全的账本形式提供给制造商和被授权实体。使用区块链技术可以记录需要分类账来追踪状态或所有权转换的各种事务，例如供应链、库存管理和版权管理。

密码学的起源

在历史长河中，各国军队都曾面临过与士兵、将军和其他领袖进行沟通的难题。此外，间谍需要传递他们的情报，而银行家或者拥有大量财富的人则需要保护他们的财产规模和存放位置不被泄露。当然，还有许多其他需要保密的原因存在。

在过去几千年中，人们一直在探索如何加密信息，以保护自己的机密不被他人窃取。尤利乌斯·凯撒（Julius Caesar）通过把信息中的字符替换为其他字符或符号的方式进行加密，并将其传递给自己手下的将军们。在当时的技术条件下，这种原始的加密方式已经足够有效。这种加密方式被称为凯撒密码，采用了 3 位移密码，将 26 个字母表中的字符循环右移 3 位进行加密。例如，字母 A 被替换为 D，字母 B 被替换为 E，以此类推。在这种方法中，信息的安全性取决于加密公式的保密。

16 世纪，首个采用加密密钥^①的加密方法问世；其中，解密信息所需要的密钥会按照一定规则被重复填充到消息中。在这种密码方法中，保持加密密钥的机密性对于消息的安全性至关重要。

随着军队的扩大和电子设备的发展，人们开始发明各种机械式密码机对数据进行加密和解密处理。机械式密码通常由一组转轮组成，而转轮中则储存着加密密钥。首次使用替代方法的密码机，其字符替换是由圆盘内触点的特定布局决定的。

这促成亚瑟·谢尔比乌斯（Arthur Scherbius）在一战末期发明了恩格玛机（Enigma）。该机器使用 3～4 个旋转速率不同的转子来确定字符的加密方式。二战期间，波兰人破解了这个代码并将其悉数交给英国；英国人据此设计出对策，使得盟国能够在整个战争期间破译并获取德国的加密信息。

20 世纪 70 年代，IBM 出资成立的密码学小组成功设计了路西法密码（Lucifer）。该算法后来被美国政府采用，并更名为数据加密标准（data encryption standard，DES）。然而，由于 DES 加密密钥长度短，穷尽密钥搜索攻击^②可以轻而易举对其进行破解。为了解决这个问题，一种被称为高级加密标准（advanced encryption standard，AES）的新加密标准诞生了。

当时，随着电子商务的兴起，人们需要在互联网上进行安全的客户信息和支付信息传输。因此，人们发明了安全套接字层（secure sockets layer，SSL）协议，以及更常用的超文本传输协议安全（hyper text transfer protocol secure，HTTPS），将加密机制整合到 Web 协议中。

克劳德·香农（Claude Shannon）被誉为数学密码学之父。他在贝尔实验室工作期间撰写了一篇名为《密码学的数学理论》（A Mathematical Theory of Cryptography）的文章。这篇文章于 1945 年写成，并于 1949 年在《贝尔系统技术杂志》（Bell System Technical Journal）中发表，被视为现代密码学的开端。在这篇文章中，香农提出了当今密码学基础的标准。

20 世纪 70 年代末，公钥加密技术的发明彻底改变了密码学。这种加密技术

①　这里指"维吉尼亚密码"，是由 16 世纪法国亨利三世王朝的布莱瑟·维吉尼亚发明的；维吉尼亚密码引入了"密钥"的概念。

②　穷尽密钥搜索攻击即对每个可能的解进行检验并找出正确解的攻击方法。

引入了两个不同的密钥，即由接收者自己保留的私钥，和可以被广泛共享的公钥。这种加密方式构成了现代密码学系统的基础。

至此，我们已经对密码学的起源有了基本了解。接下来，我们将会进一步阐述区块链的定义。

什么是区块链

一如前文所述，区块链是一个分布式数据库，它能够在计算机网络中存储所有节点共享的信息。具体而言，它是一个点对点加密分布式账本，只有在共识达成的情况下才能更新；新的区块只能被追加，一旦添加到区块链就无法被删除或修改。数据以区块的形式被收集，每个区块都包含一定量的信息。当一个区块被填满后，它将会被关闭并链接到新的区块，从而形成了区块链。这些数据链形成一个分布式账本，不仅记录信息，还记录区块中数据的所有者、日期／时间和其他元信息。

区块链旨在提供一种安全存储信息的方式，能够实现无法被篡改、可无限扩展（即可扩展性强）、去中心化的特点，同时也不需要中心化的控制机制。区块链可以永久地记录资产信息，具有完全透明的特性。由于其特点，区块链能够降低风险、几乎消除欺诈，并具有广泛的应用前景。

每个区块链的区块通常由以下部分组成：

·数据。

·一个 32 位随机数（nonce）。它是在区块挖掘过程中同时生成的，用于创建区块头的哈希值（hash，后文详述）。

·一个 256 位哈希值。这个哈希值是与随机数结合而成的一个非常紧凑的数字。

在区块链中创建第一个区块时，首先会生成一个 32 位的随机数，然后得到一个 256 位的哈希值。因此，数据、随机数和哈希值永远保持链接。

区块链是一种有组织的信息存储方法，其各个区块都包含该区块内所有交易汇总。为了高效地总结和验证大型数据集，区块链使用了 种名为梅克尔树（Merkle Tree）①的数据结构。该结构以其发明者的名字命名，也被称为二叉哈希树（Binary Hash Tree）。

区块链技术有很多不同的应用场景。除了加密货币，其他区块链应用包括但不限于：

- 音乐、书籍、电影的版税跟踪；
- 投票；
- 房产处理和记录保管；
- 医疗信息；
- 个人身份信息；
- 物联网数据；
- 资产组合管理；
- 交易和结算；
- 预算；
- 智能合约；
- 遗嘱。

在区块链上添加交易需要经过多个步骤。这些步骤适用于任何应用程序。通常，这些步骤包括：

第一，用户通过数字钱包发起交易请求；

第二，交易被发送至特定区块链网络中的所有计算机上；

第三，每台计算机利用规则对交易进行验证；

第四，验证通过后，交易将处于锁定状态，并用哈希值封存；

第五，将区块添加到区块链；

第六，交易完成；

第七，此后，该区块的数据不可更改。

人们常讲的区块链通常是指公有链。区块链一般有以下几种类型：

- 私有链。在这种区块链中，用户必须获邀才能加入私有区块链。私有区块

---

① 梅克尔树是一种二叉树结构，用于将大量数据压缩为单个哈希值，以便在区块链上进行高效的验证和传输。

链通常采用权威证明（proof of authority，PoA）共识模型，这是一种共识算法，可为经过授权的账户提供有效的解决方案，特别适用于审核区块链，尤其是私有区块链。

·公有链。区块链的共识机制是去中心化的，其代码是开源的。公有链可公开面向所有人，每个人都可以对交易进行验证，无须中央机构的参与。

·联盟链。在这种区块链类型中，已知参与者由联盟的成员机构预先批准，只有这些被授权的成员才能参与共识过程和验证交易。这些联盟机构通常由银行等实体组成。

区块链技术能为不同的应用领域带来益处。在对其应用进行深入研究之前，我们有必要先了解它的一些优点。区块链的优点包括：

·数据质量高，同时具有持久性和安全性；

·区块链具有永恒性和透明性；

·区块链具有长期性和可靠性；

·生态系统简单；

·交易可追溯。

区块链也存在一些缺点，例如：

·存在隐私问题；

·支持区块链的资源成本高；

·相关法规暂时不稳定；

·很难规模化；

·支持区块链的成本高；

·区块链难以与既有旧系统整合；

·区块链效率低下；

·区块链性能冗余。

针对区块链概念的介绍到此结束，接下来，我们将简要介绍区块链所有权是如何被记录的。

记录所有权

区块链设计的基本原则是，区块一旦被添加到区块链之后就无法被篡改或伪造。每个区块中的数据可以包括数据的所有权记录。相比之下，使用纸质分类账很容易被篡改，即使是传统的计算机记录也无法幸免。但不同的是，区块链通过记录每个区块中的所有权数据，确保了购买商品的真实所有者。

简而言之，当在区块链上添加新数据时，创建者用数字签名对这些数据进行签署，以证明这些数据是由其创建的。同时，在区块链上存储的所有数据都是公开可见的，包括它们的所有权信息和之前的所有者信息。每个区块由一个随机数（如前所述）和一个哈希值组成。

哈希数据

在复制数据或文件时，我们如何确保所复制的副本与原始数据完全一致？哈希技术广泛应用于互联网和应用程序中。哈希技术可以将数据转换为固定长度的代码[1]。我们可以将副本与原始数据的代码进行比较，以此验证副本是否与原始数据相同。哈希技术可以验证数据区块或文件的有效性。

在区块链中，哈希算法可以将任意长度的输入数据转换为固定长度的字符串。哈希算法是单向的，即无法根据哈希代码还原出原始数据。同时，如果输入数据发生任何改变，其哈希值也会随之改变。区块链中的区块之所以具有一致性，是因为最近区块的哈希值与前一区块的哈希值相链接，形成了一个不可篡改的链条。

区块链中的哈希函数可以接收任意数量的数据位，经过哈希算法计算后，输出一个固定长度的位序列，这个输出被称为哈希值。

为了保证区块链的不可篡改性，每个区块都被赋予了一个唯一的标识号。区块的头部包含了以下关键信息：

· 版本号；

---

① 即哈希值。

· UNIX 时间戳 [①] ；

· 哈希指针；

· 随机数；

· 梅克尔树根节点的哈希值。

区块哈希是区块链中每一个区块的标识编号。所有区块被链接在一起，形成我们下文即将讨论的数字分类账。

什么是分布式账本

账本可以描述或记录交易的情况。在会计学中，总账会列出支出、收入以及每个交易的相关信息。账本可以记录几乎任何需要组织和检索的数据。

分布式账本是一种数据库，其中每个记录条目（或区块链中的每个区块）由网络中的每个参与者持有和更新。这些记录由每个节点构建和存储，而不是由中央机构管理。这意味着每个网络节点都有权接收、存储、进行结论推断，并对区块链中的每个区块进行投票。

以现实操作为例，会计人员会将每笔交易的借方和贷方信息输到分类账中。如果这些分类账的信息只有一个集中副本，则称之为中心化账本。相反，如果账本被复制到公司的各个办公室，并且每个副本都随着每笔新的交易而更新，这将会形成去中心化账本。

分布式账本具备很多优点：

· 每个节点会对每个区块进行验证，可以降低欺诈的概率；

· 每个节点都有权进行投票，可以消除对中央机构的需求；

· 某个节点的失效不会影响区块链的使用。

然而，区块链也存在一些缺点：

· "工作量证明"机制需要大量的系统和网络资源；

· 去中心化的复杂性会带来安全问题。

---

① Unix 时间戳（Unix timestamp）也称为 Unix 时间或 Posix 时间，是一种时间表示方式，定义为从格林威治时间 1970 年 01 月 01 日 00 时 00 分 00 秒（北京时间 1970 年 01 月 01 日 08 时 00 分 00 秒）起至现在时刻的总秒数。

网络拓扑结构

正如前文所述，区块链是由梅克尔树组成的，而梅克尔树是一种依赖哈希值的数据结构。之所以选择这种组合方法，是因为它具有高效性和安全性。在点对点网络中，区块链上的数据可以快速验证并传输到其他计算机上。通过将数据压缩为单个哈希值，即梅克尔树根节点，用户可以证明哈希值所代表的信息没有被篡改。

梅克尔树将数据合并在一起，每次将两个数据进行哈希计算，并合并为位于树顶的梅克尔树根节点。每个区块使用前一个区块的梅克尔树根节点作为一个叶子节点（包括本区块中的数据），由此构建起整个区块链的梅克尔树结构。

区块链是一种具有链式树形的梅克尔树结构。区块链的拓扑结构由它们连接的顺序所决定。通过将新的区块添加到已有的区块链右侧，可以保持区块链的拓扑结构不变。

识别及保护用户账户

在加密货币和区块链中，钱包相当于用户账户。我们可以将加密货币钱包视为实体钱包的数字版本。它是存储私钥（相当于密码，用于访问区块链和加密货币）和加密货币的地方，用户可以使用它进行交易。同时，用户也可以使用加密货币钱包发送、接收和使用加密货币。

加密货币钱包所包含的数据类似于用户银行账户的往来活动，属于敏感信息。为确保安全并防止恶意攻击，用户必须遵循最佳的安全实践来处理其加密货币钱包。一些最佳实践包括：

·使用复杂密码，用户应该把密码存储在网络密码管理工具（last pass）上，避免将密码写在其他地方；

·设置双重身份验证（two-factor authentication，TFA）；

·确保所有账户都具有唯一的密码，避免多个账户使用同一个密码；

·避免在公开无线网络上访问加密货币钱包或其他账户；

·使用防病毒/恶意软件；

· 在家庭路由器上设置最高安全性；

· 为家庭计算机、笔记本电脑和移动设备打好操作系统补丁。

加密货币钱包可以是硬件设备，例如由莱杰（Ledger）等硬件钱包厂商提供的闪存盘，也可以是移动应用程序。

一旦获得加密货币钱包，用户就可以开始进行交易和授权操作。

授权交易

最初，区块链的设计者旨在消除中央权威的控制。然而，为了执行事务，用户仍然需要通过身份验证来获得授权。区块链使用公钥和私钥的加密方式以及数字钱包来实现这种授权。用户达成共识后，通过共识机制（本章后面将详细讨论）得到批准。区块链的设计还包括一种去中心化的操作数据存储方法。

存储交易数据

区块链的设计目的是去中心化数据存储。数据存储在未使用的硬盘空间上，可以位于世界上任何地方。这旨在成为传统中心化数据存储的替代方案，例如云存储或传统计算机。为了确保数据的安全性和可靠性，文件被分割成多个部分，每个部分都被复制和加密。这个过程称为分片。这些活动都被记录在区块链分类账中，从而允许数据在节点之间进行同步。这与比特流（BitTorrent）[1]使用的协议相同。

假设一个超市创建了一个区块链，用于记录消费者在超市的购物历程。该区块链的根节点将包括消费者在网上商店创建账户或在实体店购买产品等第一个可

---

[1]　比特流即一种内容分发协议，由布拉姆·科恩自主开发。它采用高效的软件分发系统和点对点技术共享大体积文件（如一部电影或电视节目），并使每个用户像网络重新分配节点那样提供上传服务。

识别的联系。每一次消费者与超市的接触，例如访问网上商店、购买商品、留下评论等，都会向区块链添加另一个区块。

在创建时，每个区块都可以被分割成更小的块（分片），并将数据发送到网络中的每个节点。在零售商使用去中心化数据库时，他们可能会选择建立自己的私有区块链，并对其保持集中控制，以解决安全和隐私问题。根据这个描述，用户要如何使用去中心化数据库？

使用数据存储

分布式账本技术（distributed ledger technology，DLT）是区块链技术的基础。这是一种在不同计算机系统之间创建、跟踪和维护数据库的方式。在区块链中，每个区块被复制到计算机网络中的多个节点上。然后，分布式账本技术系统负责验证交易并将其同步到所有不同的节点，从而确保在网络中的所有节点都具有相同的记录。

区块链会将数据复制到所有节点上，因此传输和存储数据会占据大量的存储和带宽资源。由于区块链的数据一旦被添加就不能更改或删除，不断增长的数据量可能很快就会超出系统的承受范围。因此，必须采取有效的数据管理措施来优化存储和传输。

另外，区块链并不适合存储图像、视频和参数等元数据信息（我们将在后文详细讨论）。那么，我们要如何处理这些类型的数据呢？

在对等点之间分布数据

在区块链技术中，分布式数据存储并不适用于常规数据存储。交易信息会被存储在区块链上，即"链上"，而相关的数据（例如视频和照片）则会存储在其他地方，即"链下"。这可以极大地减少复制到每个节点的数据量。

有很多解决方案可以将链下数据与链上数据（即交易）关联起来。其中一个解决方案是使用千链（Chainlink），这是一个由甲骨文公司（Oracle）推出的去中心化网络技术，旨在维护链上和链下数据之间的连接并扮演黏合剂的角色。

在添加和验证交易时，选择快速、高效和可扩展的合适数据存储方式非常重要。

验证和添加交易

用户可以使用公钥／私钥对交易进行加密。每个用户都拥有自己的私钥，这为他们提供了一种安全创建数字身份的方式。私钥用于创建数字签名，以便解锁交易。

以下是验证和添加交易的顺序：

·首先，用户同意交易。他们各自保持一个安全的数字身份，通过数字签名对自己的钱包和互动进行验证。

·然后，公有区块链采用共识机制来决定是否将交易添加到区块链中。在工作量证明共识机制（后文详述）中，计算机资源被用于解决复杂的数学问题，这个过程被称为挖矿。矿工通过创建新的区块来获得数字货币作为工作报酬。这种方法能够确保只有被授权的节点才能够将区块添加到区块链中。在后面的文章节中，我们将详细介绍挖矿的过程。

·最后，根据共识机制，获胜的节点将会把区块添加到区块链中。

区块链的安全基本知识

根据区块链的设计原理，其数据结构天然具备安全性。该模型基于共识、加密和去中心化，区块之间相互关联，因此几乎不可篡改。共识机制确保了每笔交易的真实性，同时吞吐记录也无法被篡改。

保护区块链需要系统和网络共同遵循安全最佳实践。如果系统安全性薄弱，恶意攻击者可能会有足够的时间来破解加密，从而破坏、修改或查看区块链数据。

区块链存在以下几个固有的漏洞：

·路由攻击。这是一种中间人攻击，攻击者可以在数据传输过程中拦截数据流，并在发送至互联网服务提供商（internet service provider，ISP）时重新定向。

·女巫攻击。这类攻击方式是指目标网络出现大量虚假身份，导致系统过载崩溃。

·钓鱼攻击。这类攻击通常利用常用的钓鱼邮件诱骗用户打开他们的数字钱包。

·51% 攻击。这类攻击是指某个恶意矿工掌握超过区块链网络总算力的50%，从而掌握对整个账本的控制权。

尽管加密钱包通常受到加密保护，但丢失加密密钥或密码可能会导致数据丢失。不过，用户可以通过恢复种子或恢复短语（一个包含 12、18 或 24 个单词的列表）来恢复钱包数据。

共　识

共识协议是区块链网络的核心组成部分，它让网络中的所有节点能够使用相同的程序达成共识，确立分布式账本的当前状态。共识协议对于建立节点间的信任至关重要，尤其是对于那些彼此不熟悉的节点。共识机制保证了添加到区块链的每个区块都是唯一的真实版本。

达成共识的方式有多种，例如：

·工作量证明，即通过解决一个复杂的数学难题来达成共识。解决这个难题需要消耗计算资源，第一个成功解决难题的节点会被指定为下一个区块的矿工。

·权益证明（proof-of-stake），即节点通过抵押通证作为成为验证者的条件，相当于押注矿工能否成功添加下一个区块。区块链系统会根据验证者的抵押量来分配奖励，以鼓励验证者继续增加他们的抵押金，这就是一种通过经济激励机制来选择验证者的方式。

·燃烧证明（proof-of-burn），即将通证发送到一个不可逆地址。使用更多通证的人将有更大的机会成为验证者。

·时间证明（proof-of-elapsed-time），即通过生成随机时间值来决定哪个节点获得挖矿权。矿工等待随机选择的时间，时间值最小的矿工将赢得挖矿的权利。

这些只是共识机制的若干示例，还有其他的共识机制，并且新的机制也在不断开发中。

接下来，我们将进一步阐述区块链的基本组成部分——智能合约。

智能合约

智能合约是一种存储于区块链上的应用程序，只有在满足特定条件时才会执行。其中一种常见应用是自动执行合约，不再需要律师等中介方。此外，智能合约还可以用于自动执行工作流程，每个操作都会在前置条件满足后自动执行下一步骤。

以太坊上的智能合约通常使用 Solidity[①] 编程语言编写。编写的代码需要进行编译，以便能够在以太坊虚拟机上执行。

尽管名字如此，但智能合约通常不是法律协议，而是指可以自动执行一系列预先确定的操作。

众所周知，在美国购置房屋是一件复杂烦琐的事情，不仅有检查员、律师、房产经纪人等多方参与，还有各种费用、许可及文书工作。如果引入智能合约，那么这些步骤都可以自动被执行，从而消除或减少第三方协调的必要性，并大幅降低流程遗漏或错误的风险。

区块链可以解决的问题及其用途

由于区块链是一个安全的信息分类账，无法被篡改，因此它可以用于解决现实世界中的许多问题。任何需要具备以下特性的应用程序都可以采用区块链作为解决方案：

- ·具备极高的安全性。
- ·可以维护交易或数据的分类账。
- ·具备透明性。

区块链是去中心化的，因此诚实的参与者难以破坏其安全性或压垮网络。共

---

① Solidity 是一门面向合约的、为实现智能合约而创建的高级编程语言。

识机制鼓励诚实的节点，惩罚不诚实的节点。这种特性是区块链在没有中央机构的情况下运作的关键，是一种类似于民主制度的运作方式。区块链的用途包括但不限于：

· 提高供应链管理水平；

· 执行版权和版税；

· 自动执行房地产交易；

· 在机构内共享政府资源；

· 群众募资；

· 体育忠诚度计划；

· 处理客户交易。

挖 矿

在区块链中，挖矿是指节点为了赚取新通证并获得在区块链上创建新区块的权限而必须完成的工作（或其他类型的证明）。这是区块链用来验证交易完整性的方法。

在工作量证明共识机制中，通过设置数学问题的难度级别来调节挖矿的难度，一般每10分钟左右产生一个新区块。其他共识机制则使用不同的方式来管理挖矿。

虽然被称为"挖矿"，但它与现实的挖掘硬币或淘沙取金并无关系。实际上，整个挖矿过程受到共识模型的控制，例如解决复杂的数学问题。获胜者将获得发布新区块的权限以及一定数量的交易费用作为奖励，例如，一枚新"铸造"的比特币。

挖掘是区块链的核心概念，以不同形式存在于每个变体中。这些变更后的版本被称为分叉（forks）。

区块链平台

根据区块链货币交易平台液体（Liquid）[①]介绍："区块链平台让个人能够拥有自己的身份验证并自由使用，避免了在多个网站输入数据进行身份验证的情况（从而避免身份盗窃的风险）。"这种方式可以使用户避免使用不同网站进行身份验证时所面临的风险。

超级账本基金会（The Hyperledger Foundation）通过托管基础设施和资源来支持区块链技术的发展。他们指出：

> 区块链技术解决了一个核心问题：许多组织希望在分布式数据库中共享数据，但每个用户都不信任任何一个所有者。区块链技术通过实现安全、透明的直接交易，将信任嵌入操作效率等同于点对点网络的系统中。

超级账本架构（Hyperledger Fabric）旨在为应用程序和解决方案的开发提供即插即用的服务，例如共识机制。该平台采用模块化、可扩展、多功能和高性能的设计理念，降低了使用门槛。此外，该架构支持针对金融服务和保险等不同应用进行优化。

区块链有可能以各种方式影响各行各业。

行业影响

由于区块链创造了一个多功能的虚拟分类账本（如本章所述），许多行业都找到了这种技术的用武之地。这些行业包括：

· 金融服务（例如银行、投资和股票）；

---

① Liquid 是日本一个加密货币交易平台，连通法定货币与数字货币两大领域，支持比特币、比特币现金、以太坊等货币的交易，并提供相关货币的行情资讯。

· 医疗保健（可以使用区块链记录患者等医疗数据）；

· 农业（用于记录作物产量、损失和问题）；

· 供应链（取代纸质记录管理）；

· 房地产（用于记录、跟踪和转让土地所有权）。

实际上几乎所有行业都可以使用区块链技术来改进能力和工作流程。

政府和金融机构如何应对区块链

区块链和加密数字货币正在逐渐提高支付的透明度、安全性，加强信任，提高效率以及降低成本。由于金融交易每天都涉及数万亿美元的业务，即便微小的变化也可能导致全球范围内的系统性风险和破坏。

金融行业正在积极探索区块链技术，以改善运营效率和提高员工生产力。同时，他们将区块链和加密货币作为一种创新方式，专注于提高客户服务，增强竞争力。由于采用区块链技术的先行者将获得显著的竞争优势，因此实施速度至关重要。

各国政府已经认识到区块链技术的优势，并且正在推动该技术在执法、反洗钱和反恐等领域的应用，同时还利用该技术来记录、存储、处理和简化业务操作。例如，美国政府正在探索为美元创建一种补充加密数字货币的可能性，而萨尔瓦多（El Salvador）则成为第一个采用比特币作为国家货币的国家。

区块链技术具有无法篡改的分布式账本特性，确保了交易历史的完整性和透明性，这是政府所看重的优势之一。同时，区块链也支持匿名性。

区块链的局限性和注意事项

通过本章的介绍，读者会开始相信区块链是很多问题的完美解决方案。它的确具备很多优点，但也存在局限性，具体如下：

· 区块链仍然是一项新兴技术，许多人尚未充分了解它对自己以及所在组织的价值。

· 记录无法被篡改（即它们是不可变的）。然而，在需要进行更改或修订时，这一特性可能会限制其价值。

　・用户可能会丢失私钥，这将导致数据无法被恢复。

　・由于区块链在网络中的每个系统上都保留了所有内容的副本，因此可能需要大量的资源来存储和处理数据。

　・达成共识可能需要大量的时间和资源。

　・由于区块链上的数据永远无法被删除，这实际上与《通用数据保护条例》（GDPR）的标准相违背。根据该条例，消费者有权要求删除其个人数据。

　・由于公钥和地址可以被追踪到特定个人，可能会泄露用户的交易历史。

　・由于没有中央机构来执行和验证安全性，恶意行为者可以轻易地闯入区块链系统而不受到惩罚。

区块链的未来

随着区块链技术的不断发展和应用推广，企业开始探索如何利用区块链改善业务，提供更好的客户服务，提高隐私和安全性。这些组织通过使用区块链技术，能够获得更好的经济效益，同时获得更好的竞争优势。

实际上，区块链技术的潜力是无限的。将区块链、Web 3 和元宇宙结合起来，有望为世界带来一个去中心化、无信任的互联网，它具有完全透明的特性，比当前的互联网更加安全、更有用。

遗憾的是，区块链的扩展问题非常严重，这可能会限制其广泛应用。目前，威士（Visa）信用卡网络每秒可以处理 1700 笔交易，而区块链的速度仅为每秒 7 笔。这种速度差异的原因是，区块链事务需要被复制到网络中的每个节点，并在挖矿时再次复制，这会消耗大量的磁盘、CPU 和带宽资源。

切实可行的解决方案包括：

　・更有效的共识机制有助于在更少的资源下解决这个问题。

　・分片可以将交易任务分解为多个小片段，这种并行处理技术能同时处理多个交易。

·嵌套区块链 [1] 可以利用主区块链来设置区块链网络的参数。

·零知识可扩展透明知识证明系统（zk-STARK）[2] 和零知识简明非交互式知识证明系统（zk-SNARK）[3] 都是高效的零知识证明系统，它们可以提高性能。

·有向无环图（directed acyclic graph，DAG）模型的矿工不需要为了在区块链上添加新的交易区块而竞争——DAG 网络不需要在链中添加新的交易区块。

·侧链技术可以创建一个具有多个分支的区块链，每个分支都具有可配置的规则，并可以与其他分支同时进行传播。

区块链还需要解决其他问题，包括隐私问题、性能和安全性。

尽管如此，我们仍然需要理解，区块链作为一项新兴技术，仍处于开发和实现的初期阶段。像其他新技术一样，随着时间的推移，它在性能、安全性、效率和资源利用等方面都将得到不断改进和提高。这项技术具有重要的战略意义，并有望在不久的将来推动全球政府和产业的发展。

小　结

正如本章所述，元宇宙的核心特征是一种二元性。例如，通过将现实世界和虚拟世界相融合，元宇宙创造了变革性优势。此外，区块链与元宇宙的结合，促进了新的商业模式的发展。

区块链可以记录和分发数字信息，提高效率和成本优势，重塑人们与企业融合的方式。在元宇宙中，个人不仅可以获得更多控制权，还可以获得使用、出售

---

[1]　嵌套区块链（nested blockchain）是一种将多个区块链网络层层嵌套在一起的架构。它可以将不同的区块链网络连接起来形成一个更大、更复杂的区块链系统，从而实现更高级别的功能和应用场景。

[2]　全称 zero-knowledge scalable transparent argument of knowledge。它使用了可扩展的透明性方法，可以处理大规模的数据，并且不需要进行交互，因此具有很高的扩展性和安全性。

[3]　全程 zero-knowledge succinct non-interactive arguments of knowledge。它使用了紧凑的证明和高度优化的计算方法，使得在保证安全性的前提下，证明的生成和验证非常高效，适用于计算资源受限的场景。

和交易资产的自由。因此，区块链是元宇宙基础的核心。

这个全新的元宇宙数字现实将建立在区块链的基础上，并涵盖以下技术和特性：

· 涌现性[①]；

· 真实性；

· 可追溯性；

· 共识；

· 可组合性；

· 互操作性；

· 所有权；

· 创造力；

· 永恒性；

· 去中心化；

· 去中心化身份（decentralized identity，DID）。

区块链为元宇宙及相关技术的共享体验创造了技术基础。接下来，我们将更深入地分析 NFT 如何使用区块链作为其数据存储的方式。

---

① 在元宇宙中，涌现性（emergence）是指虚拟环境中的各个组成部分和参与者相互作用和反馈，从而创造出全新的数字体验和现实。这些数字体验和现实是由个体和组件的集体行为和相互作用而涌现出来的，因此不同于现实世界中的经验和现实。

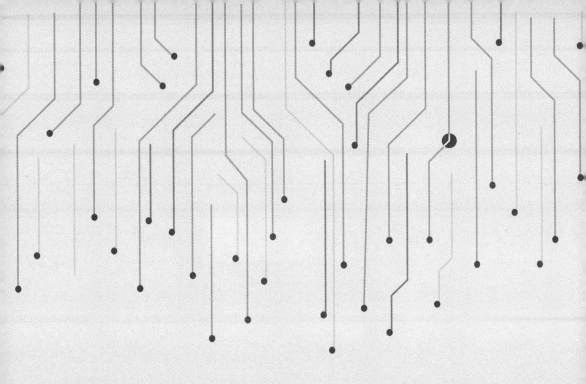

第二部分

解码体验

第4章　NFT

虽然第一个成功的 NFT 项目——迷恋猫（Crypto Kitties）[①]自 2017 年问世以来已有数年，但许多人仍未完全理解 NFT 所带来的深远影响。NFT 的本质在于消除了计算机、互联网和网络技术迄今所依赖的中央操作控制。这种新范式使得资产所有者可以自主决定资产的去向，同时提供比目前主导大部分计算机领域的封闭系统更自由、更开放的环境。

NFT 引起了广泛讨论，一些人认为它们是解决众多问题的良策，而其他人则更注重其缺陷。无论我们对 NFT 有何了解或看法，它们都是元宇宙的核心组成部分。它们不仅是强大的投资工具，还拥有许多其他用途。但它们究竟是什么？首先，让我们来解释一下"同质化"的概念，这个有趣的词汇将有助于我们更好地理解其他几个强大的概念。

什么是同质化

同质化资产可以与同类的其他资产进行交换，货币便是同质化资产的典范，如我们可以用一张美元交换另一张美元，它们在所有意义上都是等值的。一美元

---

① 2018 年 2 月 16 日，第一个区块链养猫游戏的开发商 Axiom Zen 发布了 Crypto Kitties 中国版，其中文名定为"迷恋猫"，谐音"密链"，表示加密区块链。这是一个好玩的、自给自足的社区，用户可以创造新收藏品并且在以太坊区块链上进行交易。

可以被分割成更小的面额，如一分、五分和十分，这些零头可以任意组合并进行交换。任何一枚十分硬币都具有与其他十分硬币同等的价值。换言之，在使用过程中，它们是无差别的。不论新或旧、腐蚀或完好，它们的价值都是相等的。

非同质化资产与其他资产不同，即使它们外观和质感相同。每件原创艺术品都具有其独特的风格、主题和创作方式，因此它们在艺术价值和个性化方面都是独一无二的。日常用途的邮票则是同质化资产，因为它们都有相同的邮资价值。然而，国家邮政部门发行销售的邮票可能是非同质化资产，因为它们可能具有独特的标记和特征。需要注意的是，在邮局购买的邮票是同质化资产，因为它们被视为相同的邮票。只有当邮票具备独一无二的收藏价值时，它们才具备不可替代性，即独特的、无法与其他相同类型的物品互换的属性。

房屋通常不被视为同质化资产，即使它们的建造方式完全相同。这是因为每个房屋都处于略微不同的环境中，例如街道另一端的房屋可能面临着更高的犯罪率，或者离学校更近，或者使用的建材略有不同。

通过添加序列号等唯一标识符，一些本来被视为同质化的资产可能会转化为非同质化资产。例如，限量版印刷品通常会在每个印刷品上打上序列号。这些序列号赋予了每件作品独特的身份，而序列号越靠前的作品可能更受到收藏家的追捧，因而价值更高。

艺术品的原作通常是非同质化资产，而艺术品的印刷品通常是同质化物品，除非它们在某些方面有所不同，比如是限量版或者被加上了唯一标识符。

非同质化资产是 NFT 的基础，我们将在下一节进行详细讨论。

什么是 NFT

NFT 是一种非同质化通证，代表着独特的资产。这些资产可以是数字资产、实体资产，或二者皆有。重要的是，NFT 本身并不代表资产本身（无论是真实或虚拟的），而是这些资产的数字化代表。

目前，NFT 是以太坊区块链的一个重要应用场景，创作者和收藏家可以铸造代表个人独特创作的代币，利用智能合约对这些代币进行保护，同时设定它们的价值、版税和佣金等。

受 NFT 保护的数字资产仍可能被复制。然而，资产的所有权是由 NFT 的独特数字标识符所定义的，无法被复制、细分或代替。NFT 确立了数字资产的所有权，并证明其真实性。

NFT 可以用来代表任何独特的东西，包括实体艺术品、房地产、虚拟艺术品、电影或其他独特的资产。例如，电子书的原始版本就是一种独特的资产。虽然智能合约可以允许用户复制电子书（后文将会着重介绍），但 NFT 定义了谁拥有原始版本并保证其真实性，同时规定了复制的规则。

NFT 发展史

2014 年 5 月 3 日，凯文·麦考伊（Kevin McCoy）在以太坊区块链上创造了历史上第一个 NFT，名为"量子"（Quantum）。这个非同质化通证是一个八边形的脉冲图像，被视为数字艺术中的珍品。随后的几年里，NFT 被广泛用于代表各种原创艺术品。

2017 年，第一个去中心化的交易所向市场开放，允许买卖数字收藏品（以 NFT 为代表）。直到 2018 年，第一位艺术家才签署了 NFT 合约。此后，多个 NFT 市场相继开放，到 2020 年，NFT 的使用范围扩展到了所有创意领域，包括音乐、艺术和实物。人们继续在 NFT 技术上创新，不断为自己的创作寻找新的应用场景。

以下是一些著名的 NFT 项目：

· 加密朋克（Cryptopunks），一组独特的数字虚拟替身。

· 迷恋猫，可收藏的数字化猫咪游戏。

· 无聊猿俱乐部（Bored Ape Club），限量版 NFT 会员俱乐部，属于猿猴沼泽俱乐部。

· 比普（Becple），将数字艺术作品作为 NFT 销售的艺术家。

· 维朋友（VeeFriends），加里·维纳查克（Gary Vaynerchuk）的 NFT 项目，包含了重要的知识产权，还建立了一个独特的社区。

接下来，我们将一起了解 NFT 的机制和实用性，以及它们如何支持商业、Web 3 和元宇宙。

NFT 的价值

非同质化数字资产并不是互联网或计算机领域的新概念。以域名为例，它是一种独特的资产，具有非同质化的特征。此外，在游戏中购买的虚拟物品、数字化身、活动门票，甚至个人推文，也是非同质化数字资产的例子。

毫无疑问，随着数字技术在社会中的快速普及，人们对真实性证明和所有权建立的需求日益增加。以电影明星签名为例，现实世界中我们可以通过鉴定证书来验证签名的真实性，并通过拥有签名来建立所有权。然而，在数字领域中，这种真实性证明和所有权建立的概念难以实现，尽管已经尝试了分布式权利管理等解决方案。为了应对这些问题，人们设计出了 NFT，旨在为数字资产提供真实性证明和所有权建立的解决方案。

大多数 NFT 都存储在以太坊区块链上，每个 NFT 都由一个单独的通证表示，储存了有价值的信息。就像其他艺术品或收藏品一样，NFT 可以进行交易，也就是说，它们可以被买卖。NFT 中的数据是唯一的，因此可以验证其真实性并建立所有权。

NFT 包含了有关其所代表的虚拟或实物物品所有权的区块链信息。这些信息包括完整的分类账，记录了所有权变更的全部历史。

NFT 的价值基于多个标准，包括艺术作品类型及其受欢迎程度、艺术家的名望、制作所付出的努力、创意故事和其他因素。其中最关键的因素是稀有性，其次是实用性。

用于描述 NFT 各种特性和技术的新术语有很多，下文列举了其中的几个例子。

NFT 术语及流行行话

以下是关于 NFT 的一些常见术语。

·阿尔法（Alpha），即未来的公告将不会公开披露，以避免信息泄露和价格操纵。

·蓝筹 NFT 项目（blue-chip NFT），即长期表现良好的投资组合。

·共识机制，即用于保证信任的方法。

·跨链互操作性，即实现区块链之间的桥接。

·加密钱包，即一种数字钱包，用于存储加密货币和数字资产的私钥。

·去中心化应用程序，即在去中心化区块链上创建和运行的应用程序。

·去中心化金融赌徒（Degan）[①]，即一种高风险的投资方式。

·数字钱包，即用于管理数字货币和资产的软件程序，可以由银行或交易平台托管。

·ERC-20 通证，即简单且可互操作的智能合约。

·以太坊，即支持智能合约和区块链的开源区块链。

·翻转（flipping），即在短时间内（通常是数天、数周或数小时）购买资产并以更高的价格出售获利。

·燃气费（gas fee），即执行智能合约时需要支付的费用。

·生成艺术[②]，即创造 NFT 系列收藏品的方式之一。

·首次游戏发行（initial game offering，IGO），类似于 IPO（首次公开募股）的概念，是区块链游戏的一种融资方式。

·第一层区块链，即提供了最基本的区块链功能。

·第二层区块链，即构建在第一层区块链之上的区块链技术，主要用于提供更丰富的功能性。

·铸造，即购买一个 NFT 并成为其第一所有者的行为。

·非投资建议（not financial advice，NFA）。

·元老（OG），俚语术语，意思是"原始黑帮"。

·公海（open sea，OS），全球最大的以太坊 NTF 交易市场之一。

---

① Degen 是 DeFi degenerate 的缩写，这是指在去中心化金融（DeFi）市场中进行高风险投机行为的人。

② 生成艺术是一种使用代码和算法创建数字艺术作品的方式，因此每个作品都是独一无二的，可以被转化为 NFT 进行交易和收藏。

· 个人资料图片（profile picture，PFP）[①]。

· 边玩边赚游戏（play to earn，P2E）[②]。

· 拉高出货（pump-and-dump），即一种价格操纵。

· 拉地毯骗局（rug pull）[③]，即各种 NTF 骗局。

· 炒作（shilling），即鼓励人们以高于实际价值的价格购买 NFT。与任何业务一样，以高于购买价格的价格出售资产是合法的。这一术语仅表示用户正在营销或宣传自己的 NFT。

· 到月球（to the moon），用来描述某种加密货币价格预计会大幅度上涨的情况。

· 特征（traits），使某个特定 NFT 独一无二和有特色的特性或属性。

· 白名单，可以获得购买资格，并确保在购买队列中占据位置的特定人选。

由于其实用性和实用性，NFT 行业正在迅速发展。

NFT 行业 /NFT 销售额有多大

2021 年，NFT 销售额大约达到 176 亿美元，较 2020 年增长了 20 倍。具体数据拆分如下。

· 艺术品：28 亿美元；

· 实用程序：5.23 亿美元；

· 元宇宙：5.13 亿美元；

· 收藏品：84.7 亿美元；

· 游戏：51.8 亿美元。

一些 NFT 的售价如下：

· 本名为迈克·温克尔曼（Mike Winkelmann）的比普设计了一幅由 5000 张数字图像组成的拼贴画，其相关 NFT 的售价为 6930 万美元。

---

① 个人资料图片，即一种以数字藏品 NFT 形式存在的带有版权性质的头像。

② 即一种新型游戏模式，将区块链技术与游戏机制相结合，玩家可以通过参与游戏赚取加密货币或其他奖励。

③ 指项目方卷款跑路，是典型的退出骗局。

· 加密朋克第 3100 号作品：售价 767 万美元。

· 加密朋克第 7804 号作品：售价 760 万美元。

· 推特创始人首条推文：售价 290 万美元。

· 加密朋兑第 4156 号作品：售价 1000 万美元。

·《未忘，已远》（*Not Forgotten, But Gone*）[①]：售价 100 万美元。

至此，我们已经了解了 NFT 与投资之间的联系，但是 NFT 实际上有更广泛的应用，不仅仅是一种投资工具。

NFT 的应用和类型

NFT 在电子游戏领域备受欢迎，因为它们解决了游戏创作者面临的多项问题。现在，玩家可以在游戏内购买独特的资产，如武器、皮肤、服装甚至土地，每个资产都有一个对应的 NFT 代表。这意味着这些资产可以进行交易、购买或出售，并且理论上可以转移到其他游戏和虚拟世界中。

当用户喜欢玩多款游戏时，其中一个棘手的问题就是他们需要为每款游戏创建并维护一个数字虚拟替身，即使这些游戏是由同一供应商提供的。但是，NFT 的概念可以解决这个问题，因为它可以创建一个数字虚拟替身，在多款游戏和虚拟世界中通用，并可用作数字护照。

NFT 还可以用于游戏开发的资金筹集。在游戏中，玩家通常会使用真实货币来购买游戏资产，并迅速将其介绍给其他人。这种口口相传的广告为游戏公司带来了更多的玩家和收入，可以用于资金来源。

此外，"边玩边赚"的游戏模式正逐渐成为一种流行的激励机制，旨在通过 NFT 奖励来增加玩家在游戏世界中的参与度。玩家可以通过完成游戏目标、获得成就、升级等方式来获得 NFT 奖励。

在游戏领域，有几款著名的游戏在 NFT 所有权和其他领域取得了开创性的进展，包括：

---

① 当代纽约街头艺术家 WhIsBe 创作的一段 16 秒短视频，展示了一个旋转的软糖小熊骨骼。

·《精灵无限》(*Axie Infinity*)[1]，允许玩家购买在多个游戏中使用的虚拟道具。

·《来临》（*Cometh*），一款去中心化金融游戏，玩家可以通过拥有 NFT 获得收益。

·《众神解脱》（*Gods Unchained*）[2]，允许玩家拥有虚拟卡牌的游戏。

NFT 的其他用途包括以下几种。

艺术品。NFT 目前主要应用于数字艺术品，因为艺术家们很早就意识到 NFT 技术为数字艺术品所带来的新价值。涉及 NFT 的艺术类型包括：

·静态艺术；

·GIF/ 视频；

·摄影。

虚拟时尚，指为数字虚拟替身（即角色）提供的时尚物品，一般在游戏中使用。玩家可以使用 NFT 为角色或数字虚拟替身购买独特的礼服或装甲。

访问权，即用户通过购买 NFT 来获得参加特定活动或场地的权限。这些 NFT 被编码到智能合约中。例如，维我软件公司（Veeva Systems）举办的年度全球用户大会 VeeCon 2022，只有持有维朋友 NFT 的用户才能参加。

虚拟资产，即用户可以使用 NFT 购买 / 拥有虚拟资产，并获得所有权证明。

音乐，即 NFT 可以用来代表与音乐相关的数字资产，包括专辑、歌曲、歌词、音频片段等。NTF 音乐的具体例子包括：

·加拿大音乐人格莱姆斯（Grimes）的歌曲《老人之死》（*Death of the Old*）；

·器乐《第 100 次直播制作》（*One-Hundredth Streams*）[3]；

·莱昂国王乐队（Kings of Leon）的新专辑《当你看到自己》（*When You See Yourself*）；

·世界级 DJ 史蒂夫·青木（Steve Aoki）和 3LAU 的《珍妮》（*Jenny*）；

---

[1] 越南游戏开发商 Sky Mavis 在以太坊制作发行的一款数字宠物养成及战斗游戏，由于世界观设定和"精灵宝可梦"类似，也被称作 NFT 界的宝可梦。

[2] 一款以区块链技术为基础的卡牌游戏，类似于传统的扑克牌或魔法卡牌游戏。

[3] 这张 NFT 是由美国摇滚乐队林肯公园的成员麦克·信田（Mike Shinoda）创作的。

·泽区块（Zeblocks）[①] 创作的《节奏盒子》（*BeatBox*）。

兑换，即 NFT 可以兑换为实际的物品，例如基于区块链技术的 NFT 收藏品弗里吉茨（Fridgits），它由 20 个独特的手绘角色组成。

身份，即用于提供跨平台识别的身份的 NFT。

收藏品，即虚拟或实体的 NFT 收藏品。例如：

·加密朋克；

·哈希面具（Hashmasks）；

·无聊猿游艇俱乐部（Bored Ape Yacht Club，BAYC）。

体育，即任何体育运动的 NFT 数字收藏品和交易卡。例如：

·《NBA 最佳射手》；

·《稀有足球》（*Sorare*）[②]；

·辣椒（Chiliz）[③]。

数字资产，即允许在游戏和虚拟世界中拥有数字产权的 NFT。例如：

·分布式大陆（Decentraland）；

·沙盒游戏（The Sandbox）；

·加密体素（Cryptovoxels）；

·梦境空间（Somnium Space）。

那么，NFT 可以解决什么问题呢？我们接着往下介绍。

NFT 能解决什么问题

自计算机时代开始，数字创作者一直就面临着如何维护作品所有权的重大问题。当用户创建数字图像、电子书、歌曲或游戏头像等作品时，如何保证他对该作品的所有权？在 NFT 出现之前，人们尝试使用各种技术来解决数字所有权的问题，例如分布式权限管理。然而，这些尝试并没有完全解决这个问题。

---

① Zeblocks 由纪尧姆（Guillaume）和塞巴斯蒂安（Sebastian）这两位生成艺术家和区块链爱好者组成。他们专注于创作实验艺术作品，他们的作品以其实践的生成性和视听性质而闻名。

② Sorare 是一款全球梦幻足球游戏，玩家可以在其中购买、交易和使用官方数字卡进行游戏。

③ Chiliz 致力于将区块链技术应用于体育和娱乐产业，为球迷和用户提供全新的数字化体验。

NFT 主要用于验证数字创作物的存在并确立所有权，通过让用户声明所有权和定义使用或复制规则来实现这一目的。同时，用户还可以设置版权费或佣金，以及限制数字创作物的使用范围。

NFT 也可以代表真实的创作物，从而实现与虚拟物品相同的权利管理。

NFT 与智能合约的结合解决了当前版权系统存在的许多问题，这些问题限制了互联网时代内容创作者的收益。版权法为用户的创作提供了一定年限的法律保护，但因为这些法律在 NFT 出现很多年之前就已存在，所以它们并没有提供任何物理手段来限制复制或阻止他人从副本中获利。通过所有权机制与执行政策相结合，NFT 和智能合约填补了这一空白。

下文我们将开始探讨 NFT 的一些核心属性。

NFT 的核心属性

在现实世界中，物理对象的属性定义了它们的本质。例如，我们可以通过一个物体的状态（固体、液体或气体）、重量、大小和硬度等属性识别这个物体。同样地，NFT 也具有类似的属性特征。下文将简要介绍 NFT 的主要属性。

不可分割性，即 NFT 无法被拆分成多个部分，如同我们不能将一张桌子拆分成组件进行单独出售，NFT 也无法被拆解成数字视频或图形。

点对点，即 NFT 无须依赖于中央平台，可以直接从一个节点（即对等节点）传输到另一个节点。

可编程性。由于 NFT 是基于智能合约设计的区块链技术，具有可编程性，因此可以定义适用于它们的使用规则。

稀有性，即 NFT 数量有限，这保证了它们的价值。

安全性，即 NFT 通过加密和设计，保证了交易的不可逆性和不可篡改性。当一笔交易被确认后，NFT 的所有权信息会被记录在区块链上，这意味着无法窃取或篡改 NFT，因为其当前（及其他）所有者信息已经被永久地记录在 NFT 区块链上。

可追溯性，即 NFT 建立在区块链上，包含完整的所有权记录，可防止伪造和欺诈。此外，由于 NFT 不会将盗窃者识别为合法所有者，因此窃取和转售

NFT 也变得非常困难。

可转移性，即 NFT 的设计遵循标准和已建立的协议，因此可以在不同的应用程序之间移动。例如，如果我们在一个游戏中购买了一个角色的虚拟替身，如果两个游戏都支持 NFT，那么我们就可以将它转移到另一个游戏中。

独特性，即 NFT 包含用于描述其属性的信息，使其具有与其他 NFT 不同的特征。

可验证的所有权，即所有权信息无法篡改，并且 NFT 本身无法被复制。例如，如果一个用户拥有一幅数字绘画的 NFT，那么他的所有权将永远记录在该 NFT 中。任何复制尝试都必须遵循 NFT 规则，并使用内置的智能合约。用户可以指定允许任何人制作副本，并支付一定比例的版税，或者禁止任何形式的复制。

掌握了 NFT 的核心属性之后，现在我们可以进一步了解 NFT 的技术构成部分。

技术组成部分概述

如前所述，NFT 建立在区块链网络之上，这意味着它可以利用区块链的属性来维护账簿，并证明其独特性和不可互换性。由于区块链采用了加密技术，因此可以确保其安全性，并防止被篡改。

区块链地址与 NFT 的唯一标识符相关联，用于数字艺术品买卖等交易。在发送或接收 NFT 时，该标识符可以追踪 NFT 的历史记录和交易。

此外，NFT 可以使用内置的智能合约。智能合约不仅定义了创建、转让所有权、复制或展示数字图像等操作的规则，还规定了价格范围、版税和其他标准。智能合约是用编程代码编写的，其使用几乎没有任何限制。

NFT 中存储的元数据描述了 NFT 的属性信息。与 NFT 关联的实际数据存储在 NFT 之外，通常存储在云服务中。事实上，数字绘画的 NFT 可能被链接到存储在云服务上的绘画源图像。这个过程是必要的，因为 NFT 所使用的区块链是一种去中心化的系统，其中每个节点都包含整个区块链的副本。因此，如果区块链（或 NFT）中包含了大量的实际数据（如图像或视频等），这些数据也将被复制到每个节点上，导致巨大的存储和处理开销。

那么，什么是元数据？我们将在下一节进行介绍。

NFT 元数据

元数据是用于记录其他详细信息的数据。以电话呼叫为例，元数据包括呼叫和接收电话号码、时间和日期以及通话时长等信息，而并不包含通话的实际内容。在这个例子中，通话本身不属于元数据的范畴。

NFT 使用元数据来描述其本身和相关信息，包括数据类型、大小、艺术家姓名、稀缺性等。需要注意的是，NFT 元数据通常只包括识别资产及其基本信息的必要内容。

举例来说，如果某个用户拥有的 NFT 是一个视频片段，那么该 NFT 会记录这个片段的位置（例如，可能存储在云服务上）。通常情况下，NFT 使用星际文件系统（InterPlanetary File System，IPFS）哈希或超文本传输协议统一资源定位符（HTTP URL）来标记这个位置。在以太坊征求意见稿第 721 号（ERC-721）[①]中，NFT 的位置信息以标准的爪哇编程语言（JavaScript）对象表示法（JavaScript object notation，JSON）的形式存储。然而，由于 JSON 相对较大，以太坊合约会使用通用资源标识符（universal resource identifier，URI）来记录 JSON 定义的外部站点。换句话说，NFT 的元数据被存储在链下（后文详述）。

元数据是在通证创建时指定的，一旦指定后就无法更改。这意味着，如果通证所代表的实际资产被移动或删除，该通证将不再有效，并且其元数据也无法更改。

NFT 元数据可以通过以下两种方式存储：

· 链上，即元数据存储在区块链上，包含与 NFT 相关的实际数据的位置。

· 链下。由于元数据通常包含大量信息，因此对于大多数 NFT 来说，将它们的元数据存储在区块链上可能会产生昂贵的去中心化存储成本。因此，通常会将 NFT 的元数据存储在区块链之外，由此称为"链下"存储。

---

① ERC-721（Ethereum Request for Comments 721），由威廉·恩特里肯（William Entriken）、迪特尔·雪莉（Dieter Shirley）、雅各布·埃文斯（Jacob Evans）、纳斯塔西娅·萨克斯（Nastassia Sachs）在 2018 年 1 月提出，是一个在智能合约中实现通证 API（应用程序编程接口）的 NFT 标准。

NFT 是如何运作的

在出售或使用 NFT 之前，通常需要创建或获取相应的虚拟或实物资产。具体流程会因区块链平台而异，但一般会包括以下步骤：

1. 创建产品，例如图形或视频。

2. 为 NFT 选定合适的区块链，大多数人都会使用以太坊，但也有泽塔斯（Tezos）和宇宙（Cosmos）等可用选项。

3. 建立数字钱包，以购买所需的货币，并支付市场费用。这是进行初始投资所必需的。

4. 选择适合个人需求和资产类型的 NFT 市场。

5. 将数字文件上传到选定的市场。

6. 将数字钱包连接到选定的市场。

7. 铸造数字对象。这是创建 NFT 的过程，这一数字对象的所有权数据将包含在 NFT 中。市场将提供有关如何在其平台进行铸造的详细说明。

8. 根据个人意愿决定是否在市场上出售 NFT。市场将提供有关可用出售方法的说明，用户通常可选择固定价格或拍卖（即限时或无限制销售）。

接下来，我们一起来了解如何在 NFT 创建过程中进行验证。

创建 NFT：验证

在创建 NFT 时，必须验证其有效性并将其作为资产添加到区块链上。否则，这将为欺诈和伪造提供可乘之机，极大地威胁到创建 NFT 的初衷。

交易必须先确认 NFT 已经被构建并添加到区块中，然后才能将其添加到区块链上。市场需要更新账户余额以反映该资产的存在。一旦这一步骤完成，NFT 就可以进行交易并确认拥有者身份。

最后，必须确保网络上的每个系统都已被通知新铸造区块的准确性。

矿工的职责是将新铸造的 NFT 及其所有权通知网络上的所有系统。这也解释了为什么挖矿需要执行高度复杂的数学方程式进行证明。如果未进行此操作，任何人都可以接管 NFT 并声称拥有所有权。因此，挖矿的工作必须由值得信任的矿工执行。此外，在铸造完成后，矿工还必须验证该区块的属性以确保其正确性。

NFT 标准 / 数据库

现代技术的发展离不开标准化的支持。可以说，标准主宰我们生活的世界；没有标准，我们的世界将会陷入混乱。以电视为例，同一型号的电视机会采用相同的零部件、电压、尺寸和组件，而同一制造商则会在所有电视机型号中采用相同的零部件，以提高其维修的便利性并标准化其供应链。此外，为了方便人们连接不同设备，电视制造商还制定了 HDMI 电缆的标准，以替代单一用途的电缆。

软件标准的目的在于简化开发，并保障其与其他软硬件的兼容性。应用程序编程接口提供了一种标准方法，让开发人员可以轻松使用复杂工具而无须编写烦琐的代码。这些标准相互协作，形成了一个庞大的拼图，帮助软件设计师实现他们的目标。

同样地，为了使 NFT 之间能够在区块链网络上互相协作，并且可以与其他数字资产进行交互，NFT 需要遵循一系列标准。目前最流行的 NFT 标准是以太坊征求意见稿第 721 号标准，该标准定义了 NFT 的基本结构和操作。此外，不同的区块链平台也提供了自己的 NFT 标准，例如索拉纳（Solana）和泽塔斯。

与 NFT 相关的特定标准示例包括以下几种。

·以太坊征求意见稿第 20 号（ERC-20）：可替代通证的标准包括智能合约（仅限于以太坊内部）。

·以太坊征求意见稿第 223 号（ERC-223）：允许通过授权的方式将同质化通证用于链上第三方。

·以太坊征求意见稿第 721 号（ERC-721）：NFT 标准。

·以太坊征求意见稿第 777 号（ERC-777）：ERC-20 的改进版。

·以太坊征求意见稿第 865 号（ERC 865）：智能合约，允许以通证而不是燃气费进行支付。

·以太坊征求意见稿第 875 号（ERC-875）：允许在一笔交易中转移多个 NFT 的智能合约。

·以太坊征求意见稿第 998 号（ERC-998）：允许将多个 NFT 合并为一个 NFT 的智能合约。

·以太坊征求意见稿第 1155 号（ERC-1155）：允许管理以太坊通证的智能合约。

·以太坊征求意见稿第 1137 号（ERC-1137）：允许创建定期支付。

·以太坊名称服务（ENS）：以太坊区块链的命名系统。

·出勤证明协议（POAP）：证明人们参加了虚拟或现场活动的协议。

除了已提到的通证标准，还有许多其他标准可用，有些是只属于特定区块链平台的专有标准，而另一些则是对所有人开放的通用标准。

但应明确的是，创建 NFT 和拥有 NFT 是两个不同的概念。

创建 NFT 和拥有 NFT

当某人拥有一个 NFT 时，区块链记录了他作为该 NFT 的所有者的所有权信息，这个记录是不可篡改的（即具有永恒性）。持有人可以出售该 NFT 并将其所有权转移给其他人。如果持有人在智能合约中设置了相应的代码，他还可以从转售中获得版税。

此外，NFT 创建者对 NFT 拥有更多的控制权。首先，他创建 NFT 的信息将会被记录在区块链上。他可以在智能合约中编写代码来自动收取版税，每当 NFT 被转售时，他都能获得一定比例的收益。如果他不想收取版税，也可以选择在智能合约中取消此功能。创建者可以在任何地方出售它，无须借助任何代理人。创建者可以通过限制 NFT 的发行数量以保证其稀缺性。

NFT 的创建者或所有者可以在市场上享有多种选择。

NFT 竞拍市场和拍卖平台

要购买和出售 NFT，我们需要在相应的市场上创建账户。这些平台提供了安全的环境和必要的工具，可以帮助我们检查、购买和出售 NFT。许多市场还允许用户创建自己的 NFT。

公海是最大的 NFT 市场，可以帮助我们查找、收集和出售 NFT。作为第一个 NFT 市场，它提供了所有必要的工具，包括数字钱包，以及创建集合、添加 NFT 以及将其列出进行出售的说明。

虽然公海是一个综合的 NFT 交易平台，但出于特殊需求，我们可能会综合考虑其他交易平台。交易平台的选择取决于我们的目标和需求。

以下是其他交易平台列表，虽不全面，但仍有助于我们对此有一定的了解。

- 《阿韦戈奇》（Aavegotchi）；
- 异步（Async）；
- 《精灵无限》；
- 弹跳（Bounce）；
- 货运（Cargo）；
- 分布式大陆；
- 基础（Foundation）；
- 已知起源（KnownOrigin）；
- 创作者广场（Makersplace）；
- 挖矿基地（Mintbase）；
- 挖矿平台 App（Mintable.app）；
- 神话市场（Mythmarket）；
- 《NBA 最佳射手》；
- 尼夫蒂网关（Nifty Gateway）；
- 开放集市（OpenBazaar）；
- 索纳拉艺术（Solanart）；
- 索尔海洋（Solsea）；
- 超级稀有（SuperRare）；
- 稀有（Rariable）。

一旦选择好市场，我们就可以开始购买 NFT。

NFT 的商业/品牌策略

NFT 的应用远不止于游戏和投资。企业和品牌可以发行 NFT，用于营销活动。比如：一家汽水公司可以推出独特的 NFT 艺术品作为赠品进行抽奖；企业可以使用这些 NFT 艺术品来保护它们的商标；快餐店可以推出一系列 NFT 产品，每购买一份餐品就可以获得其中一款 NFT。

NFT 还可以用于提高品牌知名度，它可以数字化资产信息，包括数字收藏品、独特的体验经历，甚至可以代表物理对象的概念。以攀岩者为例，如果她攀登了一个特别陡峭的悬崖，她可以记录下攀登的视频、照片和声音剪辑，并将其创建为 NFT 进行出售。如果她的粉丝购买了这些独特经历的数字副本，她就可以获得版税，而且摄影师、视频编辑团队和音响师等人也可以共享收益。

假设有人购买了一双真实的运动鞋，这款鞋子配备了一款数字化的 NFT，那么此人就可以在电子游戏和其他沉浸式场景中穿上这双鞋子，即使是在虚拟的环境下。此外，这项服务也可以轻松地应用于社交媒体活动和其他营销广告技术中。通过使用 NFT，一个人可以在各种各样的沉浸式体验中打造自己的虚拟衣柜，包括游戏、体育赛事和会议等场景。

甚至可以为每个销售的产品分配一个唯一的标识符，并将其作为 NFT。举个例子，消费者购买了一项由 NFT 表示的新帽子。从这一刻开始，真实世界和数字世界中的传感器都可以检测到这顶帽子，并围绕它创建沉浸式体验。广告可以针对这顶帽子进行设计，推荐相应的配饰。将单一的购买转化为令人兴奋的长期体验，这个过程有很多探索空间。

NFT 在商业和品牌方面有很多应用，其中包括：

· 作为真实物品的数字认证；

· 作为参加社交媒体活动的徽章和奖品；

· 在数字和虚拟世界中使用同样的产品，拓宽产品适用范围；

· 创建围绕收集 NFT 艺术品、邮票、头像、视频或其他收藏的营销活动；

· 打造产品的奢华版；

· 为消费者提供独特版本的日常用品，以提供特殊的体验。

品牌可以利用 NFT 提供沉浸式、独特的数字和实体产品，这为它们与消费者建立联系提供了巨大的机会和潜力。这种联系的建立可以显著提高消费者的忠诚度，同时为企业提供吸引和留住消费者的额外途径，实现持久的消费者价值和体验。

除了这种营销潜力，NFT 和去中心化金融也有望提供更好的途径，方便消费者进行交易。

NFT 智能合约

在现实世界中，起草和执行合同通常需要律师的服务。合同谈判可能费时费力，而确保合同得到充分执行则更加耗时烦琐。律师可能需要在合同起草到结束的各个阶段介入。由于合同条款可能存在不同的解释，因此出现纠纷的可能性很大。

智能合约旨在解决前述的各种治理问题。它通过将小程序嵌入区块链来实现这一目标。当满足一个或多个预设条件时，这些程序会自动运行。

智能合约可以自动执行协议条款，无须律师或其他中介的服务，节省了时间和金钱。但为了确保正确性，代码的编写和复核仍需要一定的时间和专业知识（可能需要一名程序员）。除此之外，智能合约还可以用于自动化工作流程。

以创建电子书 NFT 为例，在没有智能合约的情况下，书商需要从销售收入中扣除自己的分成，然后将剩余部分作为版税支付给出版商，这样出版商就可以根据合同协议向作者支付报酬。

随着智能合约的出现，版税的支付流程发生了变化。首先，我们可以把智能合约的条款编码到图书 NFT 的区块链中，确定支付版税的金额和类型。如果直接购买图书，智能合约会执行并直接向作者支付版税，同时向书商支付其应得的分成。对于图书馆的借阅情况，智能合约可能会规定，每当读者借阅这本书时，作者可以从图书馆获得相应的佣金。

动态 NFT

动态 NFT（Dynamic NFT，dNFT）是一种新型的 NFT，它们可以根据数据和事件等条件进行自适应和变化。例如，背景可以根据气象事件或体育赛事的结果进行动态更新。

加密艺术以及加密艺术 NFT 的创建

部分读者可能还不了解，加密艺术和 NFT 是可以结合的。如前文所介绍，图像文件、视频以及其他数字艺术形式的售价已高达数万或数十万美元，有一些甚至突破了数百万美元的大关。对于富有创造力的人来说，尝试进入这个新兴领域，创造和销售自己的作品，可能会带来可观的回报。

2014 年，凯文·麦考伊和阿尼尔·达什（Anil Dash）在纽约市新博物馆（New Museum）的七对七（Seven on Seven）展览会上推出了第一件 NFT 艺术作品。他们通过域名币（namecoin）[①]实现了将艺术作品与 NTF 进行结合的壮举。此外，2014 年，罗伯特·德莫迪（Robert Dermody）、亚当·克雷伦斯坦（Adam Krellenstein）和伊万·瓦格（Evan Wagner）创立了一家名为"Counterparty（交易对方）"的创业公司，旨在让人们创建资产并将其链接到 NFT。

2015 年，游戏《魔法创世纪》（*Spell of Genesis*）首先引入了内置 NFT 资产的概念，玩家可以购买和使用游戏内的 NFT 资产。2016 年，另一款名为《原力意志》（*Force of Will*）的游戏也发布了类似支持。同样在 2016 年，NFT 头像在 Counterpart 平台上开始流行。2017 年，Peperium[②]成立，成为 NFT 模因[③]和交易卡的市场。约翰·沃特金森（John Watkinson）和马特·霍尔（Matt Hall）于 2017 年推出了加密朋克，同一年，名为 Axiom Zen 的公司发布了迷恋猫。2021 年，

---

①　域名币是一种实验性的开源技术，提供传统 DNS 服务商类似的功能，具有安全、不被审查、隐私和快速的特性。

②　2017 年 3 月，去中心化模因市场和交易卡牌游戏（TCG）项目 Peperium 使任何人可创建永久储存于 IPFS 和以太坊上的模因。

③　模因是文化资讯传承时的单位，是一个想法、行为或风格从一个人到另一个人的文化传播过程。

比普的作品《最初的 5000 天》（*The First 5000 Days*）以 6930 万美元的天价售出，标志着加密艺术市场的腾飞。

万物皆可 NFT，例如数字艺术（即 GIF 动图和 PNG 图像）、电影、模因、食谱、音乐等。理论上只要是我们能想到的，都可以制作成 NFT。对于能够通证化并制成 NFT 的事物，几乎不存在任何限制。然而，我们需要遵循版权法律，避免使用拥有版权的材料。

在虚拟世界中，我们会发现许多令人兴奋的选择，这些选择是传统艺术所不具备的。例如：

·可编程艺术。我们可以定义一系列指令，以确定如何呈现、查看、收听媒体等内容，并生成代表移动和颜色变化的通证层。

·二次销售。在现实世界中，我们依靠合同和其他方（如书商、画廊、出版商等）的诚信来支付版税和佣金。但是如果使用 NFT（如前文所构想），我们可以定义每次艺术品出售、出借或出租时，艺术家应该如何获得报酬。数字艺术品市场已经存在，例如为买卖数字艺术品提供在线平台的"已知起源"（KnownOrigin）网站。

·虚拟画廊。艺术家可以在虚拟画廊中展示他们的作品。任何人都可以查看这些艺术作品，这些作品仅以 NFT 的形式呈现。

寻找设计艺术作品的工具和实用程序并不困难。奥多比创意应用软件（Adobe Creative Cloud）提供了一系列应用程序，例如照片商店（Photoshop）和 Substance[1]，旨在帮助用户创造数字艺术作品。这是一个全面且功能丰富的创作平台。

绿洲数字工作室（Oasis Digital Studios）[2] 推出了一个平台，当一个艺术家在这个平台上销售一件作品时，他将获得这件作品首次销售的部分收入，并且还有可能获得这件作品未来销售所产生的版税。该平台支持数字艺术品、交换卡、限量版、系列产品，甚至实体产品的服务。

自主系统（即非人类系统）也可以创作艺术品，这种艺术创作方式被称为"生

---

① Substance 是一款强大的数字艺术设计软件，可用于创建高质量的 3D 模型、纹理和材质。

② 绿洲数字工作室是一家专注于数字身份、整合数字化身和元宇宙的全球区块链和金融科技解决方案公司。

成艺术"（generative art），它不需要人类干预即可创造出艺术品。此外，这种艺术形式也被称为算法艺术或合成媒体。

数字艺术（即 NFT 艺术品）具有广阔的发展前景。认为数字艺术品比传统艺术品略胜一筹是不恰当的，它只是艺术家展示创造力的另一种方式。数字艺术作品具备独特的优势，例如增加新功能（尤其是 3D）、拓展受众范围（整个互联网）、提供更完善的版权保护，以及采用一种明确的酬劳支付方法。

数字艺术与沉浸式技术相结合，可以带来令人振奋的体验。想象一下在博物馆里欣赏一幅画，却发现自己仿佛置身于画中，可以观察到画中世界的点滴细节。总之，数字艺术让观众有机会身临其境，与艺术品互动，切身体验艺术的魅力。

NFT 安全性

当我们在银行开户时，自然希望我们的交易是安全和私密的。前者意味着我们的资金没有损失风险，后者意味着别人无法窥探我们的财务状况和支出情况。为了确保安全性，银行会竭尽所能进行安全审计并严格执行最佳实践。如果出现信息泄露的情况，它们的品牌声誉将会受到严重的损害。在这种情况下，银行将面临联邦当局的调查，员工可能会被解雇，首席执行官和高管也可能会面临指责。

区块链不由单个实体管理，而是通过一系列标准和协议来确保安全性。这些标准和协议的设计采用了加密和安全授权。因此，我们通常都可以相信区块链的安全性，尽管不同的区块链类可能具有不同程度的安全性。

由于将数据存储在区块链上会产生高昂的成本，因此通常会将数据本身存储在其他位置。对于 NFT 来说，图像、视频或数据等非区块链数据通常会存储在中央云服务器上。尽管 NFT 所在的区块链可能是绝对安全的，但外部数据可能存在不安全、被删除或迁移的风险。由于 NFT 无法更改，因此并没有考虑如何处理这些问题。这些数据也可能会遭到黑客攻击和被篡改成其他内容。

市场和其他技术公司一样，必须严格遵循最佳安全实践并始终保持最高级别的安全性。市场的安全完全取决于它的安全部门。如果市场的平台受到攻击，那么它所维护的 NFT 和钱包也可能受到影响。

归根结底，区块链、NFT、智能合约和其他相关技术都是由程序员编写的代码组成的。由于人类的限制和错误，这些代码不可能是完美的，因此可能存在漏洞。

此外，我们还需了解有关 NFT 和区块链的隐私工作原理。

区块链和 NFT 的隐私问题

区块链的设计，本质上是一个公共账本，记录了与该链相关的每一笔交易。政府、执法部门、企业甚至个人都有可能（甚至已经）打开用户的区块链账本，获取他们每一笔交易的详细信息。

理论上，区块链是匿名的，因为用户不需要让钱包包含个人信息（例如姓名、地址等）。钱包内的交易对每个人都是可见的，但钱包所有者的身份是不可见的……除非用户泄露了自己的身份。

软件工程师莫莉·怀特（Molly White）曾经在博客很好地总结了这个问题：

> 想象一下，当用户通过 Venmo[①] 向交友软件火种（Tinder）[②] 的约会对象支付一半餐费时，他也许没有想到，其他人会看到自己所有的交易记录，无论是 Venmo 的交易，还是使用信用卡、银行转账或其他应用程序所做的交易。更糟糕的是，根本没有选项可以将交易设置为"私密"。与交友软件约会对象有关的所有历史账单？向治疗师支付的账单、正在偿还的债务（或非债务）、捐赠给的慈善机构以及存入退休账户中的金额（或未存入的金额）？那家在晚上 10 点经常光顾购买冰淇淋的小卖部位置？这些信息不仅仅暴露给那位在火种交友软件上认识的一次性约会对象，也会暴露给前任、远亲近邻和潜在雇主等。

---

① 贝宝（PayPal）旗下的一款移动支付服务，可为用户提供一种新的社交支付方式。Venmo 是"在手机上进行的买卖"的意思。Ven 来自拉丁语的"买卖"（vendere），Mo 来自手机的前两个字母 mobile phone。

② 国外的一款手机交友 APP，其作用是基于用户的地理位置，每天"推荐"一定距离内的 4 个对象。

用户可能会使用混淆技术或者转向器（tumbler）或混币器（mixer）来隐藏他们的交易，或者至少使交易难以追踪。但这些方法不仅使用难度大，而且不能完全保证隐私。此外，它们还会增加交易时间和复杂性。

NFT 在这些隐私问题上又进一步增加了难度。大家都清楚，NFT 是唯一的标识符，假设我们为自己的虚拟替身创建 NFT 并进行公开展示，当我们用数字钱包购买这个 NFT 时，别人只需跟踪该 NFT 的标识号，找到对应的数字钱包，就能追踪我们的每笔交易。

更为严峻的是，区块链中的数据一旦被记录，就无法删除或修改，这样的设计是有意而为之的。因此，一旦用户的数据暴露，就无法进行删除或修改。

互联网和 Web 的一个显著问题就是安全和隐私缺失，而这个问题也同样存在于区块链和 NFT 中。存储在区块链和 NFT 中的交易并非私有，因此，在使用或投资这些新技术时，用户需要时刻牢记这一点。

此 NFT 存在的另一个问题是，它们并不天生具备或直接蕴含内置机制，用以追踪和展示所代表数字资产的来源（出处）以及创作者的身份（归属）。

NFT 的内容真实性

创建过图片或视频等数字资产的人应该清楚，当前的技术无法永久不变地维护所有权和归属关系。为了记录数字媒体的上下文和历史，内容溯源与真实性联盟（Coalition for Content Provenance and Authenticity，C2PA）应运而生。这个联盟汇聚了奥多比（Adobe）、芯片架构设计公司 Arm、英特尔（Intel），微软以及真图（Truepic）[①]等知名企业，致力于为不同类型的数字内容添加安全信任层。

数字溯源技术可以有效解决错误信息的问题。这种技术包括可验证、防篡改的签名，以证明元数据和基础数据的真实性。这类设计还可以维护内容创建者的隐私和安全。

这些属性是在构建数字资产时添加的，用以维护对内容和元数据的所有更改记录。这种归属信息将贯穿整个发布过程,保存在数字资产中,任何人都可以查看。

---

① 真图，一家专门从事图片和视频真伪鉴定的公司。

NFT 骗局

投资诈骗行径屡见不鲜，其历史甚至可溯源至文明之前。庞氏（Ponzi）骗局便是一个经典案例，可追溯至20世纪20年代的美国。当时，查尔斯·庞氏（Charles Ponzi）以高达50%的回报为诱饵吸引新投资者，用新投资者的部分资金返还给老投资者。这样的骗局始终离不开源源不断的新骗局对象，一旦新骗局对象枯竭，骗局即告瓦解。

和其他投资机制一样，NFT 市场也存在资金欺诈行为，包括人为抬高价格、创建虚假或重复的 NFT 项目等。以下是一些常见的骗局手法。

·洗牌交易（Wash Trading），指诈骗者故意抬高自己持有的 NFT 价格。他们希望让自己持有的 NFT 看起来更加有价值，可以在出售时获取更高的出价。这种手段有效地制造了虚假或虚幻的需求，并常常被大肆宣传以引诱更多投资者入局。但这种手段也存在一定风险，例如高昂的燃气费可能会降低诈骗者的利润，甚至导致亏损。

·拉地毯骗局（Rug Pulls）。向买家推销 NFT 是一种合法行为。但有些推销人员会采用夸大宣传的手段，吸引投资者购买 NFT，一旦价格上涨，他们便会卷款跑路。

·假冒骗局（Counterfeit Scams）。NFT 同样存在伪造的风险。例如，有人可能会截取图形 NFT 的屏幕截图，并制作一个和原版 NFT 如出一辙但却一文不值的虚假 NFT。这种假冒骗局可能会让买家付出的资金打水漂。

·拉高出货（Pump-and-Dump）。在这个骗局中，个人或团体会购买 NFT 并人为推高价格。价格可能会大幅上涨，甚至成为新闻头条，吸引投资者及时跟进。然而，当价格达到高峰时，不道德的交易员会抛售这些 NFT，从中获得巨额利润。这些 NFT 实际上没有真正的价值。

·空投骗局（Airdrop Scams），也被称为赠送 NFT 的骗局。在这种骗局中，骗子会以免费获取 NFT 为诱饵，让用户完成一些简单的任务，例如分享帖子等。接着，骗子会要求用户链接到他们的小狐狸（MetaMask）[①]钱包凭证。一旦用户

---

① 小狐狸是一款插件型（无须下载客户端）轻量级数字货币钱包，主要用于谷歌浏览器和火狐浏览器，标志性 logo 为小狐狸头。

链接了钱包凭证，骗子就能够记录用户的输入内容并窃取其 NFT。

如何避免被骗？首先，请牢记一条金科玉律：天上不会掉馅饼。如果某项投资回报看起来过于夸张和不合理，那么很可能就是骗局。在考虑投资之前，务必先检查投资机构和个人的证书和记录。如果有人突然出现并声称可以提供一周 50% 的回报，那几乎可以确定是一个骗局。以下是避免被骗的几条实用建议：

·确保不要共享自己的私钥，如果将它们泄露或分发给其他人，无异于将家门钥匙交给别人。

·一定要使用声誉良好的官方网站。

·避免使用低价服务的网络平台。

·投资前要进行充分的调查。查看在线测评。

·投资时要保持谨慎。选择经过审查和监管的投资资源会带来更大的成功可能性。

除了骗局之外，NFT 的应用还可能面临一些其他的挑战。

应用 NFT 的挑战

本章已经介绍了 NFT 的优缺点，包括技术、投资策略和风险。尽管 NFT 是一项新技术，其发展和应用速度依旧很快。

然而，NFT 的广泛应用仍面临一些挑战，不论是在大众市场还是元宇宙领域。接下来，我们将探讨其中的一些挑战。

区块链开销。NFT 基于区块链技术，因此所有相关开销都体现在计算机资源的使用上。由于 NFT 是分散存储的，每个网络节点都有副本，因此会占用大量磁盘空间，并且由于不能被删除，这些空间将被永久占用。所以，存储和带宽问题必须进行相应的优化。

工作量证明瓶颈。工作量证明是一种共识方法，但它需要大量的能源，因此会对气候变化造成负面影响。虽然未来可能会出现更高效的共识算法，并且新的算法也在不断开发中，但在它们成为主流之前，NFT 的未来可能会受到限制。

交易费用。NFT 交易并非免费。每次应用 NFT 或者实施交易前，用户通常需要支付巨额费用，这些费用取决于当前网络的拥堵情况。为了推广 NFT 的广泛使用，交易费用必须降低一个数量级。

监管。由于 NFT 是一项投资，而且代表了实物或数字资产，因此监管机构很快就会参与其中。为了保护市场的健康，开发者必须制定规则。

法律模糊性。虽然 NFT 和区块链技术快速发展，但相关法律尚未完全跟上。例如，尽管智能合约的概念看似可行，但是目前尚未对其在法律系统中的实际可行性进行验证。

真实世界的影响。尽管 NFT 旨在提供所有权证明及其他功能，但是在现实世界中，尚未对执行该所有权的法律测试进行充分探讨。如果用户将 NFT 与其房屋相关联，那么这是否意味着他是所有者？法院是否会接受这个作为所有权的证据或证明？这些问题目前还没有明确的答案。

缺乏隐私。依我之见，缺乏隐私是 NFT 广泛应用的最大障碍。由于分类账的透明性是区块链和 NFT 设计的一部分，因此这将是一个难以解决的问题。毕竟，NFT 和区块链必须确保完全的隐私，才能让公众在日常生活中接受它们。

请注意，早期互联网在其开发、推广和应用过程中也面临了许多相同或类似的问题，这些问题或多或少都已得到解决。由于 NFT 和区块链技术都是比较新的技术，因此我们可以期望其任何应用障碍都将逐步得到解决。

随着 NFT 在日常生活中的广泛应用，监管机构介入 NFT 的可能性也将增加。

监 管

随着数字资产的日益普及和应用范围的扩大，监管机构成立势在必行。这些机构旨在防范欺诈行为、设置洗钱壁垒、制定税收机制、落实合规报告，以及保护消费者隐私。此外，监管机构也会对数字资产的安全性提出更高的要求。

像许多现代技术一样，现有的监管标准和法律并不适用于 NFT 等数字资产。因为 NFT 通常被视为一种投资，而加密数字货币则被视为一种货币，政府很快便介入并制定了新的监管法规。

《关于确保负责任地发展数字资产的行政命令》（Executive Order on Ensuring Responsible Development of Digital Assets）。2022 年，拜登总统签署了一项行政命令，制定了国家数字资产政策。命令"要求司法部部长协同财政部部长和联邦储备委员会（Federal Reserve）主席，以决定是否需要在 180 天内制定美国中央银行数字货币（CBDC）法规"；命令还指示和鼓励现有的金融监管机构在现有职权范围内扩大其活动，并要求整个政府对数字资产立法做出回应，为数字资产立法创造了条件。

证券法。一些 NFT 可能最初被用于完成与证券无关的目标，但监管机构可能很快会将这些 NFT 归类为证券。这将导致这些 NFT 受到证券法的限制和约束，需要遵守税收规定，并受到转售方面的限制。

反洗钱法（Anti-Money Laundering，AML）。为了打击犯罪，美国政府制定了一系列规定和政策，要求银行和金融机构采取措施，以减少或消除非法活动的发生。如果 NFT 成为反洗钱法规管制的对象，那么金融机构需要报告任何可疑的交易。

版权法。保护数字资产的版权是一项艰巨的任务，因为电子书、网络日志、音乐和视频等数字资产的侵权问题难以执行，且需要高昂的成本。为解决这些问题，版权法需要经历大量的改革，而这些改革可能会很快到来。

国际监管和执法。法律因国家而异，甚至在一些国家内部也会因地区而有所不同。各国政府必然会制定自己的监管法规，但必须协调各自的行动，以展示一致的立场和团结，促进国际法律秩序。

对环境的影响则是另一个需要考虑的方面。

NFT 和环境

我们已经在前文讨论了 NFT 和区块链技术会在全球范围内消耗大量能源，并由此对气候变化造成不良影响。这些技术的集中式设计和共识机制导致能源消耗量巨大。从长远来看，必须通过重新设计来解决这些问题，以保障技术的可扩展性。

为了在短期内解决这些问题，可以采取碳补偿措施（例如通过种植树木来抵消碳排放量），以及为采矿数据中心提供可再生能源作为动力来源。但这两种方法并非长期解决方案，因为碳补偿和可再生能源只能缓解一部分的能源消耗和碳排放，无法完全解决问题。

使用不同的共识算法（例如权益证明）可以显著降低能源需求，因此切换到这些替代共识算法是一种有效的解决方案，同时可以降低交易的燃气费用。此外，其他可行的解决方案包括将多个交易收集在一起，以便算法可以同时处理多个交易（即批量铸造），或者延迟铸造直到 NFT 出售（即惰性铸造）。

小　结

NFT 技术为个人、企业和投资者提供了新的商业机会，创造了更具沉浸感、更有价值、更广泛的体验，为多个行业提供了多种选择。例如：在游戏中，NFT 支持资产和土地所有权；在供应链管理中，NFT 可以更好地保存记录；此外，族谱信息也可以被记录和共享。

区块链、NFT、去中心化组织、去中心化金融和去中心化应用程序（以及其他技术）共同构成元宇宙的基石。NFT 使人们能够拥有数字资产的版权，同时通过智能合约实现个人对版税和报酬的控制。NFT 的所有权概念将数字世界和真实世界融合在一起，体现了资产所有权的广阔前景。

企业在制定数字化转型战略时必须考虑 NFT、区块链和元宇宙的重要性。新兴的 NFT 技术为客户提供更实用的体验，从而推动了更大的品牌价值创造。

本章探讨了区块链和 NFT 技术的多种应用。NFT 及其基础技术提出了去中心化的概念，从某种意义上打破了资产所有权和使用的集中化范式。在 NFT 的新世界中，互操作性是关键，这也是开放元宇宙的真正优势。元宇宙具有释放人类创造力和商业创新潜力的可能性，而我们才刚开始理解这一点。

下一章将探讨元宇宙在游戏领域的应用。作为最早的应用之一，游戏在元宇宙中扮演着重要的角色。通过沉浸技术，元宇宙为真实游戏提供了理想的环境，以及更加引人入胜的体验。

第 5 章　游　戏

　　游戏可能是最接近元宇宙的展现方式。作为元宇宙的理想应用场景，游戏涵盖了广泛的基于 Web 和云的沉浸式体验。实际上，许多游戏已经将大部分复杂功能转移到云基础设施上，利用移动设备、桌面电脑或游戏主机等客户端现有的算力进行优化。元宇宙有望从游戏领域的多种最佳实践中吸取经验，创造全新的沉浸式体验和功能。

　　其实，游戏是许多人踏足虚拟世界的第一步。元宇宙的多种概念都源自游戏。例如，通过创建数字虚拟替身代表自己或游戏角色，个人不仅可以与游戏和其他玩家互动，还可以在游戏过程中借此充当自己的视角。相对于早期高度脚本化的游戏，元宇宙游戏为玩家提供了更创新、更即兴的参与方式。

　　游戏中的数字身份或形象对玩家而言极为重要。在一个或多个游戏中，玩家会定制自己的数字虚拟替身，以展示自己的个性。这些虚拟替身不仅反映了每个玩家对自己和个性的感受，还向其他玩家展示了他们的社交地位、技能和经验。随着玩家在游戏世界中花费更多时间并与其他玩家建立联系，数字身份的重要性也不断攀升。

计算机游戏简史

　　首先，让我们一起来回顾下计算机和电子游戏的历史。了解计算机游戏的起源有助于我们更好地推断其未来发展趋势，以及探索如何利用技术创建引人入胜、高度沉浸式的多人游戏，同时激发元宇宙的想象力。

自计算机问世以来，游戏就一直是计算机应用领域中的重要组成部分。早在移动电话、个人电脑和互联网出现之前，大学和学院的教授与学生们就已开始设计和编写计算机游戏。事实上，早在 1952 年，一位英国教授在剑桥大学为他的博士项目创建了一款名为 OXO 的井字棋电子游戏。1958 年，威廉·希金博坦（William Higinbotham）开发了一款名为"网球"的新游戏，这款游戏在模拟电脑上运行，并使用示波器屏幕展示游戏画面。

1962 年，随着计算机技术的快速发展，史蒂夫·拉塞尔（Steve Russell）在麻省理工学院开发了一款名为《太空大战》（*Spacewar!*）的游戏，并将其运行在 PDP-1[①] 型号的计算机上。这款游戏支持多个计算机系统，是联机游戏的鼻祖。

不知是否还有人记得《魔域帝国》（*Zork*）这款游戏。《魔域帝国》是一款没有图像或声音的经典交互式文字游戏。它的创作灵感来自早期的文字游戏《巨洞冒险》（*Colossal Cave*）——由斯坦福大学的学生威尔·克劳瑟（Will Crowther）在 1976 年创造，并通过模拟肯塔基州的猛犸洞穴带领玩家探险。后来，另一名斯坦福大学的学生唐·伍兹（Don Woods）在游戏中添加了幻想元素，创造了《魔域帝国》。由于《巨洞冒险》只有两字命令集，他们便创建了命令集更丰富的《魔域帝国》，并将《魔域帝国》分为三部曲，即《魔域帝国 1》《魔域帝国 2》和《魔域帝国 3》。他们还成立了一家名为 Infocom 的公司。最终，Infocom 为当时的个人电脑创造了数十款杰出的互动小说游戏，例如《银河系漫游指南》（*Hitchhiker's Guide to the Galaxy*）和《火卫一皮草女神》（*Leather Goddess of Phobos*）。1986 年，美国动视有限公司（Activision）收购了 Infocom。

随着个人电脑的出现，处理器、存储和图形技术也得到了进一步的发展和升级。这一趋势最终导致基于文本的游戏类型逐渐式微，最终淡出了历史舞台。1967 年，在拉尔夫·贝尔（Ralph Baer）的领导下，桑德斯联合公司（Sanders Associates Inc.）的开发团队开发出一款名为《棕色盒子》（*Brown Box*）的游戏，并在电视上播放。1972 年，这个团队推出了第一款家用电子游戏机——奥德赛（*Odyssey*）。

---

① PDP-1（Programmed Data Processor-1，程序数据处理机 1 号），迪吉多公司 PDP 系列所推出的第一个机型，于 1960 年上市。

20 世纪 70 年代到 20 世纪 80 年代是电子游戏从诞生到繁荣的一个爆发性增长期，包括：

·1977 年，美国电脑游戏机厂商雅达利公司（Atari）推出了视频计算机系统（Video Computer System），这是一款带有操纵杆、游戏卡带等新功能的家用游戏机。

·1978 年，《太空入侵者》（*Space Invaders*）街机游戏发布。

·1979 年，美国动视有限公司成立。

·《吃豆人》（*Pac-Man*）和《大金刚》（*Donkey Kong*）等游戏相继发行。

·其他游戏如《月球着陆》（*Lunar Lander*）、《星际奇兵》（*Star Raiders*）、《乒乓》、《小蜜蜂》（*Galaxian*）和《太空战争》（*Space Wars*）也相继发行。

·微软发行了一款模拟飞行类游戏。

早期面向公众的电子游戏仅能在专门的游戏主机上运行，而这些主机则通常被销售给那些素有"硬币收割机"①之称的电子游戏厅。玩家可以用 25 美分购买几分钟的游戏时间，也可以通过不断投币来延长游戏时间。这些游戏主机通常由一个冰箱大小的柜子组成，内部装有操纵杆（或其他控制装置）、投币口和显像真空管等组件。有些游戏机还十分精致，比如在赛车游戏中，玩家需要坐下来，使用油门踏板、刹车和方向盘等装置来操纵赛车。

随着个人电脑的普及，许多经典游戏被重新改编成适用于新型家用电脑的版本。与此同时，任天堂（Nintendo）、雅达利等游戏机也开始在商店货架上亮相，电子街机游戏也被转移至这些游戏机上。当然，随着游戏行业的逐渐成熟，20 世纪 80 年代和 90 年代还涌现出了一些全新的游戏，这些作品甚至都未曾在电子街机上推出。虽然 1983 年的市场饱和曾一度导致电子游戏市场的崩溃，但随着任天堂推出的 NES 游戏机，电子游戏市场很快恢复了生机。

每家公司都设计和发布了新的电子游戏，甚至还根据游戏制作成适合在电影院上映的电影。最终，任天堂的销售量超过了世嘉（Sega），导致后者退出了游戏机市场。

---

① 原文为"Quarter-grabbing"，指的是街机游戏需要玩家投入硬币才能玩游戏，并且通常只能玩几分钟，玩家需要再投入更多的硬币来延长游戏时间。这个词语的含义是这些游戏被设计成让人上瘾的机制，以此鼓励玩家花更多的钱继续游戏。

1995 年，32 位元游戏机的发布再次掀起了电子游戏行业的变革。索尼（Sony）推出了 PlayStation（PS）游戏机，并迅速成为行业龙头。2000 年，索尼的 PS2 成为最畅销的游戏机，微软也随之进入市场，推出了 Xbox 游戏机。

2005 至 2006 年间，微软的 Xbox 360、索尼的 PS3 和任天堂的 Wii 三者齐聚舞台，各领风骚，成为主导电子游戏领域的巨头。PS3 是第一款使用蓝光光盘作为主要储存媒介的游戏机，而任天堂 Wii 提供了动作感应遥控器，Xbox 360 则配备了动作捕捉系统。同时，游戏掌机"游戏小子"（Game Boy）等专门针对年轻玩家的设备也相继推出，为他们提供了更加便捷的电子游戏体验。

这时，智能手机普及，游戏行业很快注意到这一发展趋势，并研发出电子游戏应用程序，方便人们随时随地玩游戏。与此同时，游戏也开始在社交媒体平台上出现，用户只需使用 Web 浏览器就能轻松体验，不需要额外下载或安装。这两种游戏环境的出现，允许玩家自由地选择游戏设备和媒介。

2016 年，一款利用增强现实技术的全新游戏《精灵宝可梦 Go》（*Pokémon Go*）面世。在这个游戏中，玩家使用手机在现实世界中寻找虚拟的宝可梦角色。这些缤纷的动画生物会叠加到智能手机的摄像头视野中，仿佛真实存在于周围环境里。

现代电子游戏通常由客户端和云端服务接口组成。客户端是安装在游戏机上的软件，云端服务接口则可以提供新模块、角色等游戏内容。近期的游戏趋势是基于云的游戏，玩家只需在自己的硬件上安装轻量级客户端即可畅玩游戏。

现代电子游戏运用 3D 图像和声音，营造出逼真的环境。有些游戏适合单人玩家体验，而另一些则构建了庞大的多人实时世界。现代的高端设备能够让玩家真正融入虚拟或增强现实的世界之中。

可以说，现代电子游戏体验是通往元宇宙的入口，其中包含了许多关键概念，例如沉浸式和响应式环境、3D 图像、高质量的声音以及运作良好的经济系统，这些都是迈向元宇宙所需的基本构建块。

玩电子游戏已经成为许多人每天/每周的主要娱乐活动。是什么驱使着人们在游戏中投入如此多的时间呢？

游戏心理学

随着游戏设备的不断升级，游戏设计师们借助更出色的图像、3D 技术、人工智能、增强 / 虚拟现实等技术以及更为复杂的情节来吸引更广泛的受众，实现更快的增长。为了增强游戏的黏性，设计师们运用体验抽样方法（experiential sampling methodology，ESM）等工具，深入探究故事情节、背景和非玩家角色对于玩家游戏体验的影响。高黏性的游戏体验能够体现玩家的满足感和享受程度。在复杂深刻的游戏情节中，玩家有机会与游戏中的各种元素进行互动，包括其他真实玩家、非玩家角色、游戏中的多条故事情节、各种挑战和任务目标，以及在游戏中获得的奖励。这种互动能够让玩家从日常生活中脱身，与游戏好友共享全新而别致的体验。

游戏设计师的目标是确保玩家有机会获胜并逐渐提高技能水平。在游戏中，玩家可以完全沉浸在虚拟世界中，几乎与游戏角色融为一体，并不断取得胜利，循序渐进达成目标。因此，游戏应该找到一个平衡点，既不过于简单也不过于困难，让玩家在努力中逐步提高自己的技能，取得更大的成功。游戏应该在挑战和循序渐进达成目标之间找到平衡，过高或过低的难度（至少在开始时）都会影响游戏的受欢迎程度。

人类的大脑无法区分现实和虚拟现实。例如，对于大脑来说，一头正在发起攻击的虚拟狮子就像一头真实的狮子一样，会引发多巴胺反应，并对所有合理的恐惧其他情感反应做出反应。

电子游戏已经成为满足人们社交需求的重要途径，尤其是那些更为复杂的多人游戏。玩家可以结交新朋友，组建团队，赚取和消费虚拟财产，以及共同完成团队目标。在游戏中，玩家获得的地位感与现实世界相似，这也是他们继续游戏的理由之一。

虚拟道具和财产在满足玩家需求方面也起到重要作用。购买这些虚拟物品和财产让玩家感到自己的努力获得了回报，从而获得实实在在的成就感，尽管这些虚拟财产在现实世界中并不存在。玩家购买虚拟服装等道具所获得的满足感，与自己本人在现实世界中进行同样购买行为所获得的满足感并无二致。

由于电子游戏提供了挑战、目标、结果和胜利，其沉浸感和社交性持续吸引玩家，因此它们的受欢迎程度不断增加，这并不令人惊讶！

游戏的增长

自从 1972 年游戏《乒乓》问世以来，电子游戏的规模一直在稳步增长。最初，这种增长主要来源于街机游戏，因为游戏机、手机和电脑尚未问世。到了 1980 年，《吃豆人》成为一款风靡全球的街机游戏，仅一年销售额就达到了 10 亿美元，占街机游戏销售总额 393 亿美元的相当大比例。

此时，游戏机已经问世。1980 年，游戏机领域的游戏销售额已达 200 亿美元。游戏机市场的增长一直持续了几年，但在 20 世纪 80 年代中期，游戏机市场出现下滑，直到 1985 年之后才开始逐步复苏。1981 年前后，电脑游戏进入市场，而掌机游戏也在 20 世纪 80 年代末期出现。1997 年，诺基亚推出了一款名为《贪吃蛇》（Snake）的手机游戏，开创了手机游戏的时代。

街机游戏、掌机游戏、电脑游戏和手机游戏自问世以来，销售额持续增长，但是在 20 世纪 90 年代末，街机游戏的销售额急剧下降。2017 年前后，基于云和虚拟现实的游戏开始出现。尽管它们在游戏销售中所占比例较小，但这种类型的游戏仍在持续增长。

2020 年，游戏销售总额达到 1650 亿美元（2021 年游戏销售总额达到 1780 亿美元），分布情况如下：

· 手机游戏，850 亿美元；

· 电脑游戏，400 亿美元；

· 掌机游戏，330 亿美元；

· 基于云和虚拟现实的游戏，约 70 亿美元。

从这些销售数字可以看出，电子游戏非常受欢迎，这个行业正在蓬勃发展。

现代游戏是一种复杂、沉浸式、有着丰富故事情节的互动冒险游戏。这些游戏的开发需要投入庞大的资金，投资者自然希望从这类艺术型项目中获得经济回报，因此，和其他业务一样，商业策略、领导力和管理能力都变得非常重要。

正如前文所述，尽管电子游戏行业的历史并不长，但游戏设计师和程序员已经创造了几十年的电脑游戏。随着计算机硬件的不断进步，例如显卡和 CPU 处理速度越来越快，电子游戏正变得越来越先进。现今，计算机软件和硬件的革命性改进推动了电子游戏的普及和创新。

在综合规模和收益方面，电子游戏产业早已遥遥领先，超越了电影和音乐产业的总和；这一事实折射出了电子游戏备受欢迎的至高地位。电子游戏占据市场的主导地位，这意味着当前购买（或参与）电子游戏的人数远远超过了电影和音乐受众的总和。电子游戏成了占据主导地位的注意力媒介，而且这种主导地位并没有任何减弱的迹象。

电子游戏的发展

20 世纪初期，家家户户都拥有一台收音机，一家老小都会聚集在一起，收听喜欢的新闻和娱乐节目。然而，随着电视的兴起，它很快取代了收音机成为主要的娱乐媒介。最初的电视机是黑白的，后来随着彩色电视机的问世，它变得更加受欢迎。到了 20 世纪 50 年代和 60 年代末，电视机已经成为普通家庭的标配，很多人几乎每晚都会坐在沙发上，收看自己喜欢的节目，就像当初围着收音机收听喜欢的节目一样。

随着有线电视、录像机（video cassette recorder，VCR）、数字化视频光盘（digital versatile disc，DVD）和蓝光等新技术的诞生，电视的娱乐潜力持续渗透到社会各个角落。电子游戏是这种发展的自然延伸，因为游戏机可以直接连接到电视机上。此外，随着个人电脑市场的发展，电子游戏得以更好的推广和发展。

现在，随着绝大多数家庭都接入了高速互联网，几乎每个人都拥有并能够使用联网的移动设备，游戏已经扩展到人们生活的各个领域和场所。在过去，想玩电子游戏的个人必须前往专门的游戏厅或在家中玩耍。现在，随着移动计算技术的发展，游戏可以在任何地点、任何时间进行。

人工智能／机器学习、3D 技术和增强现实／虚拟现实等技术手段，结合复杂的故事情节，这些趋势使得游戏具备前所未有的内容影响力。如今，人们热衷于在日常生活里分享自己最喜爱的游戏、最新的情节和扩展内容。游戏还催生了一系列相关内容，包括抖音（TikTok）和油管频道［例如污泥联盟万岁（Viva La

Dirt League）[1] ］、电影、电视剧和动画特辑等。

大家是否还记得当时都在热议《权力的游戏》（*Game of Thrones*）或《绝命毒师》（*Breaking Bad*）最新一集的情形？这正是媒体社交影响的体现。人们热衷于讨论自己喜欢的电视节目、电影或游戏，并且在其中投入大量时间，希望将这些经历分享给他人。电子游戏也产生了相同的影响。因为玩家会花费大量的时间沉浸到这些数字世界中，所以他们自然希望与他人分享。

从商业角度看，游戏具有内置反馈机制的优势。游戏设计师创造了令人愉悦的沉浸式世界，人们很想成为其中的一部分。电影和电视剧的故事情节由编剧创作，观众只能被动地接受这些情节。但电子游戏则与之不同，因为玩家是游戏情节发展的行动者，可以通过自己的决策来改变故事情节的发展。游戏的核心在于玩家，而不是作者、演员或导演。

电子游戏由于其高度灵活的特性而得以持续不断的发展。新设备、新技术、新类型和新内容的不断涌现，不仅可以满足玩家的欲望和需求，还能够为他们带来全新的体验，从而进一步拓展他们的想象力。当玩家将这些趋势与多人游戏的社交元素相结合时，他们可以更充分地享受游戏的沉浸感，并在虚拟世界中投入更多的时间和金钱。

近年来，主要的游戏公司已经深谙这些游戏趋势和发展环境的潜力，致力于推动技术创新，如流媒体、云以及去中心化处理。他们共同追求的目标是：让玩家在不需要台式电脑或游戏机的情况下畅玩电子游戏。他们投入大量精力制作高品质的游戏，让用户可以在任何设备上通过 Web 浏览器进行游戏。电子游戏正在逐渐成为一种全渠道媒体。

电子游戏市场的兴起为许多商品化可能性带来了机遇。玩家们可以在游戏中购买各种产品、服务，甚至是虚拟财产。同时，一些游戏也可能支持游戏内置广告，例如赛车游戏中的广告牌或是产品植入。此外，正如我们所见，世界的商品概念延伸远不止一种可能性，而是涵盖了从电影到玩具的广泛领域。

此外，电子游戏的用户群体也在不断扩大。随着智能手机具有持续的互联网接入和强大的计算能力，电子游戏的受众已经覆盖几乎每个细分市场、文化阶层

---

[1] 来自新西兰的游戏真人化恶搞视频作者。

和年龄层。例如，许多人发现短时间内玩《糖果大爆炸》（*Candy Crush*）等游戏是一种极好的减压方式。

除了前述趋势，复古电子游戏市场也在迅速扩张。人们纷纷在拍卖网站上寻觅着年轻时所玩过的经典游戏机游戏。很多老游戏也被重新发布在各个平台上，如任天堂开关（Nintendo Switch），玩家因此有机会畅玩早期版本的《马里奥兄弟》（*Mario Brothers*）或《塞尔达传说》（*The Legend of Zelda*）等经典游戏。甚至一些风靡全球的电子游戏原版主机游戏可以卖到数千美元或更高的价格。

长期知识产权的影响也是电子游戏的一个重要组成部分。电子游戏的设计会融入很多电影的角色和场景，如果游戏大受欢迎，就会衍生出更多的后续产品。比如蜘蛛侠不仅出现在电影和漫画书中，还出现在电子游戏中，以一种更具沉浸感、更灵活的形式延续体验。新游戏的创作常基于旧游戏，如《生化危机》（*Resident Evil*）、《宝可梦》、《侠盗猎车手》（*Grand Theft Auto*）和《使命召唤》（*Call of Duty*）等游戏不断推陈出新，不断升级复杂度和高级感。这种种迹象表明，元宇宙有望将游戏提升到一个全新的水平。

电子游戏技术将成为通向元宇宙发展的重要通道。

元宇宙的游戏机制

现代在线电子游戏是元宇宙不可或缺的组成部分，但要完全融入其中，一些概念就不能有偏差。要完全融入元宇宙并充分利用其所带来的好处，游戏必须按照以下概念或考虑因素进行设计。

实时性。在元宇宙中，游戏普遍以实时运行的方式进行设计，即游戏内部需要保持持续运行的时钟。这种实时性设计特别适用于动作游戏，因为这是让玩家感受到游戏世界真实性的最佳方式。赛车游戏、《吃豆人》等动作游戏都是实时游戏的例子。

与之相反的是，回合制游戏需要在每个动作之间有暂停时间，以便玩家有时间进行思考，比如象棋就是一个回合制游戏的例子。

持续性。游戏必须具备持续性，即使玩家退出登录，游戏也不能停止。特别是支持多个玩家（即数百或数千个玩家）的游戏，必须保证游戏持续进行，不受任何一个玩家退出的影响。

协作。玩家必须能够与其他玩家和非玩家角色协作，尤其在多人游戏中。

社交黏性。当玩家进入游戏时，他们通常会试图打败游戏。但一旦他们遇到其他玩家、结交朋友并加入社区，他们就会继续玩游戏。这是因为他们在游戏中找到了社区和朋友，这解决了大多数人在一段时间后厌倦游戏的问题。玩家们不再为了赢得游戏而玩游戏（在大多数情况下），而是为了与朋友在一起玩游戏。

3D 沉浸感和沉浸式体验。沉浸式体验旨在吸引观众或玩家的注意力，让他们进入一个真实或虚构的世界，并与其互动。3D 沉浸感则是指利用 3D 眼镜和虚拟现实技术，让观众能够享受到多种感知体验，如视觉、听觉、触觉，甚至嗅觉等。

互操作性。互操作性是指玩家可以在一个游戏中购买或获得财产，并将其带到另一个游戏中（或元宇宙中的其他位置）使用。例如，如果玩家在一个游戏中购买了一件虚拟服装，他们可以穿着这件服装进入其他游戏，甚至是参加虚拟体育赛事或会议。

游戏经济学

现代电子游戏构建了一个复杂的虚拟世界，给玩家带来令人兴奋和具有挑战性的体验。为了增加游戏的目标和挑战，游戏通常包含经济机制，让玩家在游戏中赚取收入并进行消费。这些经济系统进一步激发了玩家的游戏兴趣和投入程度，因为玩家可以用真实货币购买游戏内的道具和物品，这也为游戏业务创造了更多的收入流。

在游戏设计时，设计师需要仔细考虑是否将经济系统纳入游戏，以及如何运作。玩家需要一种清晰的方式来了解他们在游戏中获得的收入数量、花费金额以及各种虚拟物品的价格。然后，设计师必须定义玩家如何获得收入，并决定是否允许他们在游戏中使用真实货币进行交易。接下来，游戏必须提供买卖物品的机制，同时还要能够有效地存储和管理物品库存，并维护交易记录的分类账。

为了保持玩家的热情和参与度，游戏可以引入一种虚拟货币，并对物品进行定价。这些物品可以在游戏商店中销售，或者通过巧妙的线索推广。为了实现购买和销售，游戏必须提供相应的机制。然而，游戏设计师需要权衡玩家在游戏中赚取货币的难易程度和购买物品的便利性，以确保玩家的体验良好。

除此之外，游戏设计师还需要考虑是否允许玩家将虚拟货币兑换成真实货币。这可以激励玩家投入更多时间玩游戏、购物和解谜，因为他们可以将兑换后的真实货币用于日常生活的消费。

注意力经济 ①

游戏行业的很多经验教训可以直接应用于元宇宙及其他领域，特别是在注意力经济方面。对于任何企业而言，如果消费者没有足够的参与度和活跃度，其正常运营将无从谈起，这一点在游戏行业尤为显著。因此，能够赢得广泛欢迎并带来盈利的游戏必须足够吸引玩家的关注度。如果玩家感到无聊或觉得自己的需求得不到满足，他们就会寻找其他的娱乐方式。

继续之前的讨论，过去的游戏是由游戏厅所有，玩家在一定时间内使用硬币或辅币（由游戏厅发行）进行游戏。玩家必须插入更多的硬币来延长游戏时间，这是游戏厅增加利润的有效方法。这些游戏具有足够的挑战性，可以吸引玩家持续玩下去。

现代游戏采用各种方式来吸引玩家。如今，许多游戏都是按小时（或月）收费，而一些游戏是免费的，但提供购买游戏道具、虚拟皮肤或虚拟货币的选项。游戏社交元素的增加也提高了游戏的黏性——人们继续玩游戏更多是因为可以在游戏世界中结交朋友，而非仅仅是游戏本身的玩法。

由于元宇宙是一种沉浸式体验，它与游戏有很多相似之处，因此企业可以利用这些共性。为了创造更多的商业机会，企业可以通过吸引和保持用户的注意力来提高用户黏性，就像游戏一样。

在元宇宙中，基于 Web 的商店可以通过提供优质的产品和服务来提高消费者的参与度，吸引他们的注意力。要在元宇宙中获得成功，企业必须创造一种持

---

① 注意力经济是指企业最大限度地吸引用户或消费者的注意力，通过培养潜在的消费群体，以期获得最大未来商业利益的一种特殊的经济模式。

续吸引消费者的方式。仅仅依靠高级的 3D 图像和高科技的界面是远远不够的，因为这些已经变得非常普遍，并且无法为企业带来足够的差异化优势。为了让消费者反复造访，企业必须提供一个独特的价值主张，持续吸引消费者的注意力和忠诚度。这两点都可以通过良好的营销和广告来实现。

主流企业都认为游戏是进入元宇宙的门户，并认识到游戏对于未来的发展和方向的影响。

游戏影响元宇宙

游戏对元宇宙的影响不容小觑。目前有超过 30 亿人活跃参与游戏，游戏的增长速度比任何其他娱乐形式都快。微软董事长兼首席执行官萨蒂亚·纳德拉（Satya Nadella）也认同这一点：

> 游戏是当今所有平台上最具活力和令人兴奋的娱乐类别，将在元宇宙平台的发展中发挥关键作用。我们正在对世界级的内容、社区和云进行深入投资，引领游戏新时代，将玩家和创作者置于核心地位，确保游戏的安全性、包容性和通达性。

由罗布乐思公司开发的同名游戏（Roblox）、《我的世界》（Minecraft）、《侠盗猎车手》和《堡垒之夜》（Fortnite）是几个类似元宇宙的体育电子游戏。它们提供了沉浸式体验，允许玩家在游戏中进行虚拟商品购买，并致力于社区的建设和业务发展。这些游戏为玩家打造了一个真实的虚拟世界和环境，让玩家在其中尽情地与其他玩家社交互动。

2022 年，美国游戏厂商英佩数码的估值达到了 315 亿美元，他们开发的游戏《堡垒之夜》吸引了超过 3.5 亿用户。该公司的首席执行官蒂姆·斯威尼（Tim Sweeny）非常强调元宇宙的重要性。他表示："未来 3 年对于所有渴望成为元宇宙公司的企业都将是至关重要的，如英佩数码、罗布乐思、微软，以及更名为元

（Meta）的脸书[①]。这是一个获取 10 亿用户的竞赛，谁能率先拥有 10 亿用户，谁就有望成为制定标准的领袖。"

这个游戏平台提供的不仅仅是普通的电子游戏。相反，它们基于虚幻引擎（unreal engine）创造了一种功能齐全的沉浸式体验，该引擎是一款在《堡垒之夜》平台上使用的工具。为了进一步扩大规模，英佩数码还收购了 3D 实时渲染软件 Twinmotion、面部表情捕捉厂商 Hyprsense，以及实时动捕与面部动画技术厂商 Cubic Motion，并将这些功能整合到虚幻引擎中。

此外，消费者可以在英佩数码的游戏商店中下载和畅玩各种游戏。英佩数码的在线服务为开发者提供了开发游戏的工具，而英佩数码发行公司（Epic Games Publishing）则帮助开发者构建、发行和商业化游戏。

这个游戏平台不仅仅局限于电子游戏，还拓展了其他形式的娱乐活动，例如，说唱歌手兼制作人特拉维斯·斯科特（Travis Scott）在《堡垒之夜》平台上举办了一场演唱会。他在 2020 年 4 月 27 日发表了一条推文，并分享道："在 5 场活动中，有超过 2770 万名独立玩家参与了游戏内的现场直播，他们在所有活动中总共参与了 4580 万次。这是一次超越性的体验。"

未来，游戏平台将不断推陈出新，引入全新的概念、硬件支持和平台，以推动元宇宙的发展。通过游戏，人们已经开启了通往元宇宙的大门，并证明了这个概念的有效性。这种创新的形式有望改变数十亿人的生活。

社交游戏

明星养成游戏《金·卡戴珊：好莱坞》（*Kim Kardashian: Hollywood*）是社交游戏领域的早期典范之一，自 2014 年推出以来，销售额已经突破 1.57 亿美元。该游戏的核心理念在于，让玩家通过在洛杉矶的精英圈中攀升名声来争夺社交地位。游戏基于名人打造，提供简单易上手的游戏体验，旨在构建虚拟社区。玩家可以购买设计师服饰，打造个性妆容。

佐伊·亨利（Zoe Henry）在美国商业媒体网站 INC（Inc.com）发表了一篇

[①] 美国社交媒体公司脸书的创始人马克·扎克伯格宣布，该公司将更名为"元"。公司旗下的应用程序和技术将被整合到新公司品牌下，不过社交媒体平台脸书等仍保留原名称。

名为《金·卡戴珊 1.5 亿美元应用背后的辉煌商业模式》（The Brilliant Business Model Behind Kim Kardashian's $150 Million App）的文章，其中引用了格融移动（Glu Mobile）首席执行官尼克·德玛西（Niccolo de Masi）的观点。德玛西认为："通过品牌整合，我们让产品更具真实性，避免了虚假服装品牌的出现。"他还指出："世界正在移动化，这意味着我们需要将整个世界都融入移动产品。"

这款游戏是社交与游戏融合的先锋之作，对于观察元宇宙的趋势非常有意义。它同时也引发了一个问题：在元宇宙中，如何让免费游戏和游戏体验获得最大化收益，既能让玩家免费游戏，又能提供游戏内购项目来增强游戏体验？

边玩边赚

很早以前，企业就已经认识到，为员工提供"通过服务赚取收入"的机会可以成为一种激励手段。在游戏领域也是如此，游戏公司利用区块链和 NFT 等最新技术来实现奖励、激励和其他游戏虚拟资产的发放。

这就是"边玩边赚"的商业模式，即玩家完成游戏内的特定目标后会获得奖励。他们可以使用"真实"货币或虚拟货币在游戏中购买物品，或者通过为其他玩家、社区或游戏提供有价值的活动来赚取奖励。

这些奖励代表游戏中的虚拟物品，例如武器、衣服，甚至是虚拟土地。一旦玩家获得了虚拟物品，就可以在 NFT 市场上出售或交易，甚至可以出售数字物品以换取在游戏之外使用的真实货币。

玩而自有

在传统游戏中，玩家并不真正拥有游戏资产。然而，"玩而自有"（Play to Own）商业模式的出现改变了这一现状，因为玩家完全拥有他们在游戏中获得或购买的物品。这些资产具有绝对价值，玩家可以在游戏内或者游戏外（即在市场中）自由出售或交易。

因此，这些基于 NFT 的"数字商品"创造了一个基于虚拟物品所有权的全新经济系统。区块链（即 NFT 的基础技术）是去中心化的，其经济体系由人民控制，而不是由中央机构控制。因此，玩家可以自由地将他们的物品从游戏中移除，并按照自己的意愿在其他游戏中使用它们。

如前所述，"玩而自有"和"边玩边赚"这两种商业模式都是由区块链技术实现的。我们将在下一节对此进行详述。

何为区块链游戏

正如前文所介绍，区块链游戏是基于区块链技术构建的游戏，允许玩家真正拥有游戏中的资产和NFT，不受中央机构的控制。由于区块链和NFT可在支持该技术的任何游戏中使用，因此这些物品可以在不同游戏之间自由流通。更令人振奋的是，这些物品可以在市场或元宇宙中进行出售或交易，从而创造出更大的价值。

区块链技术使玩家能够自主控制游戏资产，避免资产被"困"在单一的游戏系统中，或者只能在同一家游戏公司的游戏中使用。正如前文所强调，这项技术可以创造一个完全由玩家拥有的经济系统，而且这个经济系统不受任何实体的控制。

因此，那些花费大量时间积累游戏资产的玩家现在可以放心地按照自己的意愿使用这些资产。此外，区块链游戏还有一个重要的维度，即这些物品可以卖到"真"钱，而这些钱反过来可以用于购买生活必需品、偿还债务和租金，甚至购买新游戏。

互操作性至关重要，因为区块链和NFT技术必须成为游戏机制的核心。这也是资产可以被个人拥有并可以在不同游戏、市场或其他地方之间流通的原因。

元宇宙的开放设计取决于基于NFT的资产的互操作性，这些资产可以在任何开放的元宇宙世界中使用。但是，封闭生态系统的设计者不必考虑互操作性问题，因为资产不能在不同的游戏或元宇宙之间流通。在这些封闭的生态系统或游戏中，所有权都集中在世界运营商手中。

基于区块链的游戏

正如本章前面所提到的，电子游戏是目前最大且增长最快的娱乐领域。相比其他形式的娱乐，区块链电子游戏在许多方面更为出色，因为它们具有极高的交互性和互操作性。

尽管区块链游戏尚未像其他封闭式游戏系统那样流行或普及，但其受欢迎程度正在逐渐攀升。目前，已经有数百款利用区块链技术开发的游戏问世，并且这个数字仍在不断增长。以下是其中一些备受瞩目的游戏。

·《精灵无限》：这个数字世界由基于 NFT 的宠物小精灵（即数字生物）构成。这款游戏拥有一个充满活力的经济体系，其中一些游戏通证的交易价格高达数百或数千美元。

·《众神解脱》：这款受《魔法风云会战场风云》（ *Magic: The Gathering* ）启发的游戏允许玩家创建卡牌套组，并使用它们来对抗对手。玩家拥有自己的卡牌，可以随意买卖。

游戏中的 NFT

NFT 代表了虚拟财产的所有权。每个 NFT 仅描述一个独特的物品，例如在游戏中，NFT 可以代表角色、皮肤、武器、盾牌、药瓶、土地或其他独特的物品。通过添加序列号或其他类似方法，任何资源都可以变得独一无二。NFT 的持有者被视为数字物品的合法所有者，NFT 本身是一种不可替代的凭证，用于证明所有者的数字物品拥有独有的权利。

区块链技术可支持 NFT 进行交易、购买和销售。由于去中心化特性，NFT 和相关资源可在元宇宙中自由转移，例如，虚拟替身及其 NFT 可自由地从一个游戏流通到另一个游戏，甚至辗转于不同的社交活动或会议之中。

游戏的打造

从过去简单、基于文本的电脑游戏，到今天复杂、逼真、沉浸式的世界，游戏经历了巨大的发展和变革。随着硬件和软件的不断发展，游戏能够为数百万玩家提供真正沉浸式、实时和持久的体验。

现代游戏

现代游戏需要庞大的基础设施投资。沉浸式游戏需要一个大型磁盘阵列，包含数十万甚至数百万最新、最快的驱动器（最可能是固态驱动器，因为它们非常快），内存和 CPU 齐备的机房，以及巨量的带宽支持。

近期，奥多比公司收购了 Substance 3D 的开发商——法国软件公司 Allegorithmic。Allegorithmic 是 3D 编辑和创作的领导者，也定义了 3D 材料和纹理的标准。Substance 3D 工具包由一组工具组成，使得开发人员可以轻松创建和操作 3D 对象和图像。它包括 Stager、Designer、Painter 和 Sampler 等工具。

创作者可以使用 Adobe Substance 设计并应用皮肤和纹理，以增强 3D 游戏的图形效果，从而使这些游戏更加真实和具有身临其境的感觉。Allegorithmic 的工具包已经在《使命召唤》、《刺客信条》（Assassin's Creed）和《极限竞速》（Forza）等游戏中使用。此外，它还被用于制作电影特效，如《银翼杀手 2049》（Blade Runner 2049）、《环太平洋：雷霆再起》（Pacific Rim: Uprising）和《古墓丽影》（Tomb Raider）。

云游戏 ①

传统的在线电子游戏通常在游戏机、个人电脑或移动设备上本地运行所有内容。游戏逻辑、渲染、视频、音频、图形等所有工作都在用户的设备上完成，因此需要下载和安装游戏及其所有组件。本地机器负责处理所有任务，只有在需要与其他玩家和中央游戏系统协作时才会访问互联网。

———————————

① 以云计算为基础的游戏方式。

这种设计是因为互联网并非总是一种可靠的通信方式。连接速度会变慢，而且经常会出现其他问题，如中断、接收出错、恢复错误。尽管这些问题通常只会持续数秒钟，但服务中断有时甚至可能会持续数小时或数天。

20 世纪 80 年代，互联网最初的设计者所考虑的典型通信方式是通过电话线连接调制解调器，并没有预见到持久连接的可能性。这种连接方式一直延续到宽带、光纤和数字用户线路（digital subscriber line，DSL）的出现。

初始的互联网速度非常缓慢，远不及今天的速度。20 世纪 90 年代，1 兆字节的文件可能需要数分钟或者数小时才能下载。如今，在普通光纤家庭连接中，同样大小的文件可能仅需几秒钟或最多几分钟即可下载完毕。

为了应对这种慢速网络环境，游戏最初被设计成尽可能在本地运行，只在必要时才传输和接收数据。但随着如今快速的互联网连接，这些限制已经基本不存在，这也为更好的游戏体验打开了大门。

云由分布在全球各地的数据中心组成。这些数据中心拥有数十万个 CPU、数百万个磁盘驱动器以及高速通信设施。通过利用这些资源，云游戏将游戏处理从游戏机、个人电脑或移动设备移动到分布式计算机系统上。

云游戏不需要游戏机或其他专门的硬件，玩家只需使用支持的 Web 浏览器即可直接运行游戏。由于绝大部分的游戏处理任务都在数据中心中完成，而非在用户设备上，因此基于浏览器的游戏只需要扮演玩家的通信设备角色，向数据中心发送命令，并以命令、视频流和图形的形式接收结果。

尽管云游戏听起来很简单，但保持所有内容同步却是一个复杂的任务。延迟、传输错误以及其他因素会对游戏体验产生影响，而且在数据中心运行游戏需要投入高成本，这进一步增加了云游戏的复杂性。

在云游戏逐渐普及之前，这些问题必须得到解决。但是，云游戏也有很多优势，如更好的图像、更大的地图、更丰富的游戏玩法以及更高的并发用户量。

游戏如何影响元宇宙中的虚拟体验

游戏文化对我们的生活产生了深远的影响，这一点并不足为奇。我们在游戏中获得的体验和社交互动，无疑会渗透到我们的日常生活中，进而影响到企业、商业、政府等领域。游戏体验是元宇宙的最佳预演，而且这只是个开始。毫无疑问，从游戏中获得的技能和知识将被用于创造新的沉浸式体验，为企业在元宇宙中提供服务。硅谷风险投资家蒂姆·德雷珀（Tim Draper）曾说："每个企业都会希望通过元宇宙与用户联系，无论是为了沟通、广告宣传，还是与将虚拟现实作为商业模式的人合作。"

斯莱克（Slack）最初是一款面向电子游戏的消息服务，但如今已经成为一款备受欢迎的办公聊天工具。其广泛的用户群和高度的使用率引起了赛富时公司（Salesforce Inc.）的注意，他们不惜以 270 亿美元的高价将其纳入旗下。斯莱克的首席执行官兼联合创始人斯图尔特·巴特菲尔德（Stewart Butterfield）在官网（Slack.com）上发表声明，强调了这一重大事件："我们正处于一个千载难逢的机遇，可以重新审视和改变我们的工作方式和工作地点。赛富时和斯莱克都是这一历史性数字化转型的领军者，我对即将到来的一切感到无比兴奋。"

微软计划收购大型视频游戏公司动视暴雪（Activision Blizzard Inc.），以将其技术和游戏界的其他创新应用于整个企业。虚拟现实培训平台 Strivr 的联合创始人、斯坦福大学虚拟人类互动实验室（Virtual Human Interaction Lab）的创始人杰里米·拜伦森（Jeremy Bailenson）表示："微软显然是企业对企业技术的领导者，也是虚拟现实和增强现实的先驱。现在，微软可以立即接触到《魔兽世界》（*World of Warcraft*）这一最复杂、持久存在的元宇宙。"

微软的全息混合办公平台"微软团队网格"（Mesh for Microsoft Teams）利用混合现实应用程序，让用户感受到实时存在感，并支持多方持久的 3D 内容协作，实现全球范围内的连接。该平台支持全息眼镜 2（Hololens 2）、虚拟现实头显、移动设备和个人电脑等多种技术，从而实现数字体验的共享，创造共同理解，并促进更重要的创新。

游戏对元宇宙的影响必将在企业和商业领域引起多种变革，从而促进更大规模的协作和创新。以下是其中一些变革的简要探讨。

销售和市场：元宇宙的沉浸式体验让顾客能够以更直观的方式了解和感受产品，从而创造出更真实的交流体验，而无须亲自到现场。

广告：在电影和其他娱乐媒体里植入广告一直是一种常见的收入来源方式。元宇宙可以为广告商提供新的机会，在数字世界中植入产品，并与用户或玩家（例如游戏玩家）进行互动。

活动：无论是喜剧表演或大型体育赛事，元宇宙提供的沉浸式体验将扩大潜在观众规模，因为人们无须亲自到场即可参与，这些沉浸式体验将让人身临其境。

工程：企业可以针对自己的产品创建沉浸式模拟。例如，工程师可以使用模拟技术来创建虚拟桥梁，并在不同条件下测试桥梁的强度和可能存在的缺陷。这种方式可以帮助工程师在实际施工之前就确定桥梁的性能。

员工培训：企业能够创造沉浸式的环境，让员工接受培训。例如，电力公司可以建立一个核电站的沉浸式模拟，引导员工在没有任何危险的情况下经历各种故障模式，帮助他们了解在这些情况下应该采取什么措施。

小　结

值得品味的是，元宇宙为共享体验创造了沉浸式环境。通过游戏，我们可以一窥元宇宙所带来的可能性，揭示出它的运作方式、它的外观，以及相关的商业和消费者利益。现有的许多游戏技术正被积极地用于元宇宙的开发和实现，从而使元宇宙更加流畅、强大和实用。

游戏的发展历程，仿佛一个由线性向量构成的长链条，从导演、编剧或美工，一直延伸到观众。即便在早期的原始互动小说游戏中，游戏也能够以有限的方式提供双向体验。而如今，沉浸式叙事让玩家沉浸在游戏中，成为故事的一部分。他们不再只是可有可无的旁观者——他们可以看到、听到，甚至触摸到他们的环境，与其他玩家互动，在虚拟游戏世界中创造新的参与形式和业务。

游戏的这一进化结果，不仅模糊了游戏与其他娱乐形式（如音乐、电影和媒体）之间的界限，甚至也混淆了现实生活与虚拟世界之间的边界。游戏看起来越来越接近真实，虚拟世界可以在很多方面将现实扩展到人类过去只能梦想的新境界。

随着这些游戏概念和技术被应用到其他娱乐形式中，人类的艺术创造力几乎没有任何限制。

在接下来的章节中，我们将探讨元宇宙如何改变娱乐。

第6章 娱 乐

　　娱乐作为人类体验的一部分可以追溯至考古学家所能确定的历史时期。除了人类的三个基本需求——食物、衣物和住所，娱乐可以被视为第四项基本需求。娱乐不仅能够带给人们愉悦，还有助于拓展人们的思维，缓解生活的单调，更加重要的是扩大人们的社交圈子。

　　科技为娱乐注入了更深层次的内涵。收音机的发明让人们的故事传遍千万家庭。电影和电视的出现更是直接将表演者的艺术展现在全球观众面前。在这些情况下，广告商和企业也能够从触达更多人的信息和品牌中获得巨大的利益。

　　元宇宙有望为娱乐体验带来一个全新的维度，进一步增加它的使用价值。在元宇宙中，娱乐将成为企业与消费者联系的巨大推动力。消费者现在已经可以通过元宇宙的沉浸式体验，享受远超传统电影观影的全新娱乐体验。他们可以在舒适的家中与朋友一起探索古埃及金字塔等古老的历史名迹，甚至无须离开家门。他们可以感受到沙漠的炎热，触摸到石头的质感；或者回到古代，看人潮涌动，听人声鼎沸。

　　然而，在深入探讨元宇宙对娱乐的影响之前，我们需要回顾一下娱乐的历史。

娱乐简史

　　人类需要娱乐。据历史考证，剧场、舞蹈和音乐等各种形式的娱乐活动，早在远古时代便已存在。在遥远的史前时代①，我们可以想象原始部落的成员们在篝火旁跳舞，参加仪式，或是听取长者们吟唱往事。这些娱乐活动贯穿于人类的生活始终，不论何时何地，都有它的身影。

考古学家在古墓中发现了数千年前的乐器，古代城市遗址中也留存着戏剧或演讲的舞台，甚至在洞穴壁画和贵族住宅中也绘制了跳舞的图案。

社交是各种娱乐形式的共同主题。演员在舞台上向不同规模和背景的观众呈现戏剧，音乐家则通过演奏乐器和歌唱来感染人群，而舞蹈则是与族人一起参与仪式的重要方式。虽然娱乐的表象原因可能是宗教、战争或祭祀等，但其核心目的则是聚集人们，庆祝与所在族群相关的重要事件。

在当时，所有这些形式的娱乐都是在当地进行的，演出从未被记录下来，因为当时不存在这种技术。即使是拥有庞大斗兽场的罗马人，也只能亲临现场观看表演和角斗赛。每个人都可以谈论这些事件，但要亲身体验，就必须到各地旅行。

1895 年 12 月 28 日，路易斯和奥古斯特·卢米埃尔（Louis and Auguste Lumiere）②首次以商业化的形式放映电影，并收取便宜门票让人们观看。他们的电影展示了法国日常生活场景的片段，标志着电影史上的一个里程碑。然而，这并非人们第一次观看电影——早在 19 世纪 30 年代早期，费纳奇镜（phenakistoscope）的发明已经为电影的诞生提供了可能。这台机器利用带有槽口的旋转圆盘，创造了运动画面的错觉。1891 年，托马斯·爱迪生（Thomas Edison）发明了活动电影放映机（kinetoscope），这台机器通过在一个光源前高速转动带有连续图片的电影胶片条，从而形成活动的错觉。

虽然这类机器非常实用，但人们仍需待在剧院或房间内观看影片。随着收音机的发明，这种情况发生了根本性的变化。观众足不出户就可以收听来自遥远地方的演出直播，这是人类历史上的第一次。许多经典的广播内容被传播到全国甚至全球各地，例如奥森·威尔斯（Orson Welles）播报的《飞侠哥顿》（*Flash Gordon*）、《独行侠》（*The Lone Ranger*）以及火星人入侵地球的故事。起初，这些广播剧无法被保存下来，但随着漆盘和磁带等记录技术的发明应用，美国全

---

① 指 170 万年前到公元前 21 世纪。

② 是法国的一对兄弟，是电影和电影放映机的发明人。兄弟俩改造了美国发明家爱迪生所创造的"西洋镜"，将其活动影像能够借由投影而放大，让更多人能够同时观赏。

国广播公司（NBC）、美国互动广播公司（Mutual Broadcasting System）以及哥伦比亚广播公司（CBS）等主要广播网络开始录制其广播内容，为后世留下了回忆。20世纪40年代和50年代，电视进入美国及世界各地家庭。1951年，《我爱露西》（*I Love Lucy*）第一集播出；1952年，鲍勃·霍普（Bob Hope）将他的喜剧广播剧搬上了电视；1954年，美国全国广播公司推出了《晚间秀》（*The Tonight Show*）。1952年底，美国已有2000万家庭使用电视，广告商在电视广告上的投入达到了2.88亿美元。1963年，电视取代了报纸成为大众获取新闻的主要来源。1965年，美国全国广播公司96%的节目都是彩色的。

创新的步伐日益加速。1964年，披头士乐队（The Beatles）亮相综艺节目《埃德·沙利文秀》（*Ed Sullivan Show*），吸引了超过7300万的观众；1969年，全球人民见证了尼尔·阿姆斯特朗（Neil Armstrong）在月球上行走的历史性时刻；20世纪70年代末和80年代初，娱乐体育节目电视网（ESPN）、音乐电视网（MTV）和美国有线电视新闻网（CNN）相继成立并开始广播。1996年，卫星天线进入市场；2000年，DVD推出；2005年，平板电视问世。

在当时的历史背景下，广播技术的创新与崛起与前述成就齐头并进。收音机通过调幅（AM）和调频（FM）频率传送信号，而电视则使用独立的频道进行广播。卫星电视依赖于与通信卫星的直接连接，有线电视则依赖庞大的铜缆网络。此后，光纤被铺设在街道下方、挂在电线杆上、甚至跨越海洋。如今，移动技术依赖于不断创新的带宽应用，实现了更快、更稳定的连接。

经过150多年的不懈创新，我们最终迎来了一个稳定而快速的通信交汇点。如今，我们拥有了人工智能/机器学习、增强现实/虚拟现实等先进技术，以及云基础设施、互联网、Web和各种开发工具的支持。所有这一切奠定了"元宇宙"革命的基础。大幕已经拉开，娱乐业即将迎来一场深刻的转型。我们将告别预先定义、预先设定和中央掌控的内容范式，转而追求互动、沉浸式和实时的全新内容体验。这将是一场前所未有的革命。

通过娱乐建立联系

乍一看，似乎人们寻求娱乐只是为了逃避现实。的确，许多人会在辛苦劳作一天后通过看电影、读书或玩游戏来放松身心，将自己从烦琐日常事务中解脱出来。然而，这只是动机之一。

试着想想，很多人都会和朋友一起看电影，或在游戏世界里与其他玩家建立联系。许多人看电影或电视剧，不是为了逃避现实，而是为了和朋友们有共同的话题，为了有话聊。很多人会如痴如醉地追剧，例如《龙之家族》（*House of Dragon*）或《西部世界》（*Westworld*）等备受欢迎的长篇电视剧，这是因为朋友们也在追剧。许多人会聚集在一起，共同观看剧集，享受类似于围着篝火讲鬼故事的感觉。娱乐在很多方面都是一种共同体验。

无疑，人们常常想要逃避现实的压力。生活中充斥着单调以及各种难以应对的困难，正因如此，和朋友一起观看最新电影或剧集具有难以抗拒的吸引力。现代娱乐为人们提供了暂时逃避现实的机会，让他们有时间沉浸于另一个世界中——无论是书籍、电影、音乐，还是其他形式的娱乐，都能帮助人们度过枯燥的日常生活。

因此，不难理解为何人们会被娱乐领域的下一个发展阶段所吸引——沉浸式现实。在虚拟世界中度过时间能够帮助人们克服许多在现实生活中的难题。例如，假设一个四肢瘫痪的人有可能在虚拟世界中"自如行走"。

在新冠疫情大流行的背景下，越来越多的人开始通过游戏、网络课堂、数字展览和音乐会等形式来拓宽视野。在虚拟世界中，人们可以暂时抛开那些令人沮丧的现实新闻，如通货膨胀、战争、高油价和疫情。媒体公司有着巨大的潜力，可以帮助人们创造出沉浸式的全新虚拟体验。

元宇宙的真正能力在于分享和互动，让人们可以实时体验一个故事并且参与其中。人们不再是被动的观众，而是娱乐活动的一部分。在虚拟世界中，人们还可以与朋友一起探索，结识新朋友，建立永久的社交纽带，甚至将社交分享延续到现实生活。

元宇宙开启了无限的娱乐大门。理论上讲，只要设计师和参与者有足够的想象力和创造力，历史漫步、非洲狩猎之旅甚至月球探险都不会成为限制，一切内容都可以在虚拟空间中呈现。

我们正处于进入一个功能齐全的元宇宙的建立阶段。但众多大型企业已经在数十亿美元的投资中不断推动元宇宙的发展，开创新形式的娱乐时代，为人们提供一个逃离现实、建立新社交现实的机会。

元宇宙对娱乐业的影响以及对新商业前景的推动作用，无论从哪个角度来看都是不容小觑的。下文将更加详细地介绍这些影响。

元宇宙和娱乐

当我们思考元宇宙的影响时，了解当前媒体格局的重要性就不言而喻。数以亿计，甚至数以万亿计的消费者资金正处于风口浪尖，而且争夺这些消费者注意力的竞争异常激烈。能够获得成功的企业将会赢得大量关注，并且能够影响未来元宇宙的方向定义。

截至本书撰写时，娱乐业正在发生巨大变革。DVD、蓝光、有线电视、网络电视和台式电脑等传统技术正在被流媒体电影服务和移动计算所取代。在过去，美国全国广播公司、哥伦比亚广播公司、美国广播公司等媒体公司占据了主导地位，但后来，家用录像系统（VHS）、贝塔克斯格式（Betamax）、DVD、蓝光、有线电视、互联网和个人电脑等新技术和媒体形式逐渐崭露头角，并开始与传统广播和电视媒体竞争。现在，这些传统媒体形式式微，在疫情的影响下，网飞（Netflix）、迪士尼、苹果、美国家庭影院频道（HBO）、康卡斯特（Comcast）、葫芦网（Hulu）和亚马逊等新巨头正蒸蒸日上。

元宇宙不仅将真实世界和虚拟世界融合在一起，还以全新而强大的方式将媒体和商业结合起来。在接下来的章节中，我们将更详细地探讨这一点。

媒体的进化史

回顾过去的一个世纪，媒体技术的发展历程越来越成熟，从最初的收音机到广播电视，再到有线电视，最终进化成了如今的数字电视。同时，个人计算机也经历了一段不断迭代更新的历程，从笨重的 TRS–80 和雅达利（Atari）等台式机，逐渐发展为功能更加强大的台式机和电子游戏机；而如今，智能手机、平板电脑、笔记本电脑，甚至数码手表等移动设备已经取代了它们，人们可以随时随地以电影、游戏、音乐和书籍等形式来享受娱乐。

科技的发展永远倾向于追求市场渗透最有潜力、最有前途的方向。有时候，这种演变甚至可以被视作一次次的革命，从而彻底颠覆市场。那些敢于创新、快速应变、灵活变通的企业能够在这个竞争激烈的市场中生存下来，而那些对科技变革迟迟不能适应的人则常常表现出不佳的状态。

当前，流媒体市场的扩张就是一个恰当的例子。十几个主要竞争者和数百个利基服务，为目标消费者子集提供专门的内容。但问题在于，消费者最终会订阅多少个服务呢？他们是否会厌倦数量繁多的娱乐平台，从而将自己的选择限制在少数竞争者中？

很大程度上，流媒体市场扩张是各大媒体巨头之间的竞争。然而，这场竞争不会以其中一家公司独霸天下的方式结束。消费者会订阅多种服务和频道，因为每种服务都提供了独特的产品。例如，即使在订阅了迪士尼＋（Disney+）之后，消费者并不一定会取消他们在网飞上的订阅。换句话说，虽然消费者可能会增加订阅服务的数量，但他们在不同平台上消费的时间不一定会因此减少。

尽管假期和类似疫情的事件可能会为消费者提供更多的空闲时间，但他们通常会为自己的生活规划出一些固定的空闲时间。因此，观看电影和娱乐所占据的时间是相对固定的。

那些将流媒体服务纳入下一步发展计划的公司将会蓬勃发展。这些公司将流媒体服务视为引领消费者进入其他产品和服务的途径。以迪士尼为例，它们的媒体服务提供了优质的内容，例如漫威电影宇宙（Marvel Cinematic Universe）和星球大战（Star Wars）等知识产权吸引了大量观众。然而，它们每个系列和电影都是业务联动计划的一部分，旨在鼓励人们购买商品和参观主题公园。苹果和亚马逊也采用了类似的方法，利用媒体将消费者引导到他们业务的其他部分。

自 2008 年推出以来，罗库公司（Roku）在 10 年间引领了流媒体市场。2007年，苹果电视（Apple TV）硬件推出；2014 年，亚马逊 Fire TV 设备上市，目前是同类设备中最受欢迎的。2012 年，亚马逊在市场上的份额约为 20%，而苹果音乐软件 iTunes 的市场份额则达到 70%。如今，它们的市场份额仍然大致相同。

毫无疑问，流媒体服务正在生产大量的内容。在考虑它们如何与元宇宙相交之前，让我们先了解一下它们如何分发这些内容。

内容分发

我们必须意识到，因为交易的筹备时间极其漫长，所以当前趋势已经到了紧要关头。为什么会出现这种情况？其中一个解释是，每个交易周期都需要花费很长时间来准备和谈判。

影片在影院上映、发行蓝光光盘或 DVD，以及选择在哪个流媒体平台上展示，所有这些协议必须在多年前启动和谈判。对于漫威或星球大战宇宙等多次发行的合同，则需要更多的协调和前置时间。此外，还需要考虑实施相关交易所需的时间，包括商品销售、主题公园特色、促销以及其他能够创造更多收益的内容。

最重要的是，企业必须竭尽全力将产品推向市场。如果耽误太久并导致电影和其他娱乐形式无法及时供应给消费者，消费者为了满足需求可能会转向其他选择，例如其他流媒体服务。这种市场竞争已经成为娱乐创造的基石。

市场步伐有多重要？

订阅葫芦网等流媒体频道多年的用户是否还会选择订阅迪士尼＋或亚马逊Prime 等其他媒体服务？如果一个流媒体频道能超越其他频道并抢先数周或数月发布自己的内容，这是否有可能给它们带来竞争优势？

以电影续作的发布为例，像《独立日》（*Independence Day*）或《黑客帝国》三部曲（*The Matrix Trilogy*）这样的大片通常会有续作。人们普遍认为，如果原作广受欢迎，续作又怎么会失败？然而，如果原作和续作之间的时间间隔太长，制片方可能会面临观众和市场份额的流失。这一点，相信《黑客帝国》三部曲的续作制片人深有体会。2021年，这一经典电影的第四部《黑客帝国：矩阵重启》重磅上映，但市场却反应平平，其中一部分原因就是时间间隔过长而导致观众流失。

毫无疑问，时间拖得太久会给竞争对手进入市场和抢占市场的机会。新的流媒体平台需要激励消费者订阅，必须以某种方式与其他竞争平台形成区分。其中一个很好的方法是率先进入市场。消费者通常喜欢连续性，因此至少有一部分消费者会在其他流媒体平台开始运营时继续订阅原有的平台。

即使在今天，还有很多媒体没有升级为视频。尤其是那些不受欢迎的电影，可能从未从 VHS 过渡到 DVD，更不用说其他数字媒体了。但是，这些老旧或不太受欢迎的娱乐可能会成为内容的宝藏，流媒体服务可以加以利用并为订阅者提供独特而有趣的内容。

随着流媒体市场的竞争趋于稳定（可能在 2024 年或 2025 年），市场也应该趋于稳定，集中为消费者提供设计良好、高质量的内容服务。此时，新竞争对手进入市场的难度将变得更加复杂、昂贵和耗时。

当用户在评估大型流媒体公司时，他们是否会看重这些公司进入市场的动机？迪士尼＋等公司专注于它们的知识产权，而苹果和亚马逊等公司则更倾向于销售硬件、产品或其他服务，并将流媒体作为一个漏斗。

定　价

流媒体公司为制作新内容投入了大量资金，尤其是考虑到像亚马逊的《太空无垠》（*The Expanse*）、HBO 的《罗马》（*Rome*）和迪士尼的漫威宇宙系列等拥有大量特效、知名品牌和成熟知识产权的节目。这些因素加起来，推高了内容制作成本。

此外，许多流媒体服务的策略是通过电影吸引用户进入其他业务领域。举例来说，迪士尼推出琳琅满目的周边商品，提供豪华邮轮游览服务，发售主题公园门票。这一切都有利于宣扬迪士尼旗下的电影、系列节目、出版物和整体品牌。苹果则利用其整个生态系统吸引消费者使用其产品和服务。可以推测，亚马逊也希望吸引电影观众体验 Prime 的其他服务。

因此，流媒体服务往往会通过定价吸引用户而非追求盈利。随着电影观众数量的增加，流媒体服务不仅能够吸引更多的用户，还可以将这些用户转化为其他收入来源。

内容支出

流媒体公司深知自己正处于争夺消费者注意力的激烈竞争中，为了获得观众的关注（和收入），每个流媒体平台都在新节目上投入前所未有的资金。预算显示，所有内容提供商在 2022 年的支出将超过 500 亿美元，而这个数字可能会再创新高。

流媒体平台必须依靠其内容产生收入。其中一部分收入来自消费者每月支付的流媒体费用，另一部分则来自周边收益，例如，人们在观看迪士尼的《丛林奇航》（*Jungle Cruise*）电影后会购买迪士尼推出的豪华邮轮游览服务，以及相关玩具、游戏和增值服务等。

截至本文撰写时，各流媒体平台在内容方面的支出情况如下。

·迪士尼：2021 年，迪士尼在内容方面的支出达到了 250 亿美元，并预计在 2022 年增加到 330 亿美元。这些数字包括葫芦网和影院发行费用。根据其季度报告，"这一增长是由于直接面向消费者（DTC）业务拓展的支出增加，且假设没有新冠疫情等重大生产中断"。截至 2021 年底，迪士尼 + 拥有 1.298 亿订户。

·网飞：2021 年，网飞在流媒体上投入约 170 亿美元。

·华纳媒体：这家公司旗下拥有多个流媒体平台，包括 HBO Max、HBO、CNN、CNN+、华纳兄弟和探索频道 +（Discovery+）。预算显示，该公司计划在 2022 年花费超过 180 亿美元。在合并到华纳媒体之前，探索频道 + 声称拥有 2200 万流媒体用户，而 HBO Max 和 HBO 的用户总数为 7380 万。

·亚马逊 Prime 视频：2021 年，亚马逊在视频和音乐上投入约 130 亿美元。他们声称截至 2021 年底已拥有 2 亿用户。

·苹果电视 +：2021 年，苹果在原创内容上投入约 60 亿美元。截至 2021 年7 月 21 日，苹果 + 的用户数量不到 2000 万。

游　戏

我们已经详细回顾了游戏行业，但将其置于娱乐的背景下进行研究会更有帮助。作为主要的娱乐领域，游戏不仅可以支持玩家互动，还能够创造独特的沉浸式连接。与朋友一起玩游戏比看电影或流媒体系列更有趣，因为游戏以其他媒体无法比拟的方式与玩家互动，使人仿佛身临其境。

越来越多的技术进步为游戏领域带来了更广阔的发展空间。这些进步不仅可以让游戏与玩家进行创新性的互动，更为重要的是，可以探索媒体商品化的新路径。

比如说，较新的手机技术（例如 iPhone 10）支持面部追踪功能。反过来，这项技术可以根据玩家的手势和面部表情创造独特而有趣的互动体验。如果玩家皱一下眉头，游戏中的非玩家角色也会像真人一样做出反应，如同玩家真的生气了一样。而这一切只需要简单的面部表情，不需要其他任何输入。

在广播和电视刚出现时，观众只能选择有限的频道或电视台。而且我们只能在家里或者邻居家等固定位置收听或收看自己喜欢的内容。随着有线电视的兴起，观众可以选择更多的频道，但仍然需要在固定的位置观看内容。但是，随着移动计算和高速无线互联网的出现，游戏和娱乐已经成为一种无处不在的体验。

截至 2021 年，约一半的美国家庭拥有游戏机，而另外三分之一的家庭则计划在未来一年内购买。四分之三的美国人玩电子游戏，每周平均玩游戏时间为14.8 小时。游戏已成为跨越几代人的流行娱乐形式，无论是年轻的 Z 世代 [1] 还是年长的婴儿潮一代（baby boomers）[2]。而在新冠疫情期间，由于许多人被迫长时间居家防疫，这种趋势进一步加剧。

正如前文所述，许多人玩游戏的原因在于它能够提供社交体验，游戏玩法反而是玩家投入时间和金钱的次要原因。因此，多人游戏变得异常受欢迎，因为它们为人们提供了安全的场所，让他们聚在一起享受朋友的陪伴。

不断变化的媒体格局、越来越激烈的竞争、日新月异的技术进步，这些因素

---

[1]　通常是指 1995 年至 2009 年出生的一代人。

[2]　特指第二次世界大战后美国的"4664"现象：从 1946 年至 1964 年，这 18 年间婴儿潮人口高达 7600 万人，这个人群被通称为"婴儿潮一代"。

共同促成游戏成为人们的首选娱乐形式。同样地，这些因素也为媒体巨头创造了新的机遇，促使它们拓展流媒体服务、吸引观众并获取额外的收入来源和市场份额。

随着平台的发展，人们开始更加注重元宇宙，因为他们需要更具沉浸感和刺激的互动体验。人类的注意力持续时间是有限的，这迫使娱乐形式不断演变成更为强大的形态。沉浸式叙事已成为新的黄金标准，人们希望能够成为故事的一部分，与英雄、反派以及整个世界进行互动。这种趋势迫使电视和电影等传统媒体提高和改进产品质量，以吸引更多观众。虽然未来难以预测，但这种趋势变得越来越明显：一个完全沉浸式的元宇宙将成为沉浸式娱乐的终极形式。

面对游戏和娱乐领域的这些变化，它们是否会融合成一种全新的娱乐形式呢？

游戏娱乐（game-tainment）

几十年来，游戏和游戏机制一直备受欢迎，甚至可以追溯到电视媒介的发端。例如，《幸运轮盘》（*Wheel of Fortune*）和《猜价格》（*The Price is Right*）等节目因其富有趣味性而受到观众的热烈追捧；美国知识竞赛类电视节目《危险边缘》（*Jeopardy*）中备受欢迎的获胜者更是在观众的见证下一夜又一夜地获胜。

多年来，游戏和电影之间的互动不断加深，两者不断扩大各自的受众群体，提供更多的内容。在新冠疫情的冲击下，被迫居家的人们对娱乐需求急剧增长，这种趋势也在不断加速。因此，各大娱乐公司都在着手创建游戏服务，而游戏公司则开始制作自己的娱乐内容。

流媒体巨头网飞正在积极创建自己的游戏部门，并将公司旗下的电影和节目改编成游戏。他们计划推出《恶魔城》（*Castlevania*）、《英雄联盟》（*League of Legends*）、《猎魔人》（*The Witcher*）等热门游戏系列。联合创始人兼联席首席执行官里德·哈斯廷斯（Reed Hastings）在接受美国全国广播公司财经频道（CNBC）的采访时，曾深入阐述了自己对于网飞游戏平台的愿景："网飞作为最优秀的制作公司之一，有两家公司跻身电影行业十强榜。正值手机游戏成为全球领军之际，我们应该开始思考未来的发展。我们不仅要参与其中，更要全力以赴做到最好。"

游戏公司也开始对这个领域进行投资。2022 年 1 月，英国博彩公司娱乐集团（Entain）宣布推出"Ennovate"项目。这是一项耗资 1.33 亿美元的投资，用于支持 NFT、虚拟现实 / 增强现实，以及初创公司和应用程序的开发。首席执行官杰特·尼加德 – 安德森（Jette Nygaard–Andersen）向美国全国广播公司财经频道透露，游戏公司正在努力拓展客户服务范围。他表示："我们的目标是为客户提供刺激的新产品和体验，并利用我们的前沿技术在体育、游戏和互动娱乐领域引领创新。"

在 2022 年初的一份投资者报告中，索尼宣布计划收购或投资 10 家游戏、通信和其他游戏相关公司。这些公司包括美国游戏社交公司 Discord、芬兰游戏工作室 Housemarque、荷兰游戏开发商 Nixxes、英国虚拟现实游戏开发商 Firesprite、美国德州游戏开发商蓝点（Bluepoint）、美国游戏发行商 Devolver、美国游戏开发商瓦尔基里娱乐（Valkyrie Entertainment）、美国电子游戏软件制作商 Bungie、加拿大新独立游戏开发商 Haven 和美国游戏开发服务提供商 Accelbyte。索尼首席财务官十时裕树（Hiroki Totoki）在消息公布后指出，他们希望进一步扩大索尼电子产品、游戏、电影和音乐的技术和媒体产品。科技博客（Tech Crunch）在报道中援引了十时裕树的原话：

> 此次收购不仅是为了获得非常成功的《命运》（Destiny）系列游戏和 Bungie 目前正在开发的主要新 IP，还包括将 Bungie 在现场游戏服务开发领域方面的专业知识和技术合并到索尼集团。

投资和创业公司有望拓宽元宇宙的娱乐广度。游戏、体育赛事、音乐会和体育博彩等，不再是孤立的存在，而是融合在一起，构成了一幅绚烂多彩的娱乐世界画卷。

以拉斯维加斯大道为例，它就是这样一幅绚烂的画卷。当我们戴上虚拟现实头盔和其他游戏设备时，我们就可以自由穿梭在虚拟街道上，选择自己想要的娱乐。赌场、剧院、主题公园、商店、音乐会、电影院，或是任何其他能想象到的选择，都在等待着我们的到来。

在元宇宙中，主题公园更是让人期待。这里不仅可以参观世界上的任何地方，还能够沉浸在幻想世界中，体验我们所想象的最极端或最温和的娱乐。复杂、反重力的过山车，历史事件的重演，恐怖的鬼屋，在火星山脉或绕遥远恒星运行的行星上徒步旅行，这些奇妙的经历都可以一一实现。

回想起 2012 年，美国已故说唱巨星图派克·夏库尔（Tupac Shakur）在科切拉音乐节（Coachella）的全息演出，让人感叹他已经逝去了 10 年。这场全息演出发生在真实世界里，歌手的 3D 图像被投射到一块玻璃上，在观众的眼前熠熠生辉。自那以后，全息表演得到了越来越广泛的应用。

在元宇宙中举办的虚拟音乐会更像是现场表演，观众可以集体参加，彼此互动。特拉维斯·斯科特在《堡垒之夜》中的表演就是其中的经典之作。观众通过虚拟替身进入虚拟世界，与表演者进行交互。无论是水下，还是外太空，特拉维斯·斯科特总是能够保持着表演的吸引力，让人目不暇接。

在元宇宙，购物的体验也变得与众不同，格外吸引人眼球。想象我们走进了一家不断更新货品、按照每位购物者需求进行个性化定制的商店。或许，对家居建材感兴趣的人所看到的布局和商品种类，完全不同于那些对服装或书籍感兴趣的人所看到的布局和商品种类。在元宇宙商店中，货架仿佛有了生命，因为它们会根据购物者的需求做出改变，呈现出需要的艺术品或行动点。内幕情报公司（Insider Intelligence）的高级分析师斯凯·卡纳韦斯（Sky Canaves）强调了元宇宙购物体验的无限可能性，它不受物理世界的限制。他说："仅仅是真实世界商店的虚拟复制品并不足以令人兴奋，因为它不需要被数字世界中的四面墙或特定位置所限制。"

音乐，尤其是参加音乐会和演出，向来都属于共享体验。人们通常会与朋友一起出席此类活动，共同享受这份美妙体验。但在虚拟世界中，这种真实世界的限制不再束缚我们。想象一下，太阳马戏团（Cirque du Soleil）的任何奇妙表演都能在元宇宙中呈现。目前，这些表演仍掣肘于演员的体力、舞台和道具的重量和大小，以及观众与表演的位置关系。然而，如果这些节目在元宇宙中呈现，这些限制将全部消失。

人们可以在虚拟演出或音乐会中体验前所未有的感受。他们可以尽情经历奇幻的冒险，比如登上火箭飞往月球星际，或是乘风滑翔；见识不存在于现实生活的虚幻生灵和奇幻植物；乘坐虚拟游轮，领略海天一色。

2021 年 12 月，锯马制作公司（Sawhorse Productions）[1] 和阿罗瑜伽（Alo Yoga）[2] 在罗布乐思平台中创建了一个虚拟岛屿。他们希望营造一个虚拟空间，让人们感受到与现实世界完全不同的氛围，同时仍能体现出阿罗瑜伽商店的独特风格。人们可以使用自己的虚拟替身进入虚拟世界，享受更加奇幻但又切实的购物体验。

这种强强联合的模式并不新奇。罗布乐思平台以一种全新且独特的方式将这些元素整合在一起，从而增强社交体验，例如将虚拟音乐会与电子游戏相结合。

游戏和娱乐的结合为人们创造了全新且刺激的游戏和娱乐方式。人们可以参与一些虚构的、不存在于现实生活中的活动。最终，游戏将成为一种更加沉浸式的娱乐方式，将传统的娱乐形式与游戏和元宇宙相融合。

就这一点而言，元宇宙将会对娱乐行业产生巨大的影响。

元宇宙对娱乐产业的影响

元宇宙将以革命性的力量冲击娱乐产业，如同无声电影向有声电影的转变一般。如果这听起来有点夸张，我们不妨代入以下场景的转换：以前，我们只是在电影院或电视屏幕前静静地坐着，观看一个个故事在我们眼前展开，但是，现在我们将有机会亲身体验一个真实的虚拟世界。想象一下，我们不是枯坐着观看超级英雄，而是可以与超级英雄同处一个世界，甚至成为一个虚拟的超级英雄。

听起来，元宇宙的概念与电子游戏的概念相似，但元宇宙却将游戏玩法推向了一个崭新的高度。在元宇宙的虚拟世界中，人们可以化身虚拟替身，穿梭于不同的世界，购买各种物品，访问虚拟银行，欣赏虚拟演出，甚至观看虚拟创意。与电影不同的是，元宇宙的观众不再是被动的旁观者，而是活跃的参与者，完全沉浸在虚拟世界中，获得视觉、声音、触觉等全方位的感官体验。或许电子游戏

---

① 一家位于加州洛杉矶的全方位服务内容工作室。

② 2007 年诞生于美国的知名高端瑜伽服品牌。

是进入元宇宙的入口，但元宇宙将会带来全新的体验。

我们的观影体验将会焕然一新。我们将全身心地沉浸在一个 360 度无死角的电影世界之中，而不再仅仅是在电影院或者电视屏幕上欣赏演员和电脑特效画面（computer generated imagery，CGI）。我们可以暂停电影播放，获取幕后的点评或情节解释。就比如我们正在观看一部关于亚历山大大帝的电影，我们有能力超越观影的界限，穿越时空，漫游古都城池，身临其境地领略电影所呈现的历史背景。这些可能性是无限的。

元宇宙的发展必然会带来全新的娱乐方式。人们可以创建自己的游戏和虚拟世界，与他人分享和互动。乐队也可以打造虚拟巡演，让无数粉丝尽情观看，并可在多年后重温这份难忘的回忆。此外，NFT 将为娱乐体验提供无数商品化的可能。在虚拟世界中，企业将能够以更多新颖有趣的方式宣传自己的品牌和产品。

元宇宙为营销人员和广告商提供了崭新、迷人的机会，可以向观众展示他们的产品和服务。广告商可以在元宇宙中创建沉浸式体验，使观众体验到产品和服务的魅力。以虚拟服装店为例，顾客不仅能够试穿新款服装和试用化妆品，还能通过虚拟现实技术查看不同的文身效果。

总之，元宇宙的兴起将提高内容创作者的门槛，他们需要不断地创造更多样化、更吸引观众或听众的内容，而不只是制作和宣传一部电影或游戏。这为创意和创造力开辟了新的空间，但同时也增加了发布新内容所需的工作量。

元宇宙为用户生成内容提供了强有力的平台。以乐队这样的内容创作者为例，如果他们的铁杆粉丝们可以参与到音乐视频制作中，并跟着旋律和节奏高歌一曲，那么不仅能够提升粉丝的参与度，也能够激励他们更加热爱乐队。

元宇宙的持久性至关重要——这意味着，即便有人提前离开，世界依旧持续不断，一切都在实时发生。不论离开是为了进食还是睡眠，元宇宙的时间不会停滞，任何行为都不能打断元宇宙中事件的发生。

在元宇宙中，NFT 也可以与现实世界的物品联系起来。譬如，一个人在现实世界中购买了一件与 NFT 相关联的服装，那么他可以在元宇宙中以虚拟的方式穿着这件衣服。同样地，所有在元宇宙中获得的内容都应该可以在任何其他的世界中使用。

元宇宙对流媒体的影响

流媒体为电影和娱乐产业带来了巨大的改变，而且这种影响还将持续下去。在电视尚未普及的早期，选择相对简单：制作一个节目或一部电影，提前进行广告宣传，然后希望观众按照预定时间观看。

后来，有线电视的出现增加了数以百计的专业频道，但是由于缺乏足够的吸引观众的选择，电影院依然持续运营。但是，家用录像系统、贝泰麦卡斯格式、DVD 和蓝光的问世彻底改变了这一切，人们可以在家中录制并保存他们最喜爱的娱乐节目。随着互联网以及智能手机和其他移动设备的普及，娱乐产业再次被彻底颠覆。

随着流媒体服务的普及，娱乐产业再次被颠覆，科技公司和媒体巨头试图通过兼并、收购、研发（R&D）以及合作关系为这种新的分发方式做好准备。此外，为了确保产品组合包括必要的技术，许多服务还将自己定位到元宇宙。许多流媒体服务也将自己定位为元宇宙的一部分，确保其产品具备最新的、最先进的必要技术。

一些领先的公司正在积极参与流媒体服务的发展和元宇宙建设，其中包括：

· 奥多比；

· AdQuire；

· 字母表（Alphabet）[①]；

· Aomen City；

· 原子世界（Atom Universe）；

· Gamefam；

· GameOn；

· 洪卡玛数字媒体（Hungama Digital Media）；

· 元；

· 微软；

· 英伟达（Nvidia）；

---

① 字母表是以搜索引擎闻名的美国知名科技公司谷歌成立的一家新公司。

- 超动媒体（OverActive Media）；
- 高通（Qualcomm）；
- 罗布乐思；
- 斯库蒂（Scuti）；
- 阅后即焚（Snap）；
- Tetavi；
- Zilliqa；

近来，许多公司正在深入投资元宇宙领域。以下是其中一些公司及其预期目标。

洪卡玛数字媒体：这家印度娱乐公司于 2022 年宣布成立名为 Hefty Entertainment 的新公司，旨在创建一个由多边形(polygon)公链驱动的元宇宙平台。该平台专注于去中心化自治组织，旨在创建全球最大娱乐社区。该平台将使用可收藏的 NFT 和免费的虚拟活动吸引消费者、粉丝和社区加入 Web 3，并鼓励他们使用该服务。

高通：2022 年初，高通宣布成立"骁龙元宇宙基金"（Snapdragon Metaverse Fund），旨在为元宇宙的基础技术和内容提供财务支持。该基金总金额为 1 亿美元，并计划资助扩展现实领域的创作者，包括游戏、健康、媒体、娱乐、教育和企业等。除此之外，该基金还表示将支持人工智能和增强现实系统。

超动媒体：2022 年初，全球体育、媒体和娱乐公司超动媒体宣布与提供环保、高性能、安全的区块链解决方案的 Zilliqa 建立合作关系。通过这次合作，超动媒体旗下的疯狂狮子（MAD Lions）品牌将能够在数字领域提供进一步的品牌活化。

GameOn：领先的 NFT 游戏技术公司 GameOn 娱乐技术公司于 2022 年 3 月与 Tetavi 合作，推出了一款基于 GameOn 区块链技术的 NFT 音乐探索游戏。

在元宇宙中提供娱乐

现如今，人们消费内容的方式已发生翻天覆地的变化。疫情推动了一种不断演变的趋势，人们迫切需要流媒体服务在他们选择的任何设备上托管存储他们喜欢的内容，特别是智能手机等移动设备。失眠者公司（Insomniac）是一家现场音乐体验制作公司，它与优三缔公司强强联手，致力于提供丰富的内容和交流平台，并增加内容创作者的曝光率。

此外，他们还致力于提供更多社交选择，让人们更加自由地工作和娱乐。此次合作的一个目标是创建一个持久的元宇宙世界，让人们可以随时随地参与虚拟活动。彼得·摩尔（Peter Moore）作为优三缔公司的体育和现场娱乐高级副总裁兼总经理，解释了这一合作关系："与 Insomniac 的合作涵盖了增强现实、虚拟现实、混合现实和绿屏动作捕捉技术，旨在为人们打造一个家庭节庆体验。"

对于优三缔公司而言，体积空间捕捉技术（volumetric capture）是他们的主要关注点，该技术采用多个摄像机实现 3D 运动。摩尔分享道：

> 这是娱乐体验的重大飞跃；它打开了第三维度的大门，让人们能够通过六个自由度①观察周围的环境。很长一段时间以来，我们只是坐在观众席上，看着娱乐活动在我们面前上演。我相信，未来我们将站在舞台上与娱乐活动互动，这会带来前所未有的沉浸感。

摩尔还预测，电子竞技（esports）也将迎来类似的发展。他进一步阐述：

> 我们如何更深入地参与游戏？我们如何从内部观看比赛？目前，我们只能通过在比赛场地的固定位置上安装摄像头来参与或观看比赛，这种方式是被动的。我们如何才能体验到更具沉浸感的比赛？如何聆听比赛的声音？如何坐在选手旁边？这些都可以通过体积空间摄影装置一一实现。

优三缔公司认为，娱乐和电子竞技为创新和颠覆提供了极佳的平台。他们相信，创新的发展将吸引人们积极参与这些活动，以前所未有的方式体验娱乐和电子竞技。

元宇宙的影响不仅局限于这些领域，还对音乐产业产生了深远影响。

---

① 在三维空间中，我们通常使用三个轴（x、y、z 轴）来描述物体的位置和方向。这三个轴的每个方向上都有自由度，总共有六个自由度。具体来说，这六个自由度分别为：沿 x 轴平移，沿 y 轴平移，沿 z 轴平移，绕 x 轴转动，绕 y 轴转动，绕 z 轴转动。

元宇宙正在颠覆音乐产业

音乐艺术家已经开始看到元宇宙的价值，他们成了这项新技术的领头羊。他们深刻认识到 NFT 和元宇宙为他们提供了更多的创收方式，他们可以更多地接触粉丝并宣传自己的内容。格兰德森·德罗彻律师事务所（Granderson Des Rochers）是一家娱乐律师事务所，它的法律总顾问伊丽莎白·穆迪（Elizabeth Moody）指出，元宇宙正在为音乐人开辟一片新天地，她表示："看到艺术家对这个领域充满激情，我也感到非常兴奋。我相信，音乐产业的创作者和表演者将会引领更多大公司进军这个领域。"

但是这些新选择也需要更为复杂的许可协议和音乐版权管理。虽然将音乐融入游戏、虚拟音乐会或购物活动中从技术上来说并不难，但必须与权利所有者达成协议。

彼得·摩尔进一步表示道：

> 就由谁支付费用这个问题而言，现在存在一定的分歧。粉丝们愿意花费一定的费用来支持艺术家，但是这种支持是有限的。艺术家应该获得大部分的收益，尤其是现场演出……但是，游戏开发工作的成本也非常昂贵。因此，游戏玩家、唱片公司和音乐发行商都需要理解这一点，我们现在正在寻找新的商业模式，以缓解这种压力。

此外，粉丝可以直接参与创作过程。他们可以在音乐视频中亮相，帮助创作音乐。许多内容创作者有意为他们的粉丝提供合作艺术创作的机会。

风险投资公司 Raised In Space 的总裁兼合伙人莎拉·桑德罗夫（Shara Senderoff）表示，许多艺术家"看到了其他同行不断挑战自己的效率和参与度极限，他们深刻理解着这些成就的意义。因此，那些早期作品屈指可数的艺术家们也将开始采取更积极的竞争策略"。

虚拟俱乐部是新兴元宇宙中的另一道亮丽风景线。真实世界的俱乐部在虚拟世界中焕发全新生机，人们或其虚拟替身可以在虚拟俱乐部里畅游舞池，进行社交互动，畅享音乐盛宴。因为虚拟俱乐部建立在虚拟世界之上，所以这些俱乐部也可以极尽想象力，比如拥有繁星点缀的火星世界，或是妙趣横生的奇幻世界。这些俱乐部的创意和设计完全取决于创造者的想象力，没有任何限制或束缚。

元宇宙：推广企业的绝佳平台

正如本书所定性的，元宇宙旨在营造一种沉浸式体验，人们可以在这里尽情探索和互动。伴随着越来越多的公司和个人创造出更多刺激的技术和创意，元宇宙正呈现出指数级增长，成为一个值得探索的全新世界。可以毫不夸张地说，元宇宙将会定义未来的娱乐。

当我们谈论元宇宙时，我们常常强调它的沉浸式特性，这意味着人们可以在其中进行互动。这种互动包括视觉和听觉上的交流，甚至可以感受到其他人的触摸。我们可以在 3D 全景环绕下感知周围的世界，包括所有相关的视觉和声音。随着元宇宙技术的发展，这些沉浸式的体验将变得更加逼真。

当然，元宇宙的用途远不止于此。它还是一个完美的教育工具，可以让人们与凯撒大帝或巴顿将军（General Patton）等虚拟的历史人物进行对话，了解历史与文化。法医专家也可以利用元宇宙技术重建犯罪现场，解决悬案。此外，社会改善计划可以利用元宇宙创建虚拟音乐会或其他活动，增强人们的意识并筹集资金。无论是娱乐、教育还是社会改善，元宇宙都是一个无限可能的新世界。

元宇宙这片新兴之地聚集着众多的就业和探索机会。它的可塑性能够激发人们的创造灵感，为他们提供崭新且刺激的表现方式。在这个虚拟世界里，一切都易于调整和改变。

犹如电子游戏，元宇宙鼓励人们社交、互动。人们可以在这里接触新人群，建立关系，结交朋友，且足不出户即可结识来自五湖四海的朋友。

元宇宙还提供了许多盈利机会。人们可在此创作内容，建立世界，创办虚拟社交平台和商店，销售虚拟商品，乃至经营整个企业，一切都蕴含着无尽商机。

最为重要的是，元宇宙是推广现实企业的利器。巧妙的产品植入、醒目的虚拟广告牌，甚至是在虚拟世界中翱翔的巨型空中飞艇，都可为品牌推广出一份力。

元宇宙中的品牌

尽管元宇宙是一个新兴的概念且仍在发展中，但人们已经开始探索它带来的种种体验。毫无疑问，品牌会跟随人们的脚步。随着人们在元宇宙中体验娱乐和社交，越来越多的品牌纷至沓来，渴望能够接触这个新兴的消费群体。换言之，品牌会追随消费者的视线，也就是他们所浏览的内容。任何品牌都希望博取用户的注意力，这也是品牌的核心使命：创造认知。如今，随着人们转向元宇宙，品牌们也会跟随他们的脚步。

虚拟体育赛事、音乐会、电影等多种娱乐形式已经成为品牌们在元宇宙中推广的有力工具。随着人们在元宇宙中的聚集和社交，品牌们也将变得越来越有兴趣，创造出有趣的内容。

群体叙事与一对多叙事

尽管我们已经明白了媒体格局不断变化的真相，但将元宇宙等同于其他平台或媒体必将是一个错误。相反，元宇宙是全新而独特的，品牌在其中取得成功的关键，是要发掘和创造新的价值和现实。品牌必须以有意义的方式进行实践，因为元宇宙是无限可配置的，它们可以勇敢尝试新的方法，即使偶尔失败，也可以从失败中获得启示。

元宇宙与我们曾经熟悉的任何传统媒体平台都不同，因为品牌现在可以在元宇宙平台上进行快速而有意义的实践。例如，品牌可以利用 3D 多人环境，在元宇宙中与消费者共同创作群体故事，而不是采用传统的一对多方法。元宇宙将引领我们从单向的、独白式的品牌传播，迈入双向的、沉浸式的品牌传播。

知识产权

全球最大的媒体和技术公司正在推动元宇宙的发展。其中包括微软、奥多比和元等公司，它们已经投入数十亿甚至数千亿美元的资金。这些大型企业将运营和管理元宇宙中的许多世界。随着人们在元宇宙中花费的时间不断增加（而且未来还会继续增加），这将产生一个飞轮效应，吸引更多的内容创作者和品牌。但是，如何处理知识产权等新问题也必将随之而来。

需要理解的是，元宇宙是娱乐行业的前沿，涵盖音乐、现场表演、电影、体育赛事、戏剧等各种类型的娱乐内容。可以预见，元宇宙也将出现各种隐私、安全和知识产权盗窃等问题，有些问题可能与现实世界中的问题相同，有些则会是全新的挑战。

像内容创作者、出版商、厂牌和工作室这样的利益相关者将竭尽所能，以最大化他们的利润和元宇宙的产品。但他们将如何在元宇宙和现实世界中执行他们的内容权利？他们的内容权利是否可以在虚拟世界和现实世界之间转换？如何实施他们的内容权利，由谁来实施？此外，还可能出现其他问题，例如版权关系如何计算和分配。

互操作性

元宇宙正常运行的关键就是所有内容都需要相互协同工作。尤其是，人们可以随心所欲地访问互联网上的任何网站，无须担心网站是否能够正确显示或按照需求运行。互联网和 Web 标准的设计和实施旨在确保各种不同的技术、系统和平台能够有效协同工作，以实现相互兼容和互操作。在元宇宙中，虚拟替身、NFT 和其他所有内容都需要具备互操作性。这就意味着，如果一个人在元宇宙的某个世界中购买了服装，他们可以穿着这件服装去虚拟音乐会、游戏或其他任何地方。

元宇宙娱乐市场的预测

根据英国大型技术调查顾问公司 Technavio 的预测，到 2026 年，元宇宙中的娱乐市场份额预计将增长至 269.2 亿美元，其复合年增长率（compound annual growth rate，CAGR）将加速至 8.55%。根据估计，到 2022 年，这一数字将同比增长 7.41%。由于消费者对虚拟音乐会和活动的兴趣不断增加，消费者支出将持续增长。

汽车内体验

汽车制造商利用元宇宙来加强驾驶员和乘客的车内体验，这早就不是什么新奇的尝试。目前，不少公司将增强现实技术融入汽车全球定位系统（GPS）中，通过在屏幕上显示不同的符号，呈现车辆前方的实时情况。箭头可以显示出口位置，指引方向；而路面上的坑坑洼洼、潜藏的碰撞风险，以及道路上的自行车等潜在危险，也可以通过动画覆盖在屏幕上，提醒驾驶员及时注意避让。

在元宇宙的世界里，汽车制造商可以从不同角度提升乘客在车内的娱乐体验。比如，在座椅上安装游戏装置，让每个乘客都可以在面前的屏幕上畅玩游戏。另外，通过在游戏或电影播放过程中播放定向广告的广告商可能会推动一些功能建设。

许多人预测自动驾驶汽车将在未来几年推出，元宇宙有望与之携手缓解单调乏味的旅程，助力导航和购物，提供更多娱乐和体验的可能性。这将为品牌提供许多机会，以有趣和愉快的方式与消费者互动。例如，网石游戏（Netmarble）的元宇宙娱乐部门最近与现代汽车集团（Hyundai Motor Group）合作，创造并利用虚拟名人，即数字人物。网石游戏的虚拟名人莉娜（Lina）近期与韩国 Sublime 艺人经纪公司签约，以推广娱乐活动。

元宇宙中的艺术

正如前文所述，协作和共同创作是元宇宙娱乐不可或缺的组成部分。因为其社区精神，元宇宙将会持续蓬勃发展。人们希望在元宇宙寻求社交，因为他们可以从中结识新友、联系旧友。通过实现共享的社交互动，元宇宙为世界各地的人们带来了更丰富的生活体验。

元宇宙是艺术的魔幻堡垒，展现出人性、伦理、价值观和观点的多样性，让人们深思和理解。在虚拟宇宙中，所有的可能性都将得到挖掘，艺术将达到前所未有的繁荣。在元宇宙中，现实的束缚不再限制艺术，相反，艺术将展现出人类无限的想象力，无论是遵守物理定律，还是打破它们。

小 结

通过 NFT、游戏和娱乐等多个元宇宙应用案例，我们不难发现，彻底的变革正在呼之欲出。尤其是媒体、技术和娱乐的融合正在为元宇宙注入新的能量。于是，企业从理论探索转向实践，不惜投入数百亿美元收购或建设有利于发展的平台，为元宇宙的到来创造出全新的娱乐模式。流线传媒集团（Streamline Media Group）的首席执行官兼联合创始人亚历山大·费尔南德斯（Alexander Fernandez）也强调道：

> 媒体、娱乐、技术和电子游戏的边界已经完全融合成元宇宙。我们需要在此基础上构建一个可持续的结构，促进商业模式的演进，并欢迎更多的用户、声音和人才来共同打造这片未来之地。

眼下，我们已经可以明显地感受到元宇宙为个人创作者和企业带来的无限可能性。通过娱乐这一渠道，元宇宙不仅能够与消费者建立起紧密联系，还能够开辟新的收入来源，并推动营销领域的进一步发展。此外，游戏技术的发展为多人游戏、持续性和实时游戏世界奠定了基础。这些概念将成为元宇宙不断发展的基础和支柱，为消费者和企业提供了更为创新化的价值。

流线传媒的创始人费尔南德斯表示，在元宇宙中，娱乐显然会成为推动消费者期望和注意力不断演变的催化剂：

> 数字化转型已经到来，电子游戏技术作为基础设施将带来沉浸式互动，不仅在游戏中，而且在生活的各个方面。它将为产品发掘、商业、虚拟联合办公、教育和社交互动等领域开辟新的天地。从迎来到元宇宙的世界。

最终，元宇宙将成为一种人性化且富有娱乐性的交流方式，让人们过上更加幸福、智慧和美好的生活。在元宇宙中，我们将能够发掘和发扬人类所有优秀品质。同时，企业也将通过在元宇宙中取得的成功来展示自己。接下来，我们将看到数字时尚如何对数字身份产生深远的影响。

最终，元宇宙将为我们提供非常人性化和有趣的交流方式，帮助我们过上更快乐、更智慧、更美好的生活，并赋予我们深刻的目标感和成就感。元宇宙将放大和增强人类所有美好的品质。同时，那些在元宇宙中表现出色的公司将会获得更好的发展。

例如，数字时尚将对数字身份产生深远的影响，我们将在下一章进行详述。

第 7 章　数字时尚

顾名思义，数字服装并非现实世界中实际存在的衣物，而是存在于元宇宙、游戏和数字社交活动中的时尚。数字服装由像素和数据组成，不再需要用布料来制作，不再需要占用家里衣柜的空间，更不需要裁缝来修补一颗扣子。3D 图形、人工智能和增强现实 / 虚拟现实等技术是数字时尚的核心组成部分。

在数字世界中，人们可以尽情地探索这些虚拟的服装店，不再需要走进现实中的购物中心和商场。在这些虚拟商店中，人们可以生成最时尚的服装，并将其添加到自己的照片中。更厉害的是，他们甚至可以向 3D 设计师（即人类或人工智能机器人）请教意见，以便将数字服装完美地贴合到自己的形象上。在游戏中，玩家可以为他们的虚拟替身购买最适合游戏世界的服装。此外，越来越多的游戏还允许这些数字服装在不同的游戏之间自由穿梭，不管这些游戏是否为同一公司所运营。

本章将详细介绍数字时尚的 6 个用例，概括如下。

虚拟替身的数字服装：人们可以在游戏和数字商场为自己的虚拟替身购买数字时装。尽管目前，这些服装还不太容易在其他世界和游戏中流通，但元宇宙的不断发展将会带来更多的互操作性，这意味着数字时装将可以在不同游戏和其他世界中自由使用。

时装秀活动：时尚产业的脚步也在逐渐延伸到虚拟世界。分布式大陆等公司正不断推陈出新，举办数字时装秀、派对和其他沉浸式体验，让人们在数字舞台上展示自己的时尚品位。这些数字展示让人们能够尽情展示他们的数字服装。

持续型电子商务的数字时尚：当元宇宙的应用场景广泛铺开，未来的数码时尚将不拘一格，人们购买的数字服装将可以在不同世界里流动。例如，在数码时装店购入的服装，不仅可以在电子游戏里和时尚盛会上使用，还可以将它复现到现实世界中，作为日常的服饰。

沉浸式购物体验：数字时尚为沉浸式购物体验的实现提供了契机。也就是说，消费者可以穿过模拟商店的过道，自由选择他们想要购买的服装和物品，而不仅是简单地在网站上浏览页面。

利用增强现实和虚拟现实技术在现实世界中试穿衣服：现在，人们可以利用智能镜子和其他技术在购买前"试穿"衣服和"试用"化妆品。借助数字镜子，人们可以看到自己戴眼镜、化妆、穿鞋和其他衣服的样子，以此帮助他们做出更明智的购买决策。

增强现实 / 扩展现实时尚在现实世界中的应用：回想一下《宝可梦》游戏，玩家们可以使用智能手机在现实世界中"看到"宝可梦精灵。若干年后，随着技术的不断发展，普通眼镜和隐形眼镜将能够显示或投影出我们所看到的图像，从而实现增强现实和虚拟现实技术在时尚领域的应用。借助这些技术，人们可以改变头发的颜色，穿上不同款式的时装和配饰。

回顾前文章节

在深入探讨并更好理解数字时尚在元宇宙的应用之前，让我们稍作停留，回顾一下我们已经介绍的内容。如今，众多游戏和娱乐平台繁荣，但它们更像是各自封闭的花园，用户只能欣赏其内部的美景，而无法穿越围墙探索其他花园的奇妙世界。但是随着元宇宙的实现，这些围墙将会逐渐消弭。因为虽然各个世界间仍有差异，未来或许依然会存在障碍；然而，物品、角色和时尚单品将可以在元宇宙中自由流通。换言之，这些世界是未来元宇宙的序幕。

随着分布式大陆等平台的日益风靡，它们的市场份额和价值也随之不断攀升。虚拟世界的发展也会带来更多新技术和功能的研发，许多在现实世界中可以实现的事情，人们在元宇宙中同样可以实现。例如，人们可以越来越普遍地参观计算机生成的俱乐部或展览，就像在现实世界中一样。

元宇宙的理想状态是创造一种真正的沉浸式体验，让人们可以在其中进行游戏、商务、贸易和社交活动。此外，新兴技术和商业模式也将使得这些环境互相连接，从而在各种不同的设备上实现交互。

需要明确的是，虽然实现元宇宙并不完全依赖于 Web 3、区块链或加密经济系统的运作，但 Web 3 对于实现元宇宙的全部潜力至关重要。微软的网格（Microsoft Mesh）、元的存在平台（Meta Presence）和英伟达的全宇宙（Nvidia Omniverse）等技术辅助手段，为实现元宇宙提供了可能。

所有权是 Web 3 和元宇宙的核心特性，它允许用户拥有和掌控自己所创建和购买的数字资产，其中包括基于元宇宙的服装、鞋履、虚拟替身、艺术品、皮肤等多种内容。用户创建的内容依托于区块链和 NFT 技术，不再需要存储于中央服务器，而是以去中心化、持久化和实时化的方式呈现。

元宇宙的实现将带来全新一代的客户体验。前几年还被视作科幻或幻想的未来，现在已经在元宇宙中逐渐变得触手可及。随着元宇宙的不断发展，用户将能够直接在虚拟游戏、社交平台或其他尚未创建的神奇虚拟世界中实现他们想象中的一切。

许多游戏玩家和社交世界的访客已经开始使用真实货币购买虚拟资产。他们购买这些物品来为自己的虚拟替身、家具、房产等增添个性化元素，或者将其作为工具和武器使用。而且，使用真实货币购买虚拟资产的趋势将会进一步加强，因为进入虚拟世界或其他数字空间的访客会不断追求更深层的探索与创造。另外，一旦这些资产可以方便地在虚拟世界之间转移，这一趋势也将得到进一步的加速发展。

考虑到实现沉浸式体验需要大量的技术投资，社交媒体平台和社交体验将成为元宇宙发展中的重要推动力。许多社交媒体公司正在投资数十亿甚至数百亿美元来推动这些技术的发展。

我们如何来到此刻

随着 21 世纪初《最终幻想》（*Final Fantasy*）、《模拟人生》（*The Sims*）

和《第二人生》（*Second Life*）等游戏和社交平台的出现，数字时尚开始崛起。在此之前，游戏玩家只能为他们的角色应用皮肤，这只是简单地改变角色皮肤的颜色。随着电子游戏变得越来越复杂和竞争越来越激烈，游戏制造商增加了改变服装、化妆、发型和配件等功能。直到 2015 年左右，游戏公司才开始通过微交易（microtransactions）[①]向玩家销售配件。

数字时尚设计师杨思嘉（Scarlett Yang）表示："数字领域拥有更多的创作自由，没有限制，没有重力。"

人类总是渴望追求美好形象，尤其是在社交场合，而游戏玩家也有着同样的期待。他们希望自己的虚拟替身可以真实地反映出自己的身份，不论是迎合某个特定角色的装扮，还是那些打破物理定律的奇装异服。这个标准同样适用于那些在基于 Web 的购物中心"闲逛"或在虚拟俱乐部社交的人们。

《黎明杀机》（*Dead by Daylight*）的联合制片人乔-阿什利·罗伯特（Jo-Ashley Robert）掌管着角色造型和化妆的创作。他曾说道："这是一个新兴趋势，而且绝不会消逝，相反只会愈加盛行。这不仅是一种自我表达，也是一种切身沉浸感。按照自己的喜好为虚拟角色进行装扮可以进一步激发人类的想象力。"

数字时尚涵盖了虚拟角色从头到脚的方方面面，其中包括以下几个方面。

鞋履：这涵盖了自定义袜子、运动鞋、高跟鞋以及各种其他类型的鞋子。游戏玩家可以随心所欲地为他们的角色搭配各种各样的鞋履。

服装：任何类型的服装都可以在虚拟游戏和社交平台上进行设计和售卖。从普通的 T 恤和牛仔裤，到奇异的科幻服装，应有尽有。

发型：计算机生成的角色可以拥有各种发型，从标准发型到精心设计的发型都不在话下。

妆容：完整的时尚当然少不了妆容和配饰，包括珠宝和手表。

虚拟替身：人们可以为自己的虚拟替身设计各种形象，例如庞大的怪物、聪慧的图书管理员和太空旅行者。

数字时尚迅猛发展，其品质不断提升，内容也愈加丰富。其中一个提升就是"微交易"的兴起——即在游戏或计算机世界中执行的小交易，这进一步推动了

---

① 微交易指一种小额交易，通常发生在电子游戏或其他虚拟世界中，用于购买虚拟物品或服务。这些虚拟物品可以是游戏中的装备、道具、皮肤、角色等，也可以是其他虚拟世界中的数字商品。

数字时尚的发展。

数字时尚潮流逐渐吸引了时尚和美容行业的目光。诸如数字时装公司 The Fabricant、时尚服装电商平台 DressX 以及数字百货商店 The Dematerialized 等时尚公司正在全面参与数字化服装的开发。这些公司不出售实体时装，而是提供数字时装的体验。它们还创建了模拟时装秀和 T 台秀来展示自己的创意。

虚拟世界不存在自然天气（如风暴、高温等）的影响，那么为什么人们要购买数字服装呢？许多行业专家认为，沟通和"信号传递"，以及一些人所谓的"炫耀"是数字时尚背后的重要动力。人们使用服装、配饰和化妆品来展示他们的社会地位，这种趋势一直延续到交互环境中。他们还用风格来传达权力、欲望、幸福以及各种其他情感。

网络服装往往以 NFT 的形式出现，随着技术的不断成熟，时尚将可以自由流转于不同的世界。简而言之，游戏玩家可以在元宇宙中的商店购买虚拟服装，并在不同的电子游戏或社交平台中穿戴展示。

如果有人认为数字时尚只是昙花一现的潮流，那可就大错特错了。在 2019 年的纽约"以太坊线上虚拟峰会"（Ethereal Summit）上，全球首件区块链数字连衣裙"虹彩"（Iridescence）以 9500 美元天价售出。这件连衣裙由达佩尔实验室（Dapper Labs）和乔安娜·贾斯科夫斯卡（Johanna Jaskowska）共同设计，并由荷兰初创公司 The Fabricant 推出。

虽然投资者瞩目数字时尚所蕴藏的商机，但展望未来，自我表达将成为大多数人购买数字服装的主要原因。

自我表达

自我表达，可以定义为人们与他人分享自己的方式。我们用言语、行为、文字和艺术等方式来表现自己，这是我们性格的基础。对于人类而言，表达什么以及如何表达至关重要。

自我表达十分重要，因此，美国宪法的第一修正案以及世界上许多其他国家的法案保障了每个人的自由表达权利。这意味着什么呢？自我表达是个人信仰、想法和情感的表达。我们可以用言语（口头或书面）、符号、舞蹈编排、音乐、计算机程序和数字媒体表达自己。

自我表达是我们用任何方式自由交流任何想法的自由。当然，这自由也有限制。例如，"我们不能在拥挤的剧院中大喊着火了"。当个人的自由会立即危及他人生命时，他的自由就会被剥夺。

我们表达自己的原因有很多。许多创意人群（creative people）通过分享自己的创作来传达某种信息。譬如，一件艺术品可能表面上看似拙劣，但在深层次上，它可能象征着人类对地球造成的破坏。还有许多人通过他们收集的物品、他们的爱好、他们玩的游戏或他们写的文字（以及许多其他方式）来表达自己。

自我表达如此之重要，是因为它可以促进个人和群体之间的交流。欣赏一幅画、阅读一本小说、欣赏一场舞蹈或聆听一首诗歌，这些都给了我们了解他人和理解其观点的机会。

一个人的着装也能透露出他的个性。外向者可能会穿着色彩鲜艳的衣服，因为他们希望别人可以清楚无误地看到并认出自己。而内向者会选择传统、保守的着装和妆容来传达自己的严肃态度。

时尚常常经历短期的时髦或流行风格，以及长期的趋势或风格演变。依稀记得自己小时候，每当新潮的时尚风格横空出世，人人便争先恐后跟风穿着。这种对于时尚的狂热追逐只持续了几周——是一种短暂的时髦。反之，许多年轻人开始穿着破洞牛仔裤，这个趋势持续至今。这是一种风格——也是一种长期的行为变革。

换言之，人们通过服装和外表有意识或无意识地表达着自己的身份。这种表达方式一直延续到虚拟世界和元宇宙。有些人不会在乎（或者不在乎）他们在数字世界中的外貌，就像他们在现实世界中可能不会过多关注和重视自己的外貌一样。但另外一些人却会想方设法找到或者设计最鲜艳、最时尚的服装和妆造，因为他们想要被看到，而且这也是他们表达自我的方式。

时尚是元宇宙中不可或缺的一部分，它是数字身份的重要方面。人们在数字世界中的着装和外貌可以明确地反映出他们的个性和身份。

数字身份

在元宇宙中，人们可以用全新的方式去探索自己身份的多面性。由于元宇宙是由（或将由）不遵循"正常"物理定律的虚拟世界构成的，所以万物皆有可能。举个例子，如果一个人在数字世界中拥有两个脑袋，穿着反重力服装和化上惊艳妆容却更感自在，那么他们可以毫不犹豫地将这些特征融入自己的数字身份。这种可塑性为人们带来一种全新的方式，让他们在不受现实世界的物理限制下，不断地探索自己的身份。

进入元宇宙的访客可以自由地挑选衣橱内的一应时尚服饰，从计算机化的购物中心选购时尚服装和配饰。他们也可以雇佣数字设计师或通过自己的创作，打造独一无二的时尚风格。这一切将彻底颠覆奢侈品的概念，高级时装不再是现实世界中富人和名人的专属。每个人都可以参与到元宇宙的时尚中来，无论是极端内向者还是外向者、富人还是工薪阶层，每个人都能在元宇宙中创造出自己独特的身份。

元宇宙的开放性使得时尚的魅力变得更加普及和包容。每个人都可以制作出属于自己的服装、化妆品和配饰。尽管高端用户仍然可以购买昂贵的时装，但是各种类型的服装仍可以用极低的成本，或免费制作、购买。事实上，"即穿即赚"和广告选项的出现将让用户有机会免费获取数字服装。

数字时尚的崛起让社会各个阶层的设计师都有机会以极低或零成本创造出他们的时尚杰作。新工具和技术的出现，更是使得设计师可以创造出各种令人惊叹的时尚作品。一旦完成数字服装设计，设计师就可以在照片墙等社交媒体网站上展示。

时下，时尚公司纷纷推出仅存在于数字世界的品牌，这些时尚只能在虚拟世界中体验，因为它们并不存在于现实世界中。在元宇宙中，时尚分为两种流派：传统服装和仅以像素形式存在的服装。

另一个越来越受欢迎的时尚领域是增强现实技术的应用。人们可以戴上特殊的眼镜或使用智能手机将图像覆盖在视线上。《宝可梦》游戏就是这项技术的著名应用之一，玩家可以使用智能手机在现实环境中看到虚拟的宝可梦精灵。

2020 年，拉夫·劳伦（Ralph Lauren）引入了一项技术，消费者可以扫描拉尔夫·劳伦的标志，生成一张以红丝带缤纷礼盒为内容的增强现实照片，并分享到照片分享平台色拉布（Snapchat）。

数字时尚概览

在数字宇宙中，一切皆有可能，包括游戏、社交平台和元宇宙。正如前文所述，一切将不受物理定律、实用性、重量、材料和重力的限制。设计师可以创造看起来栩栩如生或反重力的数字时尚，这将成为常态。任何人都可以创建数字时尚，高端（和定价）时尚专家可以设计独一无二或大规模销售的数字服装。

数字时尚可以模仿现实世界的服装，也可以完全独立于现实世界。人们可以在元宇宙的"家"中复制自己现实生活中的衣橱内容，也可以选择全新的虚拟服装，或将虚拟与现实相结合。他们可以自由决定在数字身份上投资的程度。

这身衣服不存在（This Outfit Does Not Exist）的创始人丹妮拉·洛夫特斯（Daniella Loftus）总结道："在数字宇宙中，我们可以化身为任何人或任何事。这将吸引到那些曾因受物理元素限制而无法将时尚作为媒介的人。"

数字时尚能够创造高质量的沉浸式体验，年轻一代，尤其是 Z 世代，发现新兴的数字时尚具有很大的吸引力，并积极推动这些虚拟体验的新元素不断提升。

数字时尚有以下几个领域。

产品试穿：增强现实技术（例如人工智能镜子）能让人们在购物前看到时尚产品穿在身上的效果。

虚拟替身：数字时尚让人们以新颖而令人兴奋的方式装扮自己的数字虚拟替身。这包括化妆、鞋履和全套服装。

时装秀：人们可以在时装秀和 T 台秀等现场观看和展示他们的数字服装。

摩根士丹利（Morgan Stanley）最近预测，到 2030 年，数字时尚的价值可能超过 500 亿美元。然而，市场研究公司 PTD 集团的一位高级顾问则相对谨慎，他认为："我并未看到这一领域存在直接的商业机会。人们进入此领域是有商业目的的。我相信会有一些品牌跳入这个领域，因为这是当前热门话题，但它们可能并不真正理解其中的后果。"

英国时尚协会（British Fashion Council）的首席执行官卡罗琳·拉什（Caroline Rush）则认为，数字时尚可能会占到人们衣柜的 10% 到 15%。尽管这个数字可能有些高，但考虑到人们想要展现最好的形象和数字身份，很可能会有很多人投资数字服装。

数字虚拟替身 / 数字孪生

> 所有的真理都要经过三个阶段。首先，受到嘲笑；然后，遭到激烈的反对；最后，被理所当然地接受。
>
> ——亚瑟·叔本华（Arthur Schopenhauer）

数字时尚也经历了这三个阶段。

许多公司正在为电影和电视中的名人和人物制作全身 3D 数字扫描，其中包括埃蒂克（Arteec）、斯盖驰帆博（Sketchfab）和 3D 名人（3D Celebrities）。这些扫描结果被转换成虚拟替身和数字孪生——即镜像物理实体的虚拟模型。这项技术为品牌在元宇宙中进行营销和创收创造了许多新机会。通过元宇宙工具，人们可以在各种虚拟环境和世界中映射物理和数字之间的相互作用。

Web 3 的基本理念是平台不控制底层数据，而是让人们拥有他们创建或购买的内容。在元宇宙中，人们可以自由地将虚拟物品移动到他们想要的任何世界中，因为他们的数据（和虚拟物品）存储在去中心化的区块链上，而非依赖于平台的服务。因此，数字虚拟替身和孪生可以按照其拥有者的设计，在元宇宙中自由穿梭。

即穿即赚

时尚行业正在创造面向元宇宙、游戏和社交平台的服装和配饰品牌。每件时尚单品都是一种 NFT，由人们铸造和拥有。一些时尚公司提供免费的数字服装；

而另一些则将其出售，或将其作为营销活动的奖励。

为了帮助传播这些数字时尚品牌、服装和配饰，消费者可以利用"穿着即拥有"（wear-to-own）模式。这意味着，穿戴时尚单品的消费者会被授予所有权作为报酬。

磁力资本（Magnetic Capital）的董事总经理兼红色去中心化自治组织（Red DAO）成员梅根·卡斯帕（Megan Kaspar）详细地解释了这种模式。她强调说："品牌将通过向消费者提供独家商品，或将时尚单品隔空投送至他们的虚拟钱包中，或以可替代通证的形式向他们付款，以此作为他们穿着时尚单品的报酬。"

不出售实体服装的时装品牌

一些时装品牌通过数字服装来激励人们购买实体服装，而另一些则完全不销售实体服装。后者的商业模式是创造、销售和分发数字系列的服装和配饰，例如 The Fabricant、DressX 和 The Dematerialized 等品牌。

奢侈品牌与游戏开发商合作，为玩家提供时尚装扮

正如本书之前所述，游戏世界不再只是简单的解谜、打僵尸或飞行模拟。更为关键的是，它为玩家提供了一个社交场所，让他们与朋友和家人交流互动。

在社交活动中，人们往往希望展现自己身份的各个方面，如社会地位、外貌、兴趣爱好以及对自身的认知。他们会选择代表自己身份的角色，并加入服装和配饰来增强角色的特色。

一些奢侈品牌，如巴黎世家（Balenciaga）与《堡垒之夜》、拉夫·劳伦与《罗布乐思》，法国鳄鱼（Lacoste）与《我的世界》正在利用游戏社交的元素，为各种游戏创造时尚元素。2022 年，古驰（Gucci）与罗布乐思合作创建了古驰小镇（Gucci Town），这是一个虚拟商店，玩家可以在里面为他们的角色购买古驰的配饰。

数字自主品牌

收集服装和运动鞋已经成为人们的一种爱好，而限量版的鞋子更是能够售出数百甚至数千美元的高价。一些高端品牌的鞋子价格甚至可以达到数十万美元。如无意外，这些收藏爱好将以 NFT 的形式在虚拟世界中延续下去。

数字自主品牌正在将数字游戏的美学引入虚拟时尚领域。2021 年 12 月，耐克收购了虚拟鞋业公司（RTFKT，发音为 "artifact"），并与该公司合作推出了 "创世纪加密鞋"（Genesis Cryptokicks）系列，其中包括 2 万个 NFTS。这 2 万个球鞋系列中有 98 个独特设计，这意味着它们将成为备受追捧的收藏品。

除此之外，阿迪达斯还与无聊猿游艇俱乐部合作，制作并发布了 3 万个 NFT 系列，而古驰则将他们设计的服装应用在各种虚拟替身上。

这些创新尝试结合了时尚和艺术，为品牌开拓了与消费者接触和互动的新机会。

虚拟时装秀

往昔百年，各大时装品牌一直在借助时装秀、T 台及其他场馆来展示自己的服装系列。因此，在数字时尚世界中延续这些概念并不足为奇。

时装秀作为时尚产业的重要组成部分，已在虚拟世界中得到了呈现。数字设计师杰里米·斯科特（Jeremy Scott）于 2021 年夏季创作了一系列娃娃大小的服装，并在数字 T 台上展示。普拉达（Prada）于 2021 年的米兰时装周上举办了一场虚拟时装秀。奥利弗·鲁斯廷（Oliver Rousteing）在一场实体时装秀的 T 台上，巧妙地利用巨型电视屏幕展示了自己在 2021 年的设计作品。在 2021 年和 2022 年，还有许多其他主流和新兴的虚拟时装秀和 T 台秀出现，而这一趋势仍将继续发展。

这些时装秀是人们通过欣赏世界各地的时装来获取时尚娱乐的方式。随着元宇宙的实现，更为先进的沉浸式 3D 技术将会进一步推动这一趋势的高速发展。

元宇宙造型师

时尚是塑造个人自我认知以及他人对自己印象的重要因素。人们可以在虚拟的服装、鞋子和配饰商店中发掘最适合自己的造型。元宇宙造型师犹如艺术设计师，他们精通创作数字服装所需的图形工具，因此消费者现在也能够与他们展开合作。

咨询公司科尔尼（Kearney）的合作伙伴迈克尔·菲利斯（Michael Felice）认为："人们在准备进入元宇宙高级社交圈之前会为自己的个人虚拟替身进行专业设计，虽然这种行为像是虚拟虚荣的极致，但实际上并不违背正常逻辑。"

虚拟现实耳机和增强现实眼镜

虚拟现实耳机和增强现实眼镜是通往元宇宙的重要切入点。当然，即使没有这些高科技硬件，也不妨碍我们沉浸在元宇宙的精彩世界中。早期的元宇宙以及它的前身——游戏，依赖于智能手机、移动设备、个人电脑等现有硬件，但新技术已经开始逐步取代这些早期形式。

一旦这项技术推向市场并且价格合理，增强现实眼镜（以及后来的隐形眼镜）将能够使现实生活中的时尚与虚拟世界完美融合。也就是说，当我们戴上增强现实眼镜，我们就能看到有人穿着蛇皮连衣裙；如果没有眼镜，这仅仅是一件普通的衣服而已。这些增强现实的叠加并不受限于物理定律或其他客观规律，因为它们是虚拟图像，可以在真实环境或场景中投射展示，就像几年前推出的《精灵宝可梦Go》游戏——它能够将虚拟的宝可梦角色叠加到现实世界中，因此玩家可以在手机屏幕上看到虚拟和现实的结合。

NFT可以与虚拟对象相关联，而这些对象也能通过增强现实眼镜带入现实世界，例如蛇皮连衣裙。这样一来，我们就能在现实世界中继续享受在虚拟世界中购买和穿戴衣服、配饰的乐趣。

这些技术不仅为个人成为创作者经济体（后文概述）的一部分提供了机遇，也为品牌开辟了新奇刺激的方式，吸引更多人使用其产品和服务。

美国奈安蒂克（Niantic）实验室收购了8号墙（8th Wall），这家初创公司主要销售面向 Web（而不是移动设备）的增强现实开发工具，可实现增强现实体验与地图技术的交互。其目标是让用户更好地了解和跟踪现实世界环境，而无须依赖于苹果增强现实组件（ARKit）等移动应用程序。

这些进步为品牌提供了更多可能性，使之通过使用增强现实技术与消费者建立情感联系、提升客户体验。例如，借助标准网络摄像头，像电子商务店这样的 Web 应用程序可以将用户的图像与产品图像结合，让客户在购买前就能够"试穿"衣服或"试用"化妆品，从而提高购买转化率，减少退货率，并推动数字时尚商业模式的创新。

3D 时尚

在现实世界中，人们以三维方式观察物体和环境，将 3D 技术应用到虚拟世界中可以使数字时尚（以及其他一切）呈现更加真实和立体的效果。同时，这也使人们可以对物体进行缩放、旋转或扭曲，甚至是对电子环境进行一定程度的操控。

对品牌而言，这种方法可以更好地向消费者展示产品的外观和操作方式，提高客户体验并为客户创造更具身临其境感的购物体验。从感性层面上讲，3D 技术处于现实世界和比喻世界的交界点。

不同的切入点

在元宇宙，品牌可以通过以下几种途径进入数字时尚领域：

·品牌可直接在数字市场销售原创服装设计，供用户为虚拟替身采购。

·品牌可以运用 NFT 时装来创造促销活动。

·品牌可以营造自己的虚拟世界，让消费者随时造访，从而创造更加持久的品牌形象。或者，品牌可以在更大的世界中建立一个 3D 空间，类似于在购物中心内开设一家店铺的概念。

整体品牌形象的构成要素

品牌，是他人眼中对企业、产品或个人的印象。然而，我们也必须认识到，品牌是所有互动的综合，而非单一的经历。品牌越能贴近消费者的期望，就越能吸引和留住消费者，从而转化为销售和回头客。

品牌的机制如下：

· 确定品牌的目标。品牌想要实现什么？
· 定义价值主张。
· 创建品牌的视觉呈现（即标识）。
· 将品牌推向大众视野。
· 利用公共关系提高品牌知名度。
· 利用社交媒体和其他手段推广品牌。
· 制作符合消费者阅读、观看或体验兴趣的内容。

时尚的世界建筑

数字时尚不是单单制作 3D 服装或配饰，还会涉及构建世界的范畴。这些世界将产生沉浸式、多感官的体验，通过娱乐或教育来激发人们的兴趣。想象一下，我们可以打造一个计算机生成的购物中心，它拥有独特的外观和氛围，比如植物园或中世纪市场。这种风格会让销售的商品和服务更加容易被人们所接受，也会激发他们参观和再次回访的热情。

数字平台

数字平台创建了一个生态系统，在这个生态系统里，不仅用户社群能够与平台进行互动，用户与用户之间也可以进行互动。社交媒体、红迪网（Reddit）等知识平台、优步（Uber）等服务平台和电子商务是网络平台的 4 种主要类型。

元宇宙数字平台实际上是一个支持创意环境的舞台，它为开发人员提供了创建元宇宙所需的一切资源。微软、罗布乐思和英佩数码等主要公司的投资推动了这些平台的发展，进而为数字时尚的蓬勃发展提供了支撑平台。

数字时尚的意义何在

为何数字时尚如此重要？换句话说，为何有人乐于在虚拟世界中购买并穿着不存在于现实中的服装和配饰呢？从个人的角度来看，数字服装让他们能够表现出自己的数字身份。他们可以穿上具有未来感、神奇的服装或者简单、保守的服装，这取决于他们的心情或参与的活动。这是一种充分表达自我的方式。

企业会寻找有利可图的市场，并跟随个人进入元宇宙；广告商会创建广告牌和标识，利用产品植入赞助虚拟活动；营销人员会围绕着如何利用元宇宙来进行整个营销活动的设计，以提高品牌认知度；企业将在元宇宙中设立商店销售自己的产品；时尚品牌会创建商店，让人们选择和购买服装。

投资者可以（且已经开始）探索寻找投资于元宇宙或 NFT 等元宇宙产品的方式，以赚取收益。

想象一下元宇宙是一个新的开放世界，充满了奇迹和有趣的事物，等待人们去探索、利用和开发。随着元宇宙和数字时尚的不断成熟，人们和企业都会开创出拓展生活和幸福的其他方式。

创作者经济

正如前文所述，实现元宇宙存在两种完全不同的模型 / 思路流派：去中心化和中心化。去中心化模型不依赖（甚至不允许）中央权威的控制，而中心化模型则设想由一个或多个中心化实体控制元宇宙。元宇宙的最终实现很可能是这两种模式的结合，就像今天的互联网一样，它由社交媒体或电子商务网站等集中式平台组成，但是可以通过去中心化的服务访问。

开放的元宇宙鼓励并支持创作者经济。创作者经济是指大量独立创作者通过在线平台分享其内容，并试图从其内容创作中赚取收入。互联网上的内容创作者群体包括博主、视频制作者和作家等。DAZ3D 公司最初为用户提供 3D 艺术家平台，随后成为销售 3D 模型的企业，并且现在也支持 3D NFT 的现代服务。DAZ3D 不断鼓励创造力，创作者在他们的平台上茁壮成长，并获得设计、营销和销售 NFT 所需的所有工具。

元宇宙即服务

随着元宇宙的逐渐完善，企业将会利用元宇宙即服务（metaverse-as-a-service，MaaS）释放它们内在的创造力，例如数字时尚。元宇宙即服务的优势在于，企业无须投资庞大的基础设施来支持它们进入元宇宙。可扩展的平台将通过元宇宙即服务实现更大规模的协作、可扩展性、模拟和 3D 创作。

元宇宙即服务将降低企业进入元宇宙的门槛和成本，从而让创作者经济以前所未有的方式蓬勃发展。

互操作性的挑战

在元宇宙出现之前，将服装、配饰和其他物品从一个世界移动到另一个世界几乎是不可能的。但是现在，由于 NFT 和区块链的标准化格式，我们已经可以跨世界移动数字物品了。随着元宇宙的发展，数字时尚将能够在不同的场景中得到应用，比如电子游戏、图形俱乐部、模拟时装秀，同时也可以在在线商店中进行交易或销售。

数字时尚等产品都是基于区块链技术构建的，因此互操作性可能会成为一种内嵌式特性。任何支持 NFT 和区块链的世界，都必须设计支持物品自由流通的功能，以便元宇宙能够充分发挥其全部潜力。

最重要的是，NFT 和区块链的设计确保数字时尚和其他物品的所有权永远归属于创作者或购买者，且这一原则将得到严格执行。

小　结

随着元宇宙产品的不断增加，创新的动态正在发生重大变化。过去，很多创意都是在物质世界中进行或为物质世界而产生的，因此这些创意受到物质世界的限制。然而，近 10 年来，企业一直致力于通过数字化转型实现增长，最近更是开始拥抱游戏和元宇宙中的 3D 世界。尤其是在新冠疫情期间，隔离促使人们加速数字化进程，开始更多地使用互联网和虚拟世界进行娱乐、教育、获取信息和社交。

面对去全球化和供应链约束等巨大变化，企业和品牌需要承担更多的风险以保持竞争力。这些企业不仅有机会和责任帮助制定标准并获得更大的市场份额，而且还可以在该领域获得先发优势。

元宇宙的核心是提供一个无缝、个性化、丰富表现力的沉浸式体验界面，让用户不需要了解底层技术的复杂性即可享受到这个世界。作为一个开放、去中心化的竞技场，元宇宙的设计赋予用户对其数字身份的控制权，严格执行数字财产权，同时确保有创造力的激励措施。如此一来，数据、互动、关系和行为将能够在元宇宙中得到充分实现。

元宇宙的革命性设计、实施和相关的逼真 3D 渲染将会推动数字孪生等概念被更广泛地接受，一如数字时尚初期的迹象。不同的组织可以轻松地监控历史和实时指标，利用数据对未来事件和概念进行预测、通知和模拟。元宇宙将会创造出比数字时尚更为逼真的模拟环境，为自动驾驶汽车和其他趋势提供理想的场所。设计师和工程师们可以利用实时、真实世界的传感器数据作为模拟输入，共同开发更具创新性的产品，以及对整个生产线进行优化。这些进步将会提高产品质量并加快上市时间周期。

企业必须着眼未来，谋求机遇，妥善平衡自身目标与新技术、新趋势的前景。

当今市场竞争惨烈，未来之势也必将如此，不论公司规模大小，历史悠久或新生，都要敢于冒险。数字时尚只是拥有巨大市场领先机会的领域之一，机遇无处不在。

总有人对新技术持消极态度。20 世纪 90 年代末，仍有人未能预见万维网的价值，令人唏嘘。克利福德·斯托尔（Clifford Stoll）曾在《新闻周刊》（Newsweek）写道："为何本地商场一个下午的业绩高过整个互联网一个月？"同样地，企业与品牌必须克服这种阻力才能开拓新市场。

互联网彻底改变了人与人之间的互动方式，而元宇宙有望将此趋势推向新境界。许多用例仅在元宇宙中才能实现和展现，其发展可能引领人类互动方式的演变，远超我们的想象。

在元宇宙中，注重数字时尚并以人为本是企业获得成功的关键。企业需创造引人入胜的用户体验，吸引并留住消费者。如果元宇宙能充分包容、培养创造力，且从情感和经济层面上造福人类，则将成为理想之境。如果能在元宇宙的发展中时刻谨记这一点，必将帮助人类走向团结和谐的未来。

第 8 章　3D 世界

元宇宙是人类崭新的疆域，现在正是创造新世界、勇闯未知、探寻无限可能的时代。

3D 虚拟世界

"元"源自希腊词汇"meta"，蕴含多重含义，包括"之后"或"之上"。而这两个定义正是元宇宙的真实写照，它是互联网的继承者，汇聚之前所有（或大部分）Web 技术的精华。元宇宙将以前所未有的规模展现出交流和社交互动的能力，超越最具前瞻性的科幻小说作者的想象。作为虚拟世界的巨大集合体，元宇宙将成为人类创造的最强大系统（或多个系统），且必将融入大多数人的日常生活。

每个元宇宙用户都会为这个体验做出独特的贡献。元宇宙的设计注重持久性和沉浸感，这让每一个参与者都可以获得前所未有的存在感和归属感，超越早期技术的局限。当用户离开元宇宙，时间依然在不断流逝，仿佛现实生活中的潮起潮落。元宇宙没有暂停键，将为用户提供更加真实的体验。

整体而言，元宇宙的缔造和壮大得益于贡献者的付出，他们不遗余力地投入了时间和精力。个人、标准组织和企业正不断投资于元宇宙的现在和未来。

构建 3D 世界

元宇宙建立在区块链技术之上，这意味着它是由用户拥有和创建的。由于元宇宙以及其他虚拟世界本身就是自由且去中心化的，所以对于一系列参与其中的公司而言，有一些将会建立自己的"岛屿"或世界，而另一些将致力于互操作性。

这些虚拟世界将是（且已经是）真实的，拥有与现实世界相同的需求和关注点。参与其中的人们会形成社区和文化，这些社区和文化需要秩序和法律（或规则），而不仅仅是技术层面的需求。

不可否认，元宇宙的潜力是巨大的，可能性是无限的。无论是访客、创作者还是游戏玩家，每个人都有机会为整体贡献一份力量。他们可以购买 NFT 资产，购买和开发土地，玩游戏，欣赏艺术作品，或者只是在虚拟花园中漫步。他们不仅可以观察这些事物，还可以创造它们。元宇宙不由坚硬的岩石、玻璃和沥青构成，而是由无限延展性的数字脉冲构成。

在本章中，我们将以一种充满理性和有意义的方式来探索元宇宙的奥秘，以期引起消费者的浓厚兴趣和持续关注。

数字孪生 / 用户虚拟替身

2002 年，挑战咨询公司（Challenge Advisory）为迈克·格里夫斯（Michael Grieves）举办了一场演讲。在这场关于产品生命周期管理的演讲中，"数字孪生"的概念被带入大众视野。这个概念的起源可以追溯到 20 世纪 60 年代美国国家航空航天局（NASA）的太空项目理念。当时，美国国家航空航天局为了匹配宇宙飞船上的系统，创建了一系列重复的系统。阿波罗 13 号（Apollo 13）就是数字孪生应用的一个著名案例，彰显出数字孪生的强大应用和作用。

在虚拟世界中，"数字孪生"是指创建物理对象的数字版本，用于协助产品生命周期管理。西门子数字化工业软件公司（Siemens Digital Industries Software）航空航天及国防工业副总裁戴尔·塔特（Dale Tutt）强调："数字孪生是实体产品或过程的精确虚拟表示。在航空领域中，数字孪生主要用于设计新产品或快速改进现有产品，因为工程团队对产品及其性能有着深入而全面的理解。"

在元宇宙中，数字孪生常常被视为一种极度逼真的虚拟替身。但是，是应该追求完美的逼真度，还是更好地利用虚拟世界的可塑性，创造出更加灵活、奇幻和不真实的形象，这一问题引起了激烈的讨论。据推测，"恐怖谷理论（uncanny valley）①效应"可能是限制人们接受数字孪生和逼真的虚拟替身的一个因素。

"恐怖谷理论效应"是指机器人或屏幕上的人物形象在外观和行为上接近人类，但仍然存在一些微小的不自然之处，这些不自然之处让观众感到不安或不适。观众通常并不会察觉到这一点，但在观看完电影或电子游戏后，他们可能会感到这种效果是错误的或异常的。插图和其他艺术作品也会面临类似的困境——它们可能过于抽象、理想化或逼真化。因此，数字孪生和虚拟替身必须谨慎地把握这条界线，以确保形象不会因此而让消费者感到疏远。

多个平台和企业提供了数字孪生和用户虚拟替身的一系列途径。

偶邦（ObEN）。这家人工智能公司正在开发个人人工智能（PAI），旨在改善虚拟世界中数字交互的体验。他们的 3D 个人人工智能虚拟替身应用程序"中本聪"（Satoshi）被打造成新闻主持人，以介绍区块链和加密货币等主题。

灵魂机器公司（Soul Machines）。这家公司利用人工智能和高清 3D 图形创建了交互式体验。商业领域可以使用该技术创建数字孪生、虚拟替身和实况转播人物，使之可以扮演艺人、教师、客户服务代表等角色。通过使用该技术，数字公民可以为客户提供比目前的聊天机器人更逼真的体验，从而增强品牌形象。

Ready Player Me。这是一个全能跨游戏头像平台。设计师可以在这个平台上创建 3D 角色和虚拟替身，而品牌能够以此实现自己的元宇宙、游戏和其他平台策略。该平台为设计师提供了自由调整肤色、体型、添加服装和配饰等工具。Ready Player Me 致力于打造能够在任何游戏和元宇宙中通用的跨游戏角色。

Off-White。虚拟服装是虚拟替身的必需品。正如前文所述，虚拟时尚为消费者的数字身份增添了一层新的意义。Off-White 的创始人兼首席执行官弗吉尔·阿布洛（Virgil Abloh）是当代最多产的设计师之一，他强调道："我想打造虚拟服装，将实体服装无法呈现的想象力表现出来，让购买者感受到风格的新维度，不受身

---

① 恐怖谷理论是一个关于人类对机器人和非人类物体的感觉的假设，它在 1970 年由日本机器人专家森昌弘提出。根据森昌弘的理论，随着类人物体的拟人程度增加，人类对它的好感度亦随之改变。恐怖谷理论效应就是随着机器人到达"接近人类"程度的时候，人类好感度突然下降的范围。

份、地域或所喜欢的虚拟世界的限制。"

元。2022 年 6 月 17 日，首席执行官马克·扎克伯格（Mark Zuckerberg）宣布，公众将能够从虚拟替身商店购买服装和时尚配饰。他表示，人们可以使用高级虚拟时尚物品来增强虚拟替身的魅力和个性，例如巴黎世家的毛衣或普拉达的钱包。他认为："数字商品将成为在元宇宙中表达自我和推动创意经济的重要方式。我很高兴能够吸引更多品牌进入虚拟现实领域。"

地平线世界（Horizon World）。这是一款社交虚拟现实应用，由元开发。用户可以通过该应用程序自定义他们的虚拟替身，其中包括一个与真实自我相似的数字版本。然而，"由于当前头戴式显示器技术的限制，这些虚拟替身可能不会拥有完整的身体结构，例如缺少腿部跟踪"。Meta 现实实验室副总裁兼即将上任的首席技术官安德鲁·博斯沃思（Andrew Bosworth）对此进行了解释。

Shapify。这是由埃太科三维公司（Artec3D）生产的设备，它可以快速准确地对一个人的整个身体进行多角度扫描，并获取包括姿势和衣服褶皱等最细节的信息。仅需数秒钟即可完成全身扫描。

Veeso 虚拟现实头显。这款头显能够实时扫描一个人的面部，将数据传输到智能手机或其他移动设备上，并将信息传递给虚拟替身。因此，虚拟替身能够准确地再现这个人的面部表情和情感。

设计沉浸式 3D 空间

在过去，创造 3D 对象需要艺术家耗费大量的时间进行烦琐的工作，他们使用 Poser 和 Daz3D 的 Daz Studio 等工具，手动塑造每一个对象的映射、纹理和角色。尽管这个过程仍然由 3D 艺术家来完成，但现在可以使用扫描仪自动创建 3D 地图和纹理，大大简化了操作难度。

使用这些扫描仪，用户可以将实际的物理对象直接传输到元宇宙中。他们使用物体捕捉技术进行扫描，然后使用 3D 建模工具进行必要的编辑和加工。例如，用户可以扫描一本书的 3D 图像，然后编辑该图像来更改标题和封面艺术，再进行纹理和颜色的调整。

不仅如此，业界还采用更为先进的技术，比如激光雷达相机和卫星拍摄。

Quixel 等贴图软件工具可以利用虚幻引擎（unreal engine）和超级扫描（megascans）创建极其逼真的 3D 图像。Adobe Substance 则是一款功能强大的 3D 模型纹理化工具。

创造出外观酷似真实世界的虚拟世界有何意义？它让元宇宙和游戏更真实，让用户感到更加舒适，并提供类似于现实世界的参照体验。例如，在虚拟元宇宙中，照明开关的外观和功能与现实世界的照明开关相同。这种模仿现实物体的术语称为拟物化（skeuomorphism）。随着元宇宙的视觉设计语言的不断演进，视觉词汇也将不断扩充。

从概念层面上来看，将虚拟世界塑造得与现实世界更为相似，能够提供更为引人入胜的沉浸式体验。虚拟世界的设计基于特定的物理定律，比如有些可能遵循重力，而其他一些则可能根据场景的需要具有独特的规则。然而，这种高度的功能性需要庞大的计算能力，为了使其性能更佳，负载必须在云端（即服务器端）和用户设备（即客户端）之间进行合理平衡。尽管如此，元宇宙必须使用去中心化计算技术，以实现根据需求动态平衡负载。

在解决 3D 模拟的复杂性问题上，软件所采用的先进算法能够大大优化性能，减少数据传输量，并适时地将负载分配到不同的计算机和资源上，以尽可能地提高效率。

营造引人入胜的体验

为了营造引人入胜的体验，所有这些努力都是必不可少的。因为如果用户没有参与感，他们就没有动力再次踏足这个世界。要吸引用户，必须随时提供有趣、教育性的内容，激发他们的好奇心，为他们带来欢乐。除了游戏机制外（例如《堡垒之夜》《罗布乐思》《我的世界》等游戏所使用的机制），强大的叙事能力也是必不可少的。

此外，元宇宙的虚拟世界需要以创作者经济为核心设计，以内容、服务和资产创作为基础，提供经济机会。同时，我们还需要建立完善的经济系统，让用户可以买卖、交易、拥有虚拟物品，从而激励大众积极参与。

元宇宙最重要的特点之一是让用户拥有所有权感。而区块链和 NFT 正是依靠这一点，为用户提供了真正的所有权。如果没有所有权感，元宇宙在日常生活中的使用就会失去重要意义。

因此，为了鼓励长期的参与，我们还需要采取其他策略，例如：

· 边玩边赚模式；

· 奖励用户贡献；

· 利用类似游戏的机制实现目标。

元宇宙是去中心化的，永远没有唯一的所有者。不可否认，元、英佩数码、罗布乐思等游戏巨头公司将会拥有和经营庞大的元宇宙世界。此外，元宇宙的成功将依赖于互操作性和去中心化自治组织。元宇宙类似于互联网，没有任何政府或公司能独占所有，尽管其中的特定网站和平台可能隶属于某些政府或公司。

企业已经开始在特定领域利用元宇宙的虚拟世界。埃森哲咨询公司（Accenture）宣布，他们将使用虚拟现实和元宇宙对 15 万名新员工进行培训，还将为客户提供关于战略与操作方面的培训。他们还将利用这项技术来为客户提供策略和操作方面的培训。

麦肯锡（McKinsey）一份近期报告显示，元宇宙具有巨大的潜力。该报告预测，到 2030 年，与元宇宙相关的年度支出可能会超过 5 万亿美元，电子商务方面的支出可能占据 2 万亿到 2.6 万亿美元。值得注意的是，麦肯锡还将这一预测与人工智能的支出进行了比较，它们强调 2021 年人工智能总支出达到了 930 亿美元。

或许虚拟世界最引人注目的一面就是与真实世界的联系。随着元宇宙的逐渐成熟，虚拟与现实之间的界限将变得愈发模糊，这源自增强现实、虚拟现实等沉浸式技术的应用。这一进展无疑将加强虚拟世界的重要性，同时也为用户提供了更多的个性化机会，让他们能够通过自己的视角来审视所处的世界。

虚拟世界中的个性化体验

奥多比提供了多种工具，让虚拟广告购买者可以轻松追踪其在元宇宙中的广告活动表现。在一次采访中，奥多比分析公司（Adobe Analytics）明确指出：虚拟世界必须创造经济价值才能获得成功。因此，公司需要能够为客户提供与元宇宙相关的洞察，就像网络分析（Web Analytics）可以根据访客的兴趣和偏好提供个性化的网站体验一样。

可访问性、隐私性和安全性

根据美国人口普查局（US Census Bureau）的数据，2019 年美国有 4110 万残疾人口。此外，全球更是有数百种（甚至数千种）语言和文化，这对元宇宙提出了更高的要求——必须对全球每一个人敞开大门，没有人会被拒之门外，前提是他们具备访问元宇宙所需的技术设备条件。

虚拟世界的沉浸式体验、3D 图形和多变性，使其成为企业为新客户和新员工提供培训的绝佳场所。而在功能方面，日志匿名化和信息管理框架（framework for log anonymization and information management，FLAIM）系统则提供了一种沉浸式的虚拟现实解决方案，可用于培训社区处理危险和紧急情况。消防员已经在安全的环境下使用该系统学习灭火技术，不再需要冒险现场实践。

数十亿用户将能够在自己选择的设备上享受元宇宙，它将因此成为真正意义上的全渠道体验。无论是在个人电脑、智能手机、平板电脑、个人助理等设备上，还是在虚拟现实和增强现实耳机和面罩等设备上，用户都能够轻松进入虚拟世界。可预见的是，元宇宙的输入设备将支持流畅而强大的语音交互和手势，并将得到标准化。

隐私性、保密性和安全性将成为至关重要的问题。公众将会依赖于元宇宙、区块链和 NFT 等技术，因此他们期望自己的个人信息能被保密，期望他们的环境得到保障。例如，保护儿童免受坏人侵害将会成为最重要的任务之一，这可能需要对虚拟空间进行适度的调节，例如一定程度的父母监管。

连接到元宇宙

许多网红首先会在油管或抖音等特定平台上发展自己的粉丝和受众。但是，他们可能会对这些平台的限制感到沮丧，却又很难（甚至不可能）将他们的内容和社区转移到其他平台上。例如，许多在油管上创作的内容创作者觉得使用不同的平台模式会更好，因此他们创建了一个名为星云（Nebula）的新平台来托管他们的视频。

要吸引这些创作者加入元宇宙，必须提供一种便捷的方式来实现内容的盈利化。只有这样，创作者才有足够的动力克服困难挑战，将自己的内容和观众迁移到新平台。与此同时，元宇宙还必须赢得品牌的信任，成为人们默认使用的平台。

奥多比的首席产品官斯科特·贝尔斯基（Scott Belsky）在一次采访中指出，许多初创公司过度专注于现有用户，而忽略了拓展新用户。他解释道：

> 在产品开发的过程中，应该最先考虑的用户体验往往在接近开发末期才被提起，这样本末倒置的讽刺现象实在让人啼笑皆非。似乎在进入决胜阶段之前，人们才会想起"这条路应该如何铺设，我们应该在其中添什么元素，不如直接使用我们认为合乎逻辑的表单字段吧"。这样草草了事的做法毫无意义。毕竟，第一步的用户体验才是至关重要的。

美国国际商用机器公司董事长兼首席执行官沃赫拉·克里希那（Arvind Krishna）强调："这是一个涉及垂直领域和横向领域的问题。我们相信自己是最适合使用这些技术的公司之一，并将通过咨询团队始终保持行业视角。我们的目标是为所有行业提供横向技术支持。"

小　结

元宇宙是随着各种技术、游戏系统、社交平台和设计等因素相互交融、相互作用而逐渐涌现出来的，形成一个虚拟、引人入胜、实时、持久的环境，有助于改善人们的生活。由于参与的公司和个人众多，任务的规模庞大，且目标尚未完全定义，因此元宇宙的成长不会像单一的增长期那样呈线性发展，而是会在最新的技术、设计、流程和思维出现时出现井喷式和波浪式的增长。

在元宇宙虚拟世界的设计中，去中心化是一个非常重要的概念。因此，在元宇宙中，不存在一个独立的地方供个人访问。相反，元宇宙是连接多个不同虚拟世界的胶水（或珠串），可以实现不同虚拟世界之间的相互协作，为用户和组织提供更好的体验。这些虚拟世界包括游戏、银行、娱乐场所和社交平台，可以为社会和品牌找到全新的沟通、互动、盈利和生活方式。

尤其是，随着硬件和软件成本的降低，人类将完全沉浸在元宇宙中，从而推动数字经济的增长。

元宇宙的虚拟世界必须具备以下功能：

·企业和个人必须能够使用当前的企业技术栈在元宇宙中销售、购买、交易、供应和推销商品。

·商业领域必须能够将产品集成到其现有的架构堆栈中。

·需要具备全方位的客户关系管理（customer relationship management，CRM）视图来评估营销和广告的表现。

至此，我们对元宇宙虚拟世界已经建立了一定的了解。接下来，让我们深入了解支撑元宇宙的基础设施，包括端点、中央系统、网络、软件和人工智能。

第 9 章　基础设施：
端点、中央系统、网络、软件和人工智能

在第二次世界大战期间，同盟国和轴心国采用了模拟计算机系统来编码和解码机密信息，那时候，这些技术可谓是前所未有的创新。战争结束后，人们开始建造更加庞大、更加复杂的计算机系统。这些庞大的机器需要占据大量的机房空间，并配置空调和防污染设备。但是，超级计算机的出现颠覆了人们的想象，更不用说后来的智能手机、互联网、网络和人工智能。即使是那些富有想象力的科幻作家，也只能以最宏观的方式提及这些概念。

时间荏苒，科技经历了多次进化和变革。在每次技术变革之前，即使是"行家"也难以准确预测技术的未来，甚至还会得出完全错误的结论。例如，数字设备公司（Digital Equipment Corporation）的前总裁肯·奥尔森（Ken Olsen）在 1977 年曾经说过："人们没有理由产生在家里摆一台计算机的想法。"

今天的现实已经证明了这种预测的荒谬。时光倒流几代人，我们还在笨重的电视机前通过真空管观看只有四个频道的预编节目。然而令人惊讶的是，如今几乎每个人手中都拥有了一台超级计算机，可以随时随地点播数百万个不同的视频。

在计算机、互联网及其相关应用程序的背后，隐藏着大量支撑企业和个人使用这些技术的细节，但这一切却为大多数人所不知。对于大多数人来说，他们的知识仅限于配置智能手机或拨打电话联系互联网供应商安装有线调制解调器。这些幕后的细节虽然不为大众所知，但其存在的方式正是如此，犹如一座看不见的桥梁。

在本章中，我们将基础设施定义为支撑终端用户和企业计算需求的技术。其

包括终端设备，即移动设备、个人电脑、智能手机；中央系统，即基于云和非云的服务器；网络，即数字用户线路、宽带和其他技术；软件，即操作系统和固件。此外，我们还将人工智能和机器学习技术纳入基础设施的范畴，因为这些技术对于我们探讨元宇宙至关重要。

综　述

我们本章的研究从"端点"开始。端点，即为向用户提供输入/输出服务的设备，无论这些用户是普通用户还是企业。这些端点包括智能手机、笔记本电脑、台式电脑和物联网设备。同时，我们也将增强现实、虚拟现实、混合现实（mixed reality，MR）和扩展现实（extended reality，XR）技术包括在内，因为这些技术对元宇宙的运行至关重要。对于企业来说，端点包括机器人、工业物联网设备、医疗物联网以及其他面向商务的智能设备。

消费者和企业利用各种端点来使用计算技术。此外，在未来，他们还将利用元宇宙来完成特定任务。这是他们了解和体验计算机、虚拟世界、游戏和元宇宙的方式。所有这些设备都以某种方式连接到存储数据和存放应用程序的中央系统中。

我们会将服务器和相关的数据库连接到中央系统中，无论它们是在云中还是在本地。这些后端设备和数据库通常是不可见的，用户一般不会察觉到它们的存在。虽然被称为中央系统，但它也可以是去中心化的，比如区块链和 NFT 的应用场景。为了更清晰地表述，我们可以将后端和端点进行区分。中央系统承担了大部分的工作，可以存储大量数据并托管应用程序。

庞大的网络连接着我们所处的世界。在家庭或企业中，路由器和无线路由器成为连接广袤互联网的媒介。这些路由器能够理解并隐藏用户（或应用程序）向云中、机房中的其他系统发送和接收信息的细节。在分散式系统和应用程序中，这些路由器还可以隐藏所有可能包含数据和资源的地方。

端点、中央系统、数据库，以及互联网、元宇宙、游戏和其他虚拟世界中的一切内容都需要软件和应用程序的支持。具体而言，智能手机上运行的应用程序可以通过网络连接到中央系统，中央系统则执行计算和操作数据库中的数据。这些应用程序运行在端点设备上（如智能手机、智能眼镜、工厂制造机器人）、路由器上（将请求路由到正确的位置）和中央系统上（操作数据并以某种形式返回）。

最终，人工智能和机器学习成为在端点、中央系统和应用程序实现智能（或呈现智能特征）的必要技术。人工智能/机器学习使非玩家角色看起来更像真人，并像真人一样行动。这对于增强现实和虚拟现实的真实感并与人和物体进行交互也是必不可少的。元宇宙离不开人工智能/机器学习的支持。

这个简要综述为我们提供了必要的背景，接下来，我们一起来讨论端点及其在元宇宙中的应用。

端　点

在计算机诞生的早期，像冰箱和洗衣机体积大小的机器占据了整个房间，而且它工作时会发出巨大的震动。由于当时计算机的存储容量只有几千字节（而不是兆字节），因此需要大量的空调来降温，以处理机器产生的大量热量。

"如今，这一切都变得容易得多了，"一位大型零售商的计算机运营主管解释道，"20世纪80年代初，我们还在使用数字设备公司生产的PDP-11/34①机器。每天早上，我们必须在前面的开关板上输入20条机器级别的指令来启动机器。计算机需要从（名副其实的）纸带②中读取引导代码来启动磁盘驱动器。我们通过每秒几十个字符的电传打字机和巨大的电视屏幕访问PDP-11/34。然而，这台只有128千字节内存和10兆字节磁盘空间的机器却同时为一家会计公司运行了100多个作业。"

---

① PDP-11系列计算机的一种，采用16位中央处理器，并且可支持多达256 KB的内存。PDP-11/34在它的时代非常受欢迎，成为大量商业和工业应用的主力计算机之一。

② 用作记录信息的每排有6或8个孔的纸带；其中的一些或全部被打孔以产生密码组合作为分离的密码符号，曾用在电脑、电传机器系统等之中。

在早期，计算机的输入和输出功能非常简单，毫无智能可言。这些计算机通过大型电缆连接到主机系统，数据只能单向传输，要么从输入设备（如电传打字机或键盘）到输出设备（如打印机或电视屏幕），要么反过来。

那个时代，智能手机和移动电话的概念还未问世，互联网和万维网也还未诞生，电子货币还未在科幻小说中出现，图像更是遥不可及，更不用说 3D 图像，甚至个人电脑和游戏机都还没有发明出来。那个时代的科技完全无法与现代的科技同日而语。

科技在不断地演进和变革，而对于普通用户来说，最深刻的变化就是端点的演变。在 20 世纪 80 年代之前，计算机的用户主要是企业、大学、政府和其他组织中的人员。家庭用户还不存在，甚至没有人想象过会有这样一种计算机使用方式。

随着 TRS-80 和后来的 Windows 95 等个人电脑的出现，以及电子游戏机的日益流行，人们的生活方式开始发生深刻的变化。人们希望拥有自己的电脑和视频系统，以及相关的应用程序和游戏。尽管当时互联网和 Web 还未问世，但早期用户已经通过老式旋转拨号电话连接到新的在线服务，如美国在线、计算机在线和 Prodigy 等公告板。尽管连接速度很慢，但终究聊胜于无。

科技发展的车轮继续向前。随着互联网和 Web 的普及，这些烦琐的拨号连接被取代，个人电脑和电子游戏机利用互联网"永远在线"的潜力，发送消息、接收更新和下载图形。

2000 年之后，手机开始大规模进入人们的生活。苹果、安卓和其他智能手机的发明，使全球即时通信成为现实。此外，数字用户线路、宽带、光纤和卫星网络等新技术的发展，大幅提升了连接速度和连接质量。

截至本书撰写之时，电信巨头不遗余力地投资数十亿美元，以推出支持 5G 手机技术所需的基础设施。这一技术标准预计将实现 20 吉比特的峰值和 100+ 兆位的平均数据速率。而更为惊人的是，6C 技术也已经开始研发，并有望在 10 年内实现每秒 800 吉比特的传输速度。

光纤、数字用户线路、宽带、卫星、5G 和 6G 等网络技术所带来的惊人通信速度，催生了智能化、高效化端点的开发与使用。如果没有快速的网络支持（稍后将详细介绍），那么，这些端点对于用户、企业和行业的价值将无法充分发挥。

什么是端点

所谓端点，是指物理上位于网络终端的各种设备，例如智能手机、平板电脑、笔记本电脑、个人电脑、游戏机、个人助理（如亚马逊 Alexa 和谷歌 Home）、物联网设备、医疗物联网设备和制造业物联网设备等。此外，扬声器、虚拟现实头盔、触觉设备、强现实眼镜 / 隐形眼镜和混合现实设备等，也可以被视为端点的一种形式。在本章中，我们将主要探讨中央系统部分的服务器，而服务器本身也可以被视为一种端点类型。

端点或计算设备通过网络（有线或无线）进行通信。例如，如果玩家通过微软 Xbox 360 玩电子游戏时，那么 Xbox 360 主机就是端点。当两个人用智能手机通话时，那么每部手机都可以被视为一个端点。

消费者终端硬件每年都在不断地迭代和发展。新型号配备更强大的电池，拥有更长久的电池寿命和更大的电量储存容量；传感器变得更加小巧，功能更加强大、更加节能；手机的摄像质量不断提高，有些智能手机甚至能够拍摄出比专业设备还要好的照片。随着 5G（以及在未来 10 年即将带来的 6G）的普及，带宽将不再成为限制。

这些技术的进步不仅提高了我们设备的品质，也实现了多样化的交流方式。现在，这些端点变得异常先进，甚至能够支持元宇宙中的所有功能。

端点示例

下面是一些终端设备的例子，我们一起来看看它们如何在元宇宙中发挥作用。

个人电脑（PC）：个人电脑是家庭用户最早使用的设备之一，但现在它们已经被更加便携的平板电脑和智能手机所取代。如今，很多家庭已经不再拥有个人电脑，转而使用平板电脑或智能手机来完成各种任务。不过，个人电脑仍然是定制高性能硬件的游戏主机，更强大的显卡也将使它们成为理想的元宇宙平台。

电子游戏主机：电子游戏主机的历史和个人电脑一样悠久。其内置的图形支持互联网连接，使得这些平台成为元宇宙的理想选择，尤其是随着未来几年更强大的主机推出，它们将成为更加优秀的元宇宙平台。

智能手机：这种袖珍计算机如今已可以完成多项任务，既可以打电话、发短信，也可以玩复杂的电子游戏和管理家庭财务。智能手机配备了一系列感官设备，包括一般至少两个摄像头、扬声器和麦克风。同时，这些智能手机可以通过 4G 和 5G 等高速通信连接互联网，实现无线使用，而且体积小巧轻便，方便随身携带。为了在元宇宙中实现更强大的交互体验，智能手机需要进一步升级并支持虚拟现实、增强现实和扩展现实设备。幸运的是，由于普及程度极高，几乎每个人都拥有一部智能手机，因此它们正成为理想的元宇宙端点。然而，要实现完全无缝的元宇宙交互，至少需要 5G 的速度支持。

平板电脑和其他移动设备：平板电脑和智能手机一样，都是移动设备，只是体积更大。有些平板电脑专门用于特定的用途，比如亚马逊 Kindle 是用于阅读的，而其他的则是通用的。它们通常使用无线网络（Wi-Fi）而不是蜂窝网络（尽管有例外），并且通常不像智能手机一样配备多种传感器。根据用途、型号以及硬件升级，这些设备也许可以支持元宇宙的应用。

个人助理：亚马逊 Alexa 和谷歌 Home 是个人助理的例子。这些虚拟助理设备使用语音命令和扬声器，较新的型号还包括小型电子屏幕。虽然这些设备将来可能连接到元宇宙，但以目前的形式，它们并不支持元宇宙所需的 3D 图形、快速通信和应用程序。

物联网设备：智能灯泡、警报器和插座是消费级物联网设备的代表。然而，传感器和运动检测器等许多智能设备对于消费者来说是不可见的。所有这些设备都通过云端进行信息和命令的接收和传输。例如，智能灯泡可以从元宇宙中进行访问，而智能传感器则可以向元宇宙传输数据。

医疗物联网设备：元宇宙为医疗技术提供了许多可能性，包括利用虚拟世界来对外科医生和其他医疗专业人员进行培训。在未来，利用可穿戴的物联网设备，元宇宙的虚拟医生将可以在不接触患者的情况下对疾病进行诊断。

制造业物联网设备：制造业已经不再是高度专业化的工人站在流水线上给车轮螺栓紧固螺丝的时代了，如今这些任务由自主和半自主机器人执行。制造厂正在朝向完全自动化的方向发展，这为元宇宙带来了新的机会，例如可以在虚拟世界中测试新的设计、新型机器人以及其他设备，甚至可以通过元宇宙来控制现场的制造设施。

这些端点不仅在游戏和虚拟世界的日常生活中发挥着重要作用，在元宇宙中也扮演着不可或缺的角色。此外，实现真正的沉浸式体验和扩展现实还需要其他关键技术（即端点），让我们在下一章节中进一步探讨。

增强现实、虚拟现实、混合现实、扩展现实和全渠道

元宇宙最迷人的特点之一是可以参与部分或完全沉浸式的体验。增强现实、虚拟现实、混合现实、扩展现实和全渠道都是支持这些沉浸式体验的端点（或端点的组件）。这些技术为虚拟世界和元宇宙注入了生命力，创造出真正的沉浸式体验。本节将详细描述这些技术。

为了更好地理解这些技术，我们可以从一条直线开始，将物理现实与完全沉浸式虚拟现实分别放在两端。这就是所谓的虚拟频谱（virtuality spectrum）：一个指代从物理现实到完全虚拟现实的范围。而介于这两个极端之间的区域则被称为混合现实，也被称为现实—虚拟连续体（reality–virtuality continuum）。

增强现实是将虚拟对象或信息融合到真实世界中的技术，而将物理对象融合到虚拟世界中则被称为增强虚拟（augmented virtuality，AV）。通常情况下，人们可能会在观看元宇宙的虚拟屏幕（包含物理对象）时体验到增强虚拟现实的应用。

请查看图 3：

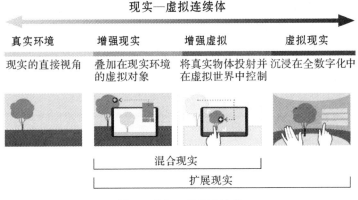

图 3　现实—虚拟连续体

混合现实是增强现实和增强虚拟的融合，扩展现实则是增强现实、增强虚拟和虚拟现实的融合。这些概念将在下文逐一详述。

增强现实

增强现实指将计算机生成的信息叠加到现实世界并增强物体的体验。增强现实发生在实时、三维和交互式的环境下。增强现实不仅仅是图像，还可以包括声音和触觉体验（例如触摸）。

增强现实的历史可以追溯到 1968 年，当时伊万·萨瑟兰（Ivan Sutherland）发明了头戴式显示器。随后，美国空军和 NASA 开始使用增强现实来增强导航体验。1990 年，汤姆·考德尔（Tom Caudell）提出了"增强现实"这一术语。进入 21 世纪，这个概念开始在互联网上应用。宜家家具店开发了一款智能手机应用程序，让消费者可以透过手机屏幕在家中模拟摆放家具。当然，随着 2016 年《精灵宝可梦 Go》的推出，增强现实成了一个家喻户晓的术语。

以下例子都属于增强现实。

色拉布滤镜功能：用户可以在照片中添加各种效果，包括导航辅助、服装和趣图。用户只需要使用智能手机和色拉布应用程序即可享受这些滤镜功能。

《精灵宝可梦 Go》：这是一款在 2016 年发布的应用程序，仅在首个月就获得了 2.07 亿美元的收入，并成为全球下载量最高的应用程序。用户可以通过智能手机屏幕在周围环境中寻找精灵宝可梦。

平视显示器：这些显示器安装在汽车、飞机等交通工具上，在驾驶员或驾驶舱窗口上显示信息，从而帮助导航、玩游戏和执行其他功能。

增强现实技术是依赖于装有摄像头的设备来实现的。这些设备包括智能手机、特殊装配的隐形眼镜、智能眼镜和其他移动设备。当消费者通过屏幕或镜头观看物体时，复杂的软件使用计算机视觉来分析视频流，并适当地叠加计算机生成的图像。

从技术层面上讲，增强现实软件被加载到智能手机、智能眼镜、隐形眼镜等设备上。用户透过这些设备看到真实世界，而当用户观察物体时，与云端相连的增强现实软件会分析视频流，并将相应的图像信息合成到用户视野中，形成自然图像和虚拟图像的结合体。

《精灵宝可梦 Go》这个游戏在显示视图上叠加图像，玩家无须考虑深度、距离和其他的复杂性。色拉布滤镜和其他应用场景则通过识别面部轮廓并依据算法将卡通或动画图像添加到视频流中。类似地，更复杂的增强现实应用程序需要了解前景和背景、景深、视角以及许多物体的运动等概念，例如添加飞过树林的动画小鸟。解决这些更复杂的增强现实场景需要运用人工智能和机器学习的技术。

图像理解这一领域看似简单，因为人类大脑在这方面的表现异常出色。然而需要注意的是，计算机并不天生拥有处理图像的本领。对于计算机而言，图像只是由一串二进制代码①组成的数字信息——理解这些信息的模式才是困难之处。为了解决这个问题，图像通常会被分解成语义、组成部分和 3D 几何图形（进一步分解成各个组件）。例如，在一张图片中，一个人站在一座建筑物前，手持手电筒。3D 几何图形将这张图片分解为人、建筑物和手电筒等不同的部分。而语义则解释了每个部分的含义，从而对整个图像进行理解和解释。

当然，手电筒的几何形状与建筑物的形状截然不同，与人脸或身体的形状也有所不同。更加复杂的是，物体可以分解成多个子物体，例如人的图像由脸部、手臂和腿组成，而这个人可能穿着衣服、戴着珠宝，甚至有文身。人类大脑擅长将复杂的组合图像分解成各个部分，然而，计算机则难以理解图像中的复杂信息，因此计算机科学专门发展出了"计算机视觉"这一完整分支，专门研究如何让计算机理解和处理图像。

更复杂的是，图像只以二维的方式呈现，而在此基础上，计算机必须从中推导出第三个维度，即深度或空间感。再次强调，人类大脑能够迅速地完成这个过程，但这是因为人类大脑已经经历了数亿年的进化。

增加第三个维度非常重要，因为增强现实必须在图像到达人眼之前将对象叠加到图像中。这个操作的复杂性不言而喻。假设一个人戴上增强现实眼镜或隐形眼镜来观察世界。这些观察设备接收到一个瞬间的两幅图像——一个来自左眼，一个来自右眼，就像没有增强现实一样。两幅图像都必须被迅速分析和理解，然后在不到一秒的时间内，在合适的位置合成两个原始图像的新图像。包含叠加元

---

① 二进制代码表示两个基本符号或数字，即 1 和 0。

素的新图像随后被发送到人眼中。

这个过程必须借助一些专门的技术。

深度感应摄像头：增强现实需要摄像头（普通眼镜和隐形眼镜则需要两个摄像头）来记录视觉信息，然后确定焦点（通常是物体）的距离和角度，并对视图中的其他物体进行相同处理。

注册工具：基于硬件的传感器和加速度传感器，有助于增强现实了解空间的几何形状，以确保将图像放置在正确的位置上。

计算机视觉：正如前文所述，复杂的机器学习和人工智能算法对于分解视图中的图像并理解其中含义是必不可少的。

输出：显而易见，展示合成图像是增强现实技术不可或缺的一环。如果是增强现实眼镜和隐形眼镜，合成图像会显示在镜片上；如果是智能手机，合成图像会显示在设备屏幕上；如果是个人电脑，合成图像会显示在电脑屏幕上。

人工现实有不同的类型，每种类型都有其特定的目的。

基于标记的增强现实：这种形式的增强现实使用标记（例如二维码、logo 或艺术品）来确定叠加增强现实对象的位置。

无标记的增强现实：这种形式的增强现实是将图像直接叠加到视图中，不需要使用标记。例如，家得宝（Home Depot）的应用程序允许消费者将商品叠加到家中房间的视图中，商品只需要简单地叠加在屏幕上即可。另一个典型的无标记增强现实应用场景是《精灵宝可梦 Go》。

无标记的增强现实包括以下几种类型。

基于位置的增强现实：旅游行业使用基于位置的增强现实，它利用全球观测系统（GOS）根据物理位置将景点叠加到视图上。这种增强现实类型在地图应用程序中非常有用，可以在地图上下文中放置适当的图像。例如，大峡谷国家公园（Grand Canyon National Park）的旅游应用程序可以叠加指示徒步路线的箭头或描述观光主题的标志。

投影式增强现实：这种增强现实类型通常用于培训应用程序中。它可以让人们自由移动物体，并从各个角度观察它们。

叠加式增强现实：这种增强现实形式可以对视图中的一个或多个对象进行完全或部分替换。这种技术被广泛应用于社交媒体滤镜，例如脸书和照片墙。

轮廓式增强现实（又称基于目标轮廓的增强现实）：这种增强现实类型通常在汽车导航系统中使用。通过轮廓化视图区域，黑暗中的这些区域更容易被看到，从而给观察者提供更好的视觉效果。

除了智能手机、平板电脑和其他移动设备上的屏幕外，其他支持增强现实的设备包括以下几种。

智能隐形眼镜：借助微型液晶显示器和电子元件，增强现实隐形眼镜得以实现。这些眼镜能够向佩戴者添加图像、导航信息和其他数据，且仅有佩戴者才能看到。目前美国的 Mojo Lens 已经成功开发出这种隐形眼镜技术。

智能眼镜：这些眼镜可以在镜头视图中添加图像、视频和信息，并且能够通过联网的个人电脑或智能手机发送和接收信息。

引擎盖：这些引擎盖覆盖整个顶部，利用增强现实技术在其窗口显示图像、视频和信息。这种引擎盖在制造业和商业领域中有着广泛的应用。

增强现实技术在元宇宙内部和外部都有着广泛的应用。但是，要想真正获得沉浸式的体验，我们还需要考虑虚拟现实技术。

虚拟现实

增强现实技术能够在物理现实中叠加图像和信息，而虚拟现实则将人带入虚拟世界中。虚拟现实创造了模拟环境，让用户的感官得到了全面的体验。看过电影《头号玩家》（*Ready Player One*）或《失控玩家》（*Free Guy*）的观众对虚拟现实的运用应该不会陌生。大多数电子游戏使用虚拟现实技术创造游戏世界，让玩家在其中漫游、解决谜题、猎杀怪物并购买游戏道具。

虚拟现实的概念最早源于 1935 年斯坦利·温鲍姆（Stanley Weinbaum）创作的小说《皮格马利翁的眼镜》（*Pygmalion's Spectacles*）。在这个科幻故事中，一个角色使用一副眼镜进入一个虚构的世界。这副眼镜给予佩戴者完全沉浸式的体验。

第一个"真正的"虚拟现实设备由莫顿·海利格（Morton Heilig）于 1962 年申请专利。这个设备被称为传感影院（sensorama），是一种可以容纳四个人的大型展台，可以模拟 3D 视觉、声音、震动、气味和风等多种感觉。

1966 年，军事工程师托马斯·弗内斯（Thomas Furness）发明了第一台飞行模拟器。1969 年，迈伦·克鲁格（Myron Krueger）开始使用连接到视频系统的计算机创建增强现实体验。随后在 1975 年，他创建了名为"影像场地"（Videoplace）的交互式虚拟现实平台，该平台使用了一间黑暗的房间和环绕观众的大型视频屏幕。

1980 年，立体图像公司（Stereo Graphics）发明了立体视觉眼镜。1985 年，杰伦·拉尼尔（Jaron Lanier）和托马斯·齐默尔曼（Thomas Zimmerman）创立了 VPL 研究公司（VPL Research, Inc.），开始销售虚拟现实眼镜和手套。1989 年，由斯科特·福斯特（Scott Foster）创立的水晶河工程公司（Crystal River Engineering）为宇航员开发了虚拟现实培训，其内容除了图像外，还包括 3D 音频。此外，NASA 科学家安东尼奥·梅迪纳（Antonio Medina）开发了一项计算机模拟遥操作（Computer Simulated Teleoperation）技术，旨在协助地球上的探测器驾驶员操作火星探测器，这是虚拟现实技术在太空探索应用程序方面的另一个示例。

2010 年，帕尔默·拉奇（Palmer Luckey）发明了奥克卢斯头戴式显示器（Oculus Rift）的原型，该产品拥有全新的 90 度视野功能。他随后在众筹网站 Kickstarter 上筹集了 240 万美元用于进一步发展和实施这项技术。2014 年，脸书以 20 亿美元的高价收购了奥克卢斯虚拟现实（Oculus VR）公司。

2016 年，虚拟现实产品的市场竞争逐渐变得激烈，100 多家公司加入相关产品的研发领域，其中包括谷歌、苹果、亚马逊和微软等知名企业。

据报道，2019 年连接到蒸汽（Steam）游戏平台的虚拟现实头盔数量首次超过了 100 万台。2020 年，奥克卢斯推出了探索系列虚拟现实头盔 2 代（Oculus Quest 2），并已经卖出了数百万台。

虚拟现实已经在许多电影中得到了广泛应用，包括《头号玩家》和《失控玩家》。这两部电影是沉浸式体验和虚拟现实技术在未来应用的显著例子。

虚拟现实包括 3 种类型。

非沉浸式：目前，人部分虚拟现实技术都属于非沉浸式，即用户通常会在屏幕上观看虚拟环境，不会完全沉浸其中，就像观看电影一样。

半沉浸式：半沉浸式的虚拟现实技术通常用于飞行模拟器和灾难训练程序中，使用投影仪和显示屏来环绕用户。物理设备可以模拟运动，例如：抬起飞行模拟器的一侧，让它看起来像一架飞机在转弯；或者将主题公园游乐设施的前端抬高到空中，让人感觉像在爬升一样。

完全沉浸式：完全沉浸式的虚拟现实技术通常出现在电影中，例如《黑客帝国》、《失控玩家》和《头号玩家》。用户完全沉浸在其中，感觉就像置身于虚拟世界中。触觉手套和全身套装可以模拟触感，护目镜和耳机可以模拟视觉和声音。未来的发展甚至可能模拟其他感官，如味觉、嗅觉和运动。

虚拟技术的实现方式

虚拟现实技术是如何实现的？它如何将人置于一个或多或少显得真实的虚拟世界中？虚拟现实头戴设备（即护目镜）、耳机、手势跟踪、跑步机和其他设备可以让大脑认为虚拟世界是真实的。模拟的感官越多，幻觉看起来就越真实。但如果要让用户完全沉浸在虚拟世界中并有真实的感受，虚拟现实需要具有可信性、交互性和沉浸性。

用户还必须能够探索和体验虚拟世界。这一切都是通过使用实时计算机生成的 3D 图形、高质量的声音，并模拟尽可能多的其他感官来完成的。

良好的虚拟现实体验必须具备以下元素。

声音：如果没有高质量的声音，虚拟现实就无法发挥真正的作用。单声道甚至立体声都无法满足需求。相反，这需要的是空间音频——即能够实时同步虚拟世界中的视觉图像的声音，从而创造出身临其境的音频体验。

头部和眼动跟踪：如果虚拟现实是静态的，那就没有任何意义。在许多方面，跟踪用户头部和眼睛的运动对于创造沉浸式体验至关重要。用户在虚拟世界中移动时，视角也会随之改变。这是通过使用 LED 灯、激光笔和立体 3D 图像的传感器实现的。用户的左眼和右眼在虚拟现实环境中看到的图像虽然是相同的，但由于视角的差异，它们呈现出不同的透视效果。这种透视差异创造出深度感，使虚拟世界变得更加逼真和立体化。

截至 2022 年，三星 Gear VR、奥克卢斯 Go 系列（Oculus Go）和谷歌白日梦硬件产品（Daydream View）等移动虚拟现实头戴设备只能进行旋转跟踪，即只能跟踪用户头部的运动，而不能跟踪身体的运动。未来的发展将集中在完善身体运动的跟踪，以创造更加沉浸式的虚拟体验。

视野：人类的视野范围通常能到头部周围大约 200 到 220 度，而右眼和左眼之间有重叠部分[①]。虚拟现实开发主要集中在两眼重叠的区域内，目前是在大约 114 度的范围内。未来虚拟现实设备的视野范围有望扩大到 180 度，并最终达到人体可以实现的 220 度。

帧率：帧率是指连续图像的显示或捕捉频率。在电影行业中，标准的帧率通常为每秒 24 帧（fps），帕尔制（PAL）的帧率为每秒 25 帧，而国家电视系统委员会（National Television System Committee，NTSC）电视格式则为 30 帧。有些电影会采用更高的帧率，例如《霍比特人》（The Hobbit）就是以每秒 48 帧的帧率拍摄的。对于虚拟现实而言，为了实现更加真实的效果，帧率应该至少达到每秒 30 帧。有些人认为，每秒 120 帧的帧率会导致少许副作用，例如失真、头痛和恶心。

分辨率：这是指显示设备可以显示的像素数量。通常情况下，横向显示器的分辨率为 1920×1080 像素。虽然在小屏幕设备（例如 3 到 4 英寸的移动设备）上，人可以使用更少的像素，但是较低的分辨率会导致所谓的"屏蔽门效应"（screen door effect），也就是在观看图像时会产生一种像是透过网格门看到图像的效果。

头戴式设备

虚拟现实头戴式设备在市场中的受欢迎程度和技术精细度都越来越高。这类设备通过陀螺仪和加速计等传感器对佩戴者的头部运动进行跟踪，并且有些设备还配备了眼动追踪传感器，可以了解佩戴者的视线焦点。

其中，最为明显的组成部分是透镜和屏幕——每只眼睛均配备一只透镜和一个屏幕。虚拟现实头戴式设备通过每个透镜发送不同的图像，并结合位置跟踪技术，从而能够了解佩戴者的位置信息，并最终在屏幕上展现出最适合该位置的数据。

许多虚拟现实头戴式设备还附带了两个手持握柄、摇杆和最近上市的触觉控制器等控制器，这些设备可以模拟真实的触摸灵敏度。

目前市面上的虚拟现实头戴式设备主要有以下几种。

---

① 这个重叠的区域是立体视觉的来源，也是我们感知深度和距离的关键。

谷歌眼镜（Google Glass）：谷歌于 2014 年 4 月开始销售谷歌眼镜的原型，并于 2014 年 5 月面向公众销售，但在 2015 年 1 月停产。2017 年，谷歌发布了谷歌眼镜企业版，而 2019 年又发布了谷歌眼镜企业版 2。这些眼镜不是使用普通镜片，而是采用了平视显示器。谷歌推出了处方版和非处方版本。

魔法飞跃（Magic Leap）：这是一款专为企业设计的沉浸式增强现实头戴设备，它拥有 70 度的视野和耳机。

奥克卢斯：这是一款虚拟现实头戴设备，每只眼睛支持 1832×1920 像素的高分辨率，并内置耳机。此外，该设备还搭配两个手持握柄，一个握柄对应一只手。

三星 Gear VR：这款虚拟现实头戴式设备附带了一个控制器，可以与用户智能手机上的奥克卢斯应用程序配对。用户可以将自己的智能手机插入其中，作为设备的显示器和音频来源。

苹果虚拟现实头戴式设备：这款设备支持混合现实（即增强现实与虚拟现实的叠加），可以配备处方镜片，屏幕分辨率为 2160×2160 像素。

挑　战

虚拟现实也面临了一些挑战，例如：

·所有虚拟现实设备的视野都比现实生活中小得多。

·虚拟现实在游戏以外的应用场景相对有限，这使得消费者难以理解虚拟现实设备的真正价值，也让他们对花费成千上万美元购买头戴式设备持观望态度。

·头戴式设备有些沉重，佩戴时可能会有些社交尴尬。

·新技术的开发成本很高。

·供应链问题限制了设备的生产和开发。

未　来

最近，《自然科学报告》（*Nature Scientific Reports*）报道了一项研究，描述了一种名为 Isness-D 的虚拟现实体验，它可以同时让 4～5 个用户产生超然感。这是虚拟现实沉浸式体验的一个典型例子。通过虚拟现实聚集在同一空间，每个小组成员都可以体验"能量聚合"。实际上，这种体验重叠了他们的虚拟身体，给每个人带来了一种深度联系和自我消解[①]的感觉。

自我超越的体验可以消解一个人的自我定义，打破自我、他人和环境之间的界限，创造出一种与他人或环境融为一体的感觉。Isness-D 的设计者大卫·格洛维奇（David Glowicki）将目光投向了量子力学，因为在量子力学中，"物质和能量的定义开始变得模糊"。这项研究对 75 名参与者的情绪反应进行了测量，发现他们的反应强度与迷幻药研究中使用的 4 个指标（MEQ30[②]）的强度相匹配。

这为未来沉浸式虚拟现实和增强现实体验的发展提供了早期的指向。

混合现实

增强现实技术可以将图像、视频和其他信息叠加到现实世界的显示器上，例如普通眼镜、隐形眼镜和智能手机。虚拟现实则能让人们沉浸在一个模拟的环境中。而混合现实则将现实世界和虚拟世界结合起来，打造出一个和谐的整体体验。

扩展现实

虚拟现实、混合现实和增强现实技术都属于扩展现实的子集。实际上，那些使用增强现实普通眼镜或隐形眼镜的人以及沉浸在虚拟现实游戏中的人都在使用扩展现实技术。

以下都是扩展线设备的例子。

微软全息透镜（microsoft holoLens）：这是一款采用全息技术的设备，由环绕头部的护目镜组成，符合人体工程学，无须固定，且不需要连接其他设备即可独立运行。它可为佩戴者提供全息数据的增强现实体验，适用于个人和商业应用。

然而，与人类眼睛约 210 度的平均视野相比，全息透镜的视角只有 52 度，这限制了其实用性。未来的发展需要其具备更广阔的视野覆盖范围。另外，处理

---

① 自我消解是一种身份认同的消解，指的是一个人对自己身份、人格或意识的感知变得模糊或消失，通常是在一些超越自我的体验中出现。

② MEQ30 是一种用于研究迷幻药物使用的心理学问卷。它包含 30 个问题，用于评估迷幻药物使用对个体情绪、心理和认知状态的影响，包括体验的强度、正性情绪、情感变化、感知变化等。

器和电池等部件也需要更小更轻。

谷歌星际计划（Google Project Starline）：这是一个旨在提高视频会话逼真度的展示间。该系统由位于不同地理位置的两个展示间组成。用户坐在其中一个展示间中，与位于另一个展示间中的一人或多人交谈。对于所有参与者来说，他们似乎在同一房间里坐在桌子旁交谈。

这款产品使用基于织物的多维光场显示技术和空间音频扬声器，因此具有出色的真实感。

全渠道

全渠道（omnichannel）是营销和广告领域中的一个流行术语，它可以让消费者享受无缝的客户体验。举个例子来说，假设一个消费者走进实体店浏览商品，店员可以查询相关信息并帮助消费者。之后，消费者可以使用智能手机访问该店的网站，将在店内浏览的商品加入购物车。之后，她可以在家中的电脑上完成购买并选择送货到家。商品发货后，她可以使用智能手机查看包裹的运输进度，还可以申请退货。

相比之下，多渠道描述的是品牌营销的一种方法，鼓励消费者使用他们选择的渠道（例如网络、目录、电子邮件、实体店）来接触品牌。全渠道发展自多渠道，将所有渠道融合成一种个性化、有凝聚力的客户体验。

在元宇宙中，全渠道体验将通过广泛且复杂的元宇宙基础设施实现，与现实世界中的品牌营销相似。假设同一消费者在虚拟商店购买了一双虚拟鞋子。稍后在现实世界中，她访问该鞋店的网站，将那双鞋子添加到购物车并下单购买。除了虚拟鞋子之外，她可以在 NFT 中添加选项，在订单中添加一双相同的实体鞋。这样一来，她可以在元宇宙中穿着虚拟鞋，同时追踪实体鞋子送货到家的情况。

全渠道实现了虚拟世界和物理世界的无缝融合，让它们看起来就像是在同一世界中。通过使用增强现实，虚拟物体可以出现在现实世界中，让人们"看到"和"听到"它们。例如，可以购买一个虚拟的宠物来抚慰自己，主人可以通过智能隐形眼镜看到它。这只"狗"会像一只真正的狗一样行动，除了它不是真实的，它会通过增强现实在现实世界中"存在"，并且以虚拟动物的形式在虚拟世界中存在。

先进（新兴）技术

我们已经研究了许多消费者和企业用于访问互联网、游戏、虚拟世界和元宇宙的终端。现在，让我们看看一些仍在发展的技术，它们将推动更多的虚拟世界应用。

智能服装

曾经看过现代科幻电影的读者可能还记得一些场景，包括可以改变颜色或形状的服装或配饰。例如，在电影《致命紫罗兰》（*Ultraviolet*）中，主角紫罗兰（Violet）可以通过指令改变头发和衣服的颜色。《全面回忆》（*Total Recall*）的翻拍版中，一位接待员通过针状装置触摸指甲来改变其颜色。而在电影《回到未来》（*Back to the Future*）中，马蒂·麦克弗莱（Marty McFly）穿着一双能够自动系鞋带的鞋子。

这些都是智能服装和配饰的例子，而这些技术正在变成现实。2021年，研究人员创造了一种类似链甲的材料，可以通过指令调节其硬度。2016年，科学家发明了自洁服装。2021年，麻省理工学院的工程师创造了可编程光纤，支持在服装内部储存数据。

智能服装中的传感器可以监测人体睡眠时的身体运动、心率和血压等信息。此外，服装还可以安装额外的传感器和LED灯。智能服装可以通过互联网进行通信，将其功能扩展到元宇宙中。

触觉设备

为了让用户在虚拟环境中感受触觉，人们正不遗余力地推进触觉设备的研发。例如：装配有传感器的手套可以使用户感受到手中物体的重量；触觉衣可以扩展到身体的各个部位，让用户体验到如拳击、拍撞等真实的感觉。

南加州大学的计算机科学家希瑟·卡伯特森（Heather Culbertson）深入剖析：

过去的触觉技术更多地用于增强用户对某些信息的感知，例如手机的震动或游戏手柄的震动反馈。但现在，触觉设备正朝着更加自然的方向不断进化，以模拟天然材料和自然交互的感觉。

触觉设备可以分为三类：抓握、佩戴和触摸。抓握是指使用触觉设备来抓住物品，例如使用操纵杆或其他控制装置。手套可以发送和接收来自虚拟世界的触感，而现代触摸屏也可以实现触摸。

这些设备可以让用户感受虚拟世界中的触感，并以此触发虚拟世界中的动作。

面部映射

现代智能手机和其他设备搭载了功能强大的摄像头和传感器，这些设备可以协同工作，使用面部映射技术跟踪用户或玩家脸上数以万计的精细点，实时了解人脸的形状和运动。利用这些形状和动作，软件可以将其应用于游戏中，显示玩家虚拟替身的面部形状和动作。此外，这些数据也可被用于情感识别软件，帮助软件了解用户的情绪。

使用人脸映射应用程序，用户不需要解释他们的情绪，也不需要使用操纵杆或键盘命令来移动他们的头和脸。人脸映射应用程序可以完成这项工作，因此，用户的虚拟替身可以准确地反映他们在现实世界中的面部和面部表情。

苹果的对象捕捉功能

苹果的对象捕捉功能（Apple object capture）是一项先进的技术，它可以让人们使用苹果手机快速扫描物理对象并创建它们的虚拟表示。一旦扫描完成，这些对象就可被用于游戏、虚拟世界、元宇宙等领域，以及 NFT 的制作。

苹果 11（iPhone 11）和苹果 12（iPhone 12）等现代智能手机使用超宽频芯片每秒发射 5 亿次雷达脉冲，因此能够捕捉家庭、办公室、街道等物体轮廓以及其他需要进行映射和理解的对象。对象捕捉功能可被用于快速创建自己的房屋和财产的虚拟表示。

结　论

　　访问元宇宙的道路上，端点是一个重要的环节。端点是用户所看到和使用的界面。现今的智能手机和智能手表在未来很可能成为主要的端点，但它们需要拥有更快速的 5G 或 6G 网络（请参考本章后文关于网络的部分）、更强大的处理器、更大的内存和存储空间，以及其他尖端科技来完全地支持虚拟世界。进一步地，假设现有技术能够不断突破，智能手机可以与隐形眼镜或普通眼镜以及触觉手套结合，那么这款设备将成为连接到元宇宙的理想端点。

　　虽然去中心化、云和非云系统在提供服务的方式上存在不同，但如果缺乏中央系统所提供的服务，那么端点将无法操作。下一节将详细介绍这些中央系统。

中央系统（去中心化、基于云和非云）

　　在本节中，我们将探讨中央系统的概念。中央系统被定义为一种代表端点完成任务的计算资源。当用户参与多人游戏时，他们与客户端（如游戏主机、个人电脑或智能手机）进行交互，而后端（即中央系统）则对用户不可见。其主要功能是存储数据、路由客户端之间的通信并为客户端提供资源。当然，也可以通过端点来实现这些目的。本节将对此进行评估。

发展历程

　　最初，计算机是庞大而笨重的机器，充满了动态部件和手工接线的组件。它们的价格和运营成本都非常高昂，需要放置在恒温恒湿的房间内，耗电极大，并且必须与其他计算机隔离开来。

　　到了 20 世纪 70 年代末期，一个 10MB 硬盘驱动器的体积相当于一台洗衣机的大小，重量有几百磅。驱动器本身非常嘈杂，需要洁净的空气，因为磁盘上的任何灰尘都可能导致磁盘故障。不仅是磁盘庞大而笨重——128KB 的内存需要一个冰箱大小的柜子，而且 CPU 还需要另一个柜子。

那时，应用程序的运行只能依靠大型主机和小型计算机，由于个人电脑还未诞生，因此电视屏幕和打字机成为常用的输出设备，而穿孔卡片、纸带、磁带和键盘等设备则是输入信息的主要手段。半个世纪后，个人电脑、游戏机、智能手机和微软 Alexa 等个人助理才逐渐普及。

随着科技的不断发展，零部件的体积变得越来越小，结构变得更加坚固，同时智能化的终端产品（详见本章前面章节）也不断涌现。其中，个人电脑（以及后来的游戏机）的问世无疑是最具有革命性的一步。这一创新不仅为家庭用户提供了更为便捷的计算能力，更重要的是，个人电脑将前端用户体验转移到了客户端，而应用程序的主要运算则仍然在服务器上进行。由此，一个全新的计算模型应运而生：客户端 / 服务器模型。

如何使用服务器

服务器有几种不同的使用模式。

独立式，是指客户端能够在不需要服务器的情况下完成所有任务。只要其他模型正确编码，就算网络不可用，它们也可以独立运行。

厚客户端（thick client）[①]，是指应用程序完全在个人电脑上运行（即客户端），但仍可以与一个或多个服务器通信以发送和接收数据。

瘦客户端（thin client）[②]。最常见的瘦客户端应用程序示例是在 Web 浏览器中运行的应用程序，如谷歌应用（Google Apps）。在瘦客户端模型中，浏览器中的客户端只包含与服务器上运行的主应用程序进行接口交互所必需的最小化代码。

软件即服务（software as a service，SaaS）。这是瘦客户端模型的一个子集，

---

① 装有硬盘的计算机，与在中央服务器上完成所有功能的计算机形成对照。这种模式通常用于需要处理大量数据或具有复杂功能的应用程序，因为它们可以利用本地计算机的处理能力，而不必依赖于服务器的处理能力。

② 在中央服务器上完成大多数功能的网络计算机。

应用程序（软件）在浏览器中运行，但所有工作都在服务器上执行。这种模型对于商业应用非常有用。

分布式。在纯分布式模型中，客户端包含执行任务所需的所有内容，并且仅与一个或多个服务器通信以获取和接收信息。

混合型。这种模型包括瘦客户端和厚客户端的特性。例如，微软办公软件（Microsoft Office）等应用程序可以在浏览器中完全运行，也可以下载到计算机上的客户端运行。

去中心化。在去中心化的计算模型中，计算资源不再集中在单一的中央服务器上，而是分布在网络上的各个客户端。在这种模型下，一个应用程序可能需要在不同的地方请求计算资源，例如，向游戏服务器请求一部分计算，再向一个人的个人电脑请求另一部分计算，然后再向另一个人的个人电脑请求更多的计算资源。

当然，应用程序可以根据需要灵活选择不同的模型。同一应用程序可以在不同情况下使用不同的模型，比如在游戏服务器可用时使用厚客户端模型，而在网络资源充足时使用去中心化模型。

无论是安装在智能手机、笔记本电脑、平板电脑、个人助理还是其他端点上的应用程序，都可以使用这些操作模型中的一个或多个。元宇宙可以利用这些模型的全部或组合。

数据库

互联网、Web 和元宇宙的基石无疑是数据（即信息）。如果没有这些数据，即使这些先进技术存在，也将无从施展。每个人一生都离不开数据，甚至在互联网和计算机诞生之前也如此。我们的生日、当前的时间或地图的坐标，这种种信息都属于数据的范畴。虽然这些孤立的数据并不一定需要计算机或技术，但正是计算机、互联网（以及后来的元宇宙）让我们能够以更具创意、更复杂的方式运用这些数据，同时实现了比以往任何时候都更为快速、高效的数据传输。

技术的最大优点在于，它可以帮助我们从数据集中中识别出模式。通过解释这些模式，我们可以深入理解数据的含义。通过应用人工智能、机器学习和计算机视觉技术对数据进行分析，我们可以发现数据中隐藏的规律，并基于这些规律采取相应的行动。

数据存储在数据库中，而数据库是存储在计算机文件中的数据集合。出于性能和安全原因，数据库通常会存储在专用服务器上。社交媒体平台通常每天存储数百万千兆字节的数据，游戏系统存储相当数量的信息。元宇宙在完全实现后将能够存储更多的数据。

数据库中存储着两类数据：结构化数据和非结构化数据。结构化数据以规范格式存储，符合特定数据模型，其内容以清晰可辨的顺序展示，令单项记录的访问变得游刃有余。但非结构化数据则恰恰相反，不按行列规律存储。视频、图像、音频等都是非结构化数据的代表。这两种数据形态伴随着计算机时代的来临而诞生。然而，对于计算机而言，非结构化数据的内容与语境相较结构化数据更加深奥难懂。如果不是简单的图像（图像是非结构化数据），那么识别与理解任何物件及其语境都离不开人工智能的帮助。

2020年初，全球存储的数据总量达到了44泽字节（或1万亿太字节）。这意味着，全球存储的字节数已经超过了宇宙中可观测到的恒星数量。预计到2025年，全球每天存储的数据量将达到1200千万亿字节。在线游戏和元宇宙有望进一步推动数据的巨幅增长。

当然，所有这些数据都需要进行管理、分析和访问。数据湖①是一个中央存储库，用于存储结构化和非结构化数据。它可以保持数据的原始格式，而不需要进行修改以适应特定的结构。这些数据具有多种用途，包括应用于硬件（如仪表板）、分析以及人工智能和机器学习领域。使用数据湖的主要目的是从储存的数据中获取价值。数据湖非常适合保存来自物联网设备、社交媒体和Web应用程序的信息。

数据库可以采用集中式或去中心化的架构进行部署。集中式架构通常会在一台服务器或·组服务器上提供数据库服务，而在去中心化架构中，数据会存储在多台计算机上。集中式数据库通常具有更快的性能和更高的安全性（因为它们的基础设施更具独立性且更容易控制），而去中心化数据库则更具有可扩展性。

---

① 指使用原始格式存储数据的系统。

云

随着网络速度的提升，云计算在 21 世纪初迅速崛起，并成为一种新型的计算模式。云计算指的是位于一个或多个中心位置的服务器，这些服务器可以通过互联网访问，并托管应用程序和数据库。反过来，这些应用程序和数据库又可以被世界各地的客户端使用。

在元宇宙中，云计算的主要优势之一是它可以"按需"分配资源，包括磁盘空间、计算能力和内存等。这意味着云可以根据需要动态分配资源，而不必提前分配。例如，当游戏或元宇宙的使用率较低时，云可以将资源分配给其他应用程序，而在高峰期，云可以扩展其计算和存储资源来满足更多的用户需求。企业无须提前购买足够的计算能力来满足最大负载。

为了更好地支持元宇宙的发展，可能会出现专门为元宇宙而设的云计算服务。这些服务提供商可以使用高性能图形处理单元（GPU）等专门为元宇宙操作进行优化的硬件和应用程序。

量子计算

近年来，量子计算作为一种快速发展的技术正引起越来越多的关注，它利用量子力学原理来解决传统计算机难以处理的复杂问题。相比最快的传统计算机，量子计算机在处理某些问题时的速度可以快几个数量级。整体而言，它为元宇宙的进化注入了令人振奋的活力。

由于量子计算机的特性，它们非常适合处理高度复杂的问题，比如在多维空间中进行计算，这是传统计算机难以完成的任务。因为元宇宙需要大量的计算和模拟，因此可以利用量子计算的强大功能来支持这种需求。

此外，量子计算机支持一种称为量子随机性的概念。在传统计算机中，真正的随机数是不可能的，因为它们是通过各种算法模拟的。但是，量子随机数是真正随机的，这有助于确保人们无法预测结果，防止不道德的系统使用。

除此之外，量子计算机还引入了一种全新的概念——量子随机性（quantum randomness）。传统计算机中的随机数是通过各种算法模拟得到的，因此无法真正做到随机。而量子随机数则是真正的随机数，其结果无法被人预测。这使得量子计算机在防止不道德的系统使用方面具有独特的优势。

最后，由于量子计算的特性，量子机器学习将会彻底改变机器学习的面貌，为人工智能的发展带来了更大的推动力，并进一步提升人工智能的智能程度和应用价值。

结　论

中央系统是支撑元宇宙运行的后端基础设施，涵盖了去中心化、云和计算机的服务器等多种形式。元宇宙的运作依赖于这三种不同的技术，比如区块链和NFT等数据结构可能会采用去中心化方式，而图像、视频等其他信息可能储存在云端，安全数据则可能存储在公司自有服务器上。具体选用哪种技术取决于应用程序或涉及的公司。

但是，是什么将这些不同的技术结合在一起？如何实现端点与中央系统之间的高效通信和资源共享？在接下来的探讨中，我们将深入了解这些技术，以及它们如何促进元宇宙的互联和互操作性。

如何使不同的端点与中心系统通信并且有效地利用中心系统所提供的资源呢？这就需要借助连接组织和网络的技术。在下一节中，我们将更加深入地探讨连接组织与网络。

网　络

独立的计算机系统可以完成许多任务，但如果需要访问社交媒体、在线游戏和油管视频等在线内容，计算机就必须连接到互联网上。计算机的种类包括台式机、笔记本电脑、平板电脑、智能手机和物联网设备等，只有当它们能够与其他计算机系统进行通信时，它们的价值才能够被充分发挥。将一台计算机连接到另一台计算机的能力被称为联网（networking），它是现代计算机的基础之一。

发展历程

直到 20 世纪 60 年代末，计算机之间还无法互相通信。这个事实或许让人难以置信，每台计算机都是孤立的，它们可以执行一切操作和任务，但彼此之间没有信息交流，除了一些被戏称为"球鞋网络"（sneaker net）[①] 的基础设施，这意味着在计算机之间传递信息只能通过物理媒介，例如穿孔卡片、纸带和磁带等。

正如前文所述，1969 年，美国国防部高级研究计划局开发了"阿帕网"，实现了传输控制协议 / 互联网协议。该网络和协议的开发旨在确保在战争期间，系统之间可以进行可靠的通信。具体来说，这个网络和相关协议是军方资助的，用于冷战期间的通信。它最初只有 4 个系统，即斯坦福大学、加州大学洛杉矶分校、加州大学圣巴巴拉分校和犹他大学的节点，到了 1972 年，它已经扩展到 40 个系统（即节点）。

阿帕网采用电话线进行通信和分组交换，这是当时一种革命性的思想，可在计算机之间路由信息，而不需要直接连接计算机。由于协议指定了目标地址，消息从源计算机经过路由，到达目标计算机。

1973 年，鲍勃·梅特卡夫（Bob Metcalfe）在施乐帕克研究中心（Xerox PARC）开发了以太网。1983 年，以太网被标准化为 IEEE 802.3[②]。与传输控制协议 / 互联网协议一样，以太网也是开源的，这意味着任何人都可以采用它。这一特点，加上以太网高度灵活的设计，是其快速增长背后的动力。自诞生以来，以太网（最初）一直是在同轴电缆上实现的，速度为 2.94 兆比特 / 秒。现在，它被用于双绞线（如 CAT 5、5e、6、6a、7 和 8）或光纤电缆，并随着电缆质量的提高而不断提高速度。现在，以太网的最大速率约为 40 千兆字节 / 秒。

在计算机网络的漫长发展历程中，除了阿帕网和传输控制协议 / 互联网协议，还涌现出了其他几种竞争性的协议，比如 AppleNet、令牌环（Token Ring）、附加资源计算器网络（Attached Resource Computer NETwork ARCnet）以及数字设备

---

① 形容使用移动物理媒介的方式传输电子信息。

② IEEE802.3 是一个工作组。该工作组编写了电气和电子工程师协会（Institute of Electrical and Electronic Engineers, IEEE）标准集合，定义了有线以太网的物理层和数据链路层的介质访问控制（MAC）。

公司网络（Digital Equipment Corporation network，DECnet）。同时，在 20 世纪 90 年代，光纤分布式数据接口（FDDI）和铜分布式接口（CDDI）也逐渐受到广泛关注。然而，随着以太网速度的不断提高，以太网逐渐取代了这些协议；现如今，以太网已经被千兆以太网所替代。

以太网并非一种具体的电缆或硬件，而是一种协议，因此，可以使用多种媒介来实现它，例如双绞线、以太网供电（power-over-ethernet，PoE）、光纤、无线（Wi-Fi）以及其他许多类型的网线或媒介。

什么是网络

网络是连接两个或多个计算机的通信链路，其作用是分享资源、消息、文件、图像、视频以及其他信息。网络连接可以通过网线（例如从墙壁到计算机的电缆）、无线、卫星或微波等方式实现。

网络有以下几种类型。

广域网（wide area network，WAN）。广域网是一个覆盖范围较广的网络，例如可覆盖城市、州、国家甚至全球。城市级广域网，也称为城域网（municipal area network，MAN），连接到其他城市级广域网；州级广域网由多个较小的广域网组成，连接到其他州级广域网；国家级广域网通常通过跨海光缆，连接到其他国家。这是一个简化版的广域网视图，只是为了便于理解，实际上，广域网非常复杂。

互联网是全球所有广域网的集成，除了少数国家将其内部互联网与更大的互联网隔离开来。

局域网（local area network，LAN）。局域网指家庭或办公大楼内的网络，是用户（即企业或家庭）最熟悉的网络。通过调制解调器（即网线、数字用户线路或宽带），局域网与广域网实现了物理上的连接，局域网与广域网实现了物理上的连接，但是它们在逻辑上又是彼此独立的。连接到局域网的方式可以是有线的、无线的（例如 Wi-Fi）或通过卫星（例如新兴的星链卫星系统）。

有线连接，即连接计算机和路由器之间的电缆。相比于无线或蜂窝网络，有线连接速度更快、更稳定，尽管 5G（用于蜂窝网络）和 802.11（用于 Wi-Fi）

等新标准正在迎头追赶有线电缆的速度和稳定性。

无线广域网（wireless wide area network，WWAN）。广域网通常被称为蜂窝网络。智能手机和其他移动设备通过这些无线蜂窝网络连接到互联网，这些网络由电信服务提供商拥有和运营，例如德国电信公司（T-Mobile）、美国电信运营商斯普林特（Sprint）、威瑞森无线通信（Verizon）和美国电话电报公司（AT&T）等。当移动设备通过无线广域网访问互联网时，它们不会在局域网上通信，而是直接连接到无线广域网。

现代移动设备通常可以通过无线网络进行通信，因为它比使用蜂窝网络更为经济实惠。

移动设备使用移动通信技术连接到其蜂窝提供商的 WWAN，例如全球互操作微波访问（WIMAX）、通用移动通信系统（UMTS）、码分多址（CDMA）2000、全球移动通信系统（GSM）、第一代移动通信技术（1G）、第二代移动通信技术（2G）、第三代移动通信技术（3G）、第四代移动通信技术（4G）、第五代移动通信技术（5G）或预计于 2030 年推出的第六代移动通信技术（6G）。

每一代移动通信技术的速度如下。

· 1G：2 千位节 / 秒（无数据支持）；

· 2G：14.4 千位节 / 秒 ~ 64 千位节 / 秒（全球移动通信系统达到 1 兆比特 / 秒）；

· 3G：2 兆比特 / 秒（高速分组接入达到 21.6 兆比特 / 秒）；

· 4G：1 兆比特 ~ 50 兆比特 / 秒；

· 5G：35.46 千兆比特 / 秒，可连接 1000 亿台设备。

没有一种单一的标准或技术能够明确定义 3G 或 4G 技术。每个电信公司都会根据自己对规范的解释来独立开发自己的蜂窝网络，并且不断扩展和改进。

在家庭或商业环境中，计算机通过路由器进行连接。路由器的主要任务是将通信从一个位置路由到另一个位置。路由器与数字用户线路、宽带或卫星调制解调器进行通信，并将通信传递到一个或多个服务器或其他路由器中（从而延伸通信的路线）。正如前文所述，当通信到达目的地时，它将通过另一个路由器到达一个或多个服务器。在去中心化数据库或计算中，通信可能会通过其他端点进行路由。

互联网和 Web

　　互联网是一个全球性网络，它能够连接数十亿台计算机、物联网设备和其他系统，实现它们之间的通信。传输控制协议 / 互联网协议等通信协议是实现这类通信的基础。通信协议的运行通常离不开一系列支持无线网络、以太网和卫星通信的基础标准。传输控制协议 / 互联网协议本身非常灵活，不管是在无线网络、以太网，还是卫星通信的环境下，它都可以实现通信。

　　万维网由数十亿个可通过互联网访问的网站构成。超文本传输协议和超文本传输协议安全运行在传输控制协议 / 互联网协议之上，无须操心查找网站的机制——因为这是由传输控制协议 / 互联网协议处理的。Web 1.0、Web 2.0 和 Web 3 在通信层面的工作方式相同。

　　可以把互联网和 Web 的分层结构比作洋葱，上一层要依赖于下一层。关键是，硬件位于洋葱的中心层。我们将从最顶层的可见层次开始，逐层向内部移动，直至到达底层的基础设施。

　　在互联网和 Web 的分层结构中，元宇宙、在线游戏、社交媒体平台以及其他虚拟构建位于最上层。一些人认为，基础的物理基础设施和网络连接已经存在于更底层上，因此这些虚拟构建的软件无须关心与家用计算机或智能手机的连接。

数字用户线路、宽带及其他技术

　　在互联网诞生之前，人们使用标准电话线连接互联网进行通信。然而，由于这些连接速度极为缓慢，只能以每秒传输的字节数来衡量。事实上，这些连接速度如此之慢，以至于必须发明图像和视频压缩技术才能应对这个问题。

　　随着时间的推移，人们不断发明新技术，逐渐克服了互联网的速度和稳定性限制。综合业务数字网络（ISDN）的出现，使得电话线能够同时传输语音和数据，数据传输速度可达 128 千位节 / 秒。

　　随后，电信服务提供商推出数字用户线路，通过数字用户线路调制解调器连接标准电话线路，将语音和数据线路分离，从而实现高达 500 兆比特 / 秒的数据传输速度。数字用户线路适用于在线游戏、流媒体和视频会议等需要高速数据传输的场景。然而，对于许多用户来说，数字用户线路并非最优的选择，因为每个用户都必须通过同一条线路连接。

宽带是一个通用术语，可以支持最低 25 兆比特 / 秒的下载速度和 3 兆比特 / 秒的上传速度。宽带传输可以通过多种方式进行，如光纤、无线、铜缆、数字用户线路和卫星传输。

宽带、吞吐量及延迟

带宽这个术语经常被人们用来代表网络速度或连接，但实际上它是用来衡量线路容量的。吞吐量衡量特定时间内数据的传输和接收量，而延迟则衡量数据的传输速度。

将这些术语应用到水管的场景中，带宽就像水管的宽度一样，吞吐量则代表水管内的水量，而延迟则表示水从水管出口流到末端的时间。

网络吞吐量通常以位 / 秒（bps）来衡量，其中比特是计算机中存储的最小数据单位，表示二进制的 1 或 0。（不过，量子计算机可以同时保存 1、0 或两者同时存在的数据。）一个字节通常由 8 个比特组成，可以表示一个单个字符。例如，如果电话线每秒传输 8 比特，它将每秒发送一个字符。（尽管这不是完全准确的，因为会有一些额外负担而使用更多的比特。）

以下是用于描述吞吐量的术语及其对应的定义：

· Kbps = 千比特 / 秒；

· Mbps = 兆比特 / 秒；

· Gbps = 千兆比特 / 秒；

· Tbps = 万亿比特 / 秒。

带宽、吞吐量和延迟共同决定了数据传输和接收的数量和速度。而元宇宙和 Web 3 的发展需要大量的数据传输，因此可以假设它们的增长和普及程度会与企业和家庭连接高速网络的速度紧密相关。

热　点

简单来说，热点是一种允许人们通过无线接入点连接到互联网的技术。现在，许多智能手机都内置了热点功能，以便其他设备可以轻松连接到互联网。而网络共享（tethering）则是指将智能手机与平板电脑等其他设备进行无线连接。使用热点和网络共享的好处在于，智能手机可以通过可用的无线路由器或其蜂窝服务网络来连接互联网。

氦气（Helium）是一种基于区块链的服务，他们自称为人民的网络（The People's Network），使用去中心化的全球热点网络（尤其是5G）来连接设备和数据。氦气最初旨在将物联网设备连接到互联网，但现在，为了提高网络设备连接性，氦气已扩展到允许个人通过挖矿获得其原生通证，称为氦气原生通证（HNT）。其目的是通过利用未使用的带宽来加速无线基础设施的增长，并使社区能够共享网络资源。氦气使用无线互联网基础设施的分布式网络 LongFi，将远程广域网（LoRaWAN[①]）无线协议与氦气区块链相结合。

网络和元宇宙

元宇宙位于网络层之上，它扩展了互联网的功能，需要超高速互联网（ultrafast internet）服务来支持其运作。它不是互联网的替代品，而是像 Web 2.0 一样为 Web 1.0 增加了新的功能和体验。

元宇宙的实现需要在硬件层面上建立端点和中央系统，并依赖于网络进行通信。然而，软件是使元宇宙和计算机系统运行所必不可少的核心要素。在接下来的章节中，我们将会对此进行更加详尽的探讨。

---

① LoRaWAN 是一种具有低能量要求但支持更大区域的通信协议，其能够通过互联网无线互连物联网电池供电设备，支持从本地到全球级别的网络。作为一种协议，其旨在进一步增强重要的物联网需求，例如双向通信和数据传输、从一个设备到另一个设备的安全数据传输、支持便携性和协助实时跟踪功能。

软　件

　　迄今为止，我们已经在这一章节中探讨了端点、中央系统和网络等基础元素。这些元素的重要性不言而喻，因为如果没有它们，互联网、Web 和计算就根本无从谈起。然而，没有软件，一切都无法运行。无论是智能手机、服务器或路由器，硬件都具有执行操作的能力。硬件需要软件的利用，才能够发挥其功能。可以这么说，没有软件，智能手机就是一个无生命的砖块，服务器也毫无用处，网络更是一片寂静。

软件的发展历程

　　1946 年之前，软件仅存在于概念中。早期的电子设备是通过硬件更改来进行"编程"的，例如移动电线。第一台电脑——电子数字积分计算机（ENIAC）的程序员由女性组成。她们的任务是查看电子数字积分计算机的电路图，并确定如何通过配线板将电线从一个终端移到另一个终端，从而对设备进行编程。1950年，凯瑟琳·布斯（Kathleen Booth）创造了汇编语言，以简化在伯克贝克学院计算机的编程。

　　在 1948 年至 1979 年间，程序设计的主流语言首先是汇编语言，随后是早期的编程语言，如美国国际商用机器公司开发的公式翻译程式语言（Fortran），以及玛丽·霍斯（Mary K. Hawes）和葛丽丝·霍普（Grace Hopper）创建的面向商业的通用语言（Cobol）。20 世纪 60 年代，让·萨梅特（Jean E. Sammet）的著作《编程语言：历史和基础》（*Programming Languages: History and Fundamentals*）一书对编程语言的发展产生了重大影响。

　　而阿波罗登月任务更是值得一提，因为其依赖软件来编程登月舱。当时的阿波罗软件如今已难以辨认，因为它完全由穿过磁芯的电线编织而成。程序员们在午餐卡上编写代码，然后在霍尼韦尔（Honeywell）大型机上运行，这是对软件的模拟。当程序员满意时，代码就会被编织到磁芯中。

　　20 世纪 70 年代至 80 年代，个人电脑开始进入市场，人们开始对这些创新机器提出更高的要求，期望它们能够为生活带来更多实用的功能。计算机行业相应推出了一系列应用程序，包括世界上第一套电子表格软件"可视计算"（VisiCalc）、计算机辅助设计软件（AutoCAD）、微软的 Word 和 Excel，等等。1982 年，个人电脑被《时代》周刊评选为年度风云人物。

进入 20 世纪 90 年代，开源软件开始出现，同时互联网和万维网也开始迅速发展。1991 年，Linux 操作系统正式发布；1995 年，应用程序开发语言 Java 问世；1998 年，美国网景公司发布了源代码。

1973 年，移动电话开始出现；1993 年，IBM 推出了第一款面向公众的智能手机。此后，其他手机也纷纷效仿，如 1996 年发布的 Palm 操作系统和 1999 年推出的黑莓手机。2007 年，苹果公司发布了 iPhone，改变了移动行业的格局。移动设备如今也广泛使用计算机语言，如 Swift[①] 和 Java。

现如今，软件已经无所不在，它的应用范围已经扩展到了各种消费设备，如智能灯泡和报警器等。除了台式电脑之外，智能手机及其应用程序也可以使用软件，让各种规模的企业都能实现高效工作。

我们已经回顾了软件的发展历程，现在让我们深入探讨软件的本质——它是什么，以及它有什么作用。

软件是什么？

软件是操作计算机、硬件和应用程序的指令。与网络类似，软件是建立在硬件之上的层次结构。它的底层是固件。在固件层之上是操作系统，它使用固件来执行功能。操作系统层之上是应用程序，它允许人们和机器执行各种任务。接下来，我们将更详细地了解这些层次。

固件：这是一种专门的软件，它可以直接操作硬件。无论是小型还是大型设备，固件程序都会使用硬盘驱动器、中央处理器、内存、自动操作装置等计算设备。除非特殊情况，否则每个组件都需要固件才能让设备与操作系统或真实世界进行通信。

---

① 苹果公司发布的一种支持多编程范式和编译式的编程语言。

操作系统：它由专门的代码组成，可以"操作"或运行硬件、应用程序、网络和其他所有的东西。它可以被视为设备的控制器或大脑。没有操作系统，移动电话、台式电脑、平板电脑和超级计算机就是无效、无用的组件集。

应用程序：大多数使用智能手机、移动设备和台式电脑的人都应该熟悉应用程序。它允许用户和企业执行各种任务，例如记账、玩游戏、发送电子邮件等。

中间件：它一种编程工具，位于应用程序和系统软件（如操作系统）之间，通常用于在应用程序之间传输和转换数据。例如，在网站上提交表单时，中间件会处理和转换数据，将其保存到数据库中。

驱动程序：驱动程序由运行计算机设备的软件组成，可以支持操作系统和固件之间的通信。

二维图形

大部分电脑游戏和虚拟世界都采用平面屏幕的二维显示方式，如移动设备、台式电脑或平板电脑。这种显示方式的局限性在于它无法呈现真正的三维效果，从而限制了游戏或虚拟世界的沉浸感。二维图形只能在 x 轴和 y 轴上绘制对象，无法展现物体的深度、阴影和透视等。

如果有读者希望了解在二维世界中的生活模拟，请观看电影《平面世界》（*Flatworld*）。这部栩栩如生的动画电影展示了生活在只有两个维度的世界中所面临的景象。

三维图形

为了实现一个真正沉浸式的体验，元宇宙需要使用三维图形技术来绘制对象的 x、y 和 z 坐标。以三维方式呈现的物体可以进行不同的扭曲、旋转、缩放和变形。这是因为人类在现实世界中观察事物时，是处于一个三维空间中的。因此，使用三维技术可以更好地模拟现实世界的观察体验。

持续性

对于在线游戏、虚拟世界以及元宇宙而言，持续性是指当玩家或用户离线或离开时，虚拟世界或游戏也会持续存在并经历时间的流逝。

人类生活的真实世界是持续性的。当人们睡觉、失去意识或死亡时，时间仍在流逝，世界不会因为人类进入梦乡而停止运转。

1978年，英国埃塞克斯大学（University of Essex）的罗伯·特鲁布肖（Rob Trubshaw）和理查德·巴蒂尔（Richard Bartle）开发了首个持续性游戏。该游戏以105分钟的增量时间运行，每次结束后会重置。在这些增量中，游戏独立于玩家的存在而持续进行。

1989年推出的《阿瓦隆：传奇不死》（*Avalon: The Legend Lives*）是第一个真正的持续性游戏。这款游戏以全天候、全周持续运行的方式呈现，与玩家的在线状态无关。

然而，在元宇宙这个虚拟世界中，玩家来来去去、完成自己的任务或目标后就返回真实世界的情况更加普遍。因此，元宇宙必须被设计成一种能够实时运行的系统，无论何时，玩家都可以进入其中并参与其中。

实时性

游戏中常见的轮流操作机制，让玩家有时间考虑下一步动作。游戏会在这个时候停止，直到玩家完成回合或者倒计时结束后才继续。这种机制被广泛应用于棋类、扑克牌和角色扮演游戏中。

在实时游戏中，一秒钟的游戏时间相当于现实中的一秒钟。实时性对于冒险和动作类游戏而言非常重要。这种实时性能够让玩家像角色（即虚拟替身）一样展示自己的技能。

虚拟世界和元宇宙同样在实时运行，甚至能够模拟当地的天气以及太阳或月亮的位置。因此，如果用户所在地区是深夜，他们可以在元宇宙中看到类似夜晚的环境。这样的体验可以作为用户定制选项之一。

在元宇宙中，结合持续性和实时性显得尤为重要。现实世界不会因为用户睡觉而停止运转，那么为什么元宇宙要停止呢？接下来，让我们一起来了解支持元宇宙持续性和实时体验的部分平台。

英伟达全宇宙

英伟达全宇宙是一款用于实现 3D 设计协作的平台。该平台支持可扩展的中央处理器、实时操作和与现实相同的模拟，能够加速 3D 工作流程，为用户提供可视化、模拟和编程等多种工具，以便更好地呈现和操作 3D 世界及其内容。该平台将多种技术整合到综合工具中，支持在 3D 管道和数字孪生中应用光线追踪、人工智能和计算等多种先进技术。这是一个开放、可互操作、可扩展且人人都可以使用的平台。

通用场景描述

通用场景描述（Universal Scene Description，USD）是一个支持 3D 计算机图形信息交换的框架。该框架支持协作、编辑和多视图，最初由皮克斯动画工作室（Pixar）开发，于 2016 年作为开源软件发布。

计算能力限制了我们的能力：原因及影响？

物理宇宙对能量的使用和空间容量有一定的限制，这也影响了传统计算机及其组件的体积。由于电子元件已经非常小，设计师有时需要考虑量子隧道效应（quantum tunneling）[1]，即当晶体管的内部势垒小于一纳米时，电子必须开始越过势垒，这将产生过大的电流。

为了克服（或最小化）这些限制，人们尝试采取以下几种方法：

---

[1] 量子隧道效应是量子力学中的一种现象，是指当物体的能量不够高，无法越过势垒时，存在一定概率直接穿过势垒的现象。在经典物理学中，如果物体没有足够的能量，就无法克服势垒，无法穿过势垒。但是在量子力学中，粒子具有波粒二象性，因此即使粒子没有足够的能量，它也有一定的概率通过势垒，进入其后的区域。

· 并行运行多台计算机;

· 分散计算机功能;

· 使用量子计算等新技术。

区块链和 NFT 如何在这一领域发挥作用

区块链和NFT是一种通过专用软件实现的数据结构。目前有多种区块链实现,它们各自具有不同的优缺点。虽然就目前来说,大多数区块链软件是开源的,但是也有一些公司可能会开发自己的专有版本。

元宇宙即服务

随着"软件即服务"的发展,企业不再需要运行自己的应用程序。总的来说,企业无须购买服务器或使用云,而是可以连接到"软件即服务"系统就可以访问所需的软件,并为应用程序购买软件许可证。具体而言,通过使用"软件即服务",企业可以根据需要为所需的用户数量付费,不用采购工资管理系统和服务器并雇用员工进行维护。用户可以使用 Web 浏览器或本地客户端连接到"软件即服务"系统。

"元宇宙即服务"也是通过类似的方式运行的。它支持企业快速实施 3D 虚拟世界解决方案,包括协作和企业职能。通过"元宇宙即服务",企业可以快速有效地建立虚拟世界,无须大量投资于硬件、许可和人员配置。

结　论

和其他计算领域一样,元宇宙各种功能的实现离不开软件的支持。缺少了软件的赋能,计算机就只是由金属和稀有元素堆砌而成的华而不实之物。软件的出现赋予了计算机执行有价值任务的能力。这些软件以固件的形式控制设备,以操作系统的形式管理计算机的内部,以应用程序的形式为用户提供功能,以中间件的形式为应用程序提供额外的连接服务,并以驱动程序的形式运行硬件。

我们已经学习了软件的作用。接下来，让我们来看看人工智能和机器学习（machine learning，ML）在计算和元宇宙中所扮演的角色。

人工智能与机器学习

人工智能和机器学习是支撑元宇宙的最后两种科技。我们已经探讨了端点、中央系统、网络和软件，现在让我们来探究人工智能和机器学习在元宇宙中的应用。想要了解更详细的人工智能信息，不妨参考我所著的另一本书《AI 到来》。

历史追溯

尽管听起来难以置信，但早在 1919 年，电影《残酷游戏》（*The Grim Game*）就已经提出了人工智能的科幻概念。该电影向观众介绍了一个名为 Q 的人形机器人；其他电影也延续了这一趋势，比如《绿野仙踪》（*The Wizard of Oz*）中的铁皮人（Tin Man）和《大都会》（*Metropolis*）中的人形机器人玛丽娅（Maria）。20 世纪 50 年代，科幻小说和电影中出现了人工智能机器人和机器。1956 年上映的电影《禁忌星球》（*Forbidden Planet*）向观众讲述了一个巨大的外星智能计算机系统几乎摧毁了地球飞船的故事。

在 20 世纪 50 年代，艾伦·图灵（Alan Turing）运用数学方法探索了人工智能的可能性。他深信，由于人类使用信息和推理来解决问题，机器应该也有可能做到。为了验证这一理论，他创造了图灵测试（Turing Test），以测试计算机是否能像人类一样思考。测试中，一个人向计算机提出问题，而另一个人（即提问者）则根据答案来判断哪个是人类、哪个是计算机。测试结果以提问者答对的比例来衡量计算机是否具备人工智能：如果少于 50%，则计算机不具备人工智能。当时，计算机并没有具备支持这些可能性的能力和功能，因此没有通过测试，直到今天也是如此。

1957 年至 1974 年期间，计算机的速度和能力不断提高。其中，约瑟夫·魏泽堡（Joseph Weizenbaum）研发的人工智能软件伊莉莎（Eliza）等成功案例给人们带来了希望。在这些资源的帮助下，研究人员成功说服美国国防部高级研究计划局向一些机构提供用于研究人工智能的资金。这些参与者乐观地认为，他们将在 3 到 8 年内拥有一台和人类一样智能的机器。然而，遗憾的是，当时还不存在可以支持这一论点的计算机硬件和软件。

20 世纪 80 年代，对人工智能研究的投资逐渐增加，算法工具包也在不断扩展。由于这些投资和技术的支持，领域内的专家们开始了探索通用人工智能的征程——那种不为单一目的而制造的人工智能。日本在 1982 年至 1990 年间资助了一项高达 4 亿美元的人工智能发展项目 [①]。但可惜的是，这个项目和其他类似的计划都未能实现创造可用人工智能系统的目标。资金短缺的情况逐渐浮现，人工智能研究也因此陷入了低谷。

进入 20 世纪 90 年代和 21 世纪初，人工智能研究的目光转向了一种更具针对性的人工智能形式——恰如其分地被称为"狭义人工智能"（narrow AI）。狭义人工智能并非企图模拟或超越人类大脑，而是为特定目的而创造的人工智能，例如语音模式分析或下棋。这种狭义的研究方法极其高效并取得了若干突破。

此外，随着技术的不断进步，计算机的性能得到了极大的提升。硬件运行更加快速、体积更加小巧、价格更为亲民，软件也变得更加强大。磁盘速度和吞吐量不断提高，内存的价格更加平易近人，速度也愈发快速，CPU 的性能也迎来了数量级的飞跃。1997 年，IBM 的"深蓝"（Deep Blue）国际象棋程序击败了当时的世界冠军加里·卡斯帕罗夫（Gary Kasparov）。21 世纪初，人工智能已经渗透到智能设备中，如汽车、报警系统和工厂机器人。

监督学习与非监督学习

现代机器学习和人工智能通过使用数据来执行特定的、明确定义的任务。训练人工智能的方法有以下几种。

· 监督学习（supervised learning）利用标记的数据集来训练人工智能算法。

① 1981 年，正值日本经济腾飞时期，日本提出了 8.5 亿美元的巨额预算，准备在 20 世纪 90 年代开发出第五代计算机，也就是具有人工智能的计算机。

这种方法涵盖了多种不同的算法，但输入的数据都会被标记或识别，以便人工智能可以理解它们的含义。

·非监督学习（unsupervised learning）是一种在没有标记或指令的情况下，让算法自行学习数据结构和含义的方法。

·统一模型（unified model）是指利用单个模型来处理某个过程或产品的方法。统一模型将数据集中到一个数组中，将多次处理过程简化为一次。

人工智能／机器学习在元宇宙的应用

人工智能和机器学习的力量在于将元宇宙的各个组件紧密联系在一起，从而实现沉浸式、个性化和响应式的体验。人工智能可以处理交易、推动活动、管理聊天机器人、理解媒介（如文本、图像、视频和音频）并响应用户。此外，人工智能还可以生成和推动 3D 动画、创建图像、制定响应并管理环境和互动，使人们在不同的虚拟世界中流畅地移动和交互。

可以说，如果没有人工智能和机器学习，功能完整的元宇宙是无法实现的。这些技术将由大量的结构化和非结构化数据集支持，总量可能高达拍字节[①]以上。这些数据集将根据它们的功能、目的和虚拟世界的不同而分为集中式和去中心化的两种形式。

世界模型

训练人工智能和机器学习通常需要人工干预来设置参数和数据，这是实施者和设计师所面临的一大挑战。世界模型（world models）是一种允许人工智能在模拟环境中进行训练的方法。我们可以这样来理解，就像人类在睡眠中做梦并加强记忆和技能一样，人工智能可以通过模拟虚拟世界中的场景和经历来训练和改进它的算法。这种方法可以节省时间并提高训练的质量。

---

① 拍字节（petabytes）：千万亿字节或千 T 字节。

生成式人工智能

人们能够在元宇宙中实时体验虚拟世界，但是他们的行为和需求是无法完全预测的。生成式人工智能（generative AI）为人们在元宇宙中的探索和扩展提供了必要的环境和对象。如果没有生成式人工智能，元宇宙中的一切都需要手动创建，包括背景图像和数字人物。一个人无法在探索数字房屋的过程中同时手动设计每个房间。但是，生成式人工智能可以参与空间的设计和创造，同时根据需要添加合适的物体，如家具等。

基于文本描述生成图像是生成式人工智能的又一个重要领域。不管是世界万物，还是简单的物体，一切都能够根据文本进行创建。例如，小说中所描绘的虚拟世界可以完全根据文本输入来重现。DALL–E 2[①]作为一种基于文本—图像的图像生成应用程序，采用高达 1280 个标记[②]的数据流从头开始构建图像。

在哥本哈根大学（University of Copenhagen）和赫尔辛基大学（University of Helsinki）里，研究人员已经发现如何使计算机感知思维并根据思维接受命令。他们利用这项技术让人们通过思想编辑图像。哥本哈根大学计算机科学系的副教授图卡·鲁奥萨洛（Tuukka Ruotsalo）解释说："计算机在编辑图像时没有预先存储或获取关于应该编辑哪些图像特征或如何进行编辑的信息或指导。它是基于人类主体产生的思维和指导，而不是预先编程或依赖先前的指令。它可以完全按照人类的思考来编辑图像。这是一项前所未有的创新。"

虚拟音频

在元宇宙中，除了 3D 图像和动画之外，音频的生成和操作也是人工智能 / 机器学习技术不可或缺的一环，因为声音是完全沉浸式体验的重要组成部分。比如，在虚拟购物中心，人工智能需要生成适当的背景声音——脚步声、对话等等。这种人工智能音频生成技术能够根据需要生成声音，为用户提供个性化的沉浸式体验。如果没有这些背景声音，整个世界将会显得索然无味。

人工智能需要根据数字人物所处的环境刺激来生成回应。在这种情况下，如

---

① 　DALL–E 2 是一款 OpenAI 推出的人工智能图像生成器，可以根据自然语言的文本描述创建图像和艺术形式。

② 　在 1280 个标记中，文本占 256 个，图像占 1024 个。

果用户向数字警察询问方向时，人工智能必须理解问题、解释含义、找出方向并做出回应。

另一个需要考虑的因素是房间、听众位置以及物理世界中的音频设备类型。未能适当呈现物理环境的声音会破坏出色的沉浸式体验。

赫特福德大学（University of Hertfordshire）的音乐负责人、声学空间专家罗布·戈德曼（Rob Godman）总结道：

> 我们需要思考人类如何感知环境中的声音。人们希望知道声音的来源以及空间的大小。当我们聆听被创造出来的声音时，我们会注意到多个不同的元素。一个是声源本身；另一个则是声音与周围环境的相互作用，也就是声学效果。

对话式人工智能

借助自然语言转换技术，计算机可以对口语进行处理和转换。如此一来，人们可以用口语命令和输入来与计算机交互，不用再通过键盘打字。有了这项技术，当前的聊天机器人显得更加真实，而且能够更好地回答问题。

英伟达和微软合作创建了世界上最大、最强的生成式语言模型[①]，它由5400亿个参数训练而成，在自然语言处理任务方面展现出惊人的准确性。这是启用虚拟世界中对话式人工智能的强大解决方案。

命名实体识别与此紧密相关，它可以检测文本中的实体并确定完成任务所需的实体。这项技术可以提取医学术语、人名、地名和公司等信息，并传递给下一步处理，以实现预期目的。

在元宇宙中，对话式人工智能被视为至关重要的一环，因为它赋予了人们通过口语交互的能力，同时也能够完全理解彼此的表达。

---

① 即威震天－图灵自然语言生成模型（Megatron Turing-NLG）。

个性化体验

在现代互联网和 Web 体验中，个性化已经成为最为重要的特点之一。在电子商务领域，用户的个性化体验已经成为网站成功与否的关键因素。

随着元宇宙的发展，个性化体验将进一步得到推动。在虚拟世界中，每个参与者所体验到的内容都必须是独一无二的，包括他们的虚拟替身、在虚拟世界目之所及的景象、与他人或数字人物的互动方式。每个元素都将成为用户独特感受和体验的一部分。

如果用户的体验与其他人完全相同，那么他们就不会被元宇宙所吸引。相反，他们将希望得到响应迅速、个性化的体验。尤其是在数字世界中与其他人进行互动时，每个人都希望能够享有自己独特的视野。例如，参加虚拟音乐会的两个朋友希望从各自独特的视角欣赏同一场音乐会，而不仅仅是看到相同的内容和场景。

因此，元宇宙需要利用人工智能等先进技术来管理这些个性化体验，包括虚拟替身和真人之间的互动。

网络安全

恶意攻击者不断升级攻击计算机基础设施的工具，而防御者则必须不断提升自身的工具以保持防御优势。这场几乎真实的战争不断循环，双方在短暂的时间内相互超越。

在网络安全领域，人工智能 / 机器学习是一把双刃剑。一方面，利用人工智能 / 机器学习的网络安全工具可以高效地防御攻击；另一方面，基于人工智能 / 机器学习的恶意软件具有极高的潜在危险，可能会突破计算机防御系统。

在元宇宙的建设中，安全性至关重要。元宇宙必须在设计和实现时将安全性放在首位，而不是事后再想补救办法。人工智能 / 机器学习不仅在保护元宇宙免受恶意攻击方面起到至关重要的作用，还能在预防攻击方面发挥作用。

机器人技术的具体表现

元宇宙为企业提供了许多机会，其中最具前景的机会之一是元宇宙与企业之间的潜在接口。企业可以利用元宇宙中的虚拟环境来设计和测试新工厂或产品，如此一来，企业将能够在实际生产之前进行全面的测试和原型制作，从而节约资金和资源。

此外，通过连接到现实世界的物联网传感器和设备，元宇宙可以直接实现与现实世界的互动。例如，用户可以在家中安装智能灯、智能报警器和智能冰箱，并在元宇宙中操作这些设备。智能工厂的技术人员可以在虚拟办公室里，通过虚拟屏幕观察工厂生产线上每个设备、机器人或流程的状态。在这种情况下，物联网传感器将实时输入虚拟世界中的数据，从而实现这些功能。

结　论

元宇宙的实现需要依靠强大的人工智能和机器学习技术。在过去，人工智能曾广泛应用于图像分解，以便识别并理解每个组成部分的含义和用途。例如，在看到一张农场的照片时，人们可以看到其中的奶牛、谷仓、拖拉机和草堆等元素，但计算机"看到"的只是一串由 0 和 1 组成的数字。为了让元宇宙正常运作，这些元素必须被识别和标记——只有这样才能被有效地使用。

在实现元宇宙的过程中，人工智能将扮演重要角色。通过生成虚拟世界并丰富其中的数字元素，如人物、物体和背景，再结合动画化技术，可以为用户创造出身临其境的沉浸式实时体验。

这一目标的实现离不开诸多人工智能和机器学习技术的应用。本章中，我们介绍了多种技术，其中包括支持沉浸式、持续性和实时体验的技术。简言之，要实现元宇宙，需要构建完善的基础设施，其中包括端点、中央系统、网络、软件和人工智能等各种技术。

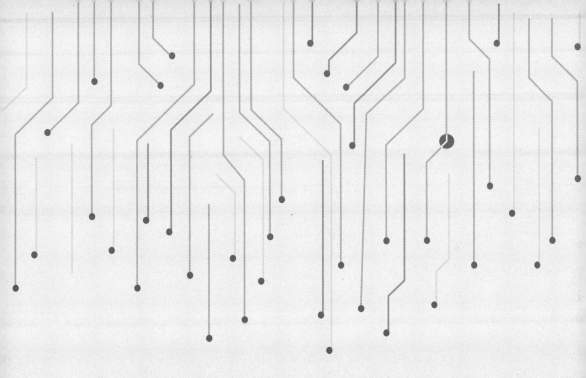

第三部分

解码要务

第10章　伦理、安全、隐私和标准

数字技术在现代文明的各个层面上都发挥着至关重要的作用。人们依赖计算机（如台式机、笔记本电脑和智能手机）来完成日常任务，如居家办公、购买机票、订购食品杂货等。同时，计算机在企业、军事和医疗领域扮演着至关重要的角色。企业依赖网络、互联网、云端服务、应用和设备的可靠性来支付员工工资、处理发票、制造和运输商品。如果没有可靠的计算机，企业将很快陷入停顿。

元宇宙带来了全新的可能性和应用层面。随着元宇宙在全球范围内的扩张，企业、政府和个人将变得更加强大。

互联网的发展引发了许多社会变革，深刻地影响着人们的日常生活。类似地，不管是现在或将来，元宇宙都面临着对个人和社会产生影响的伦理问题。因此，元宇宙的构建必须能够促进协作、将人们聚集在一起，且能够丰富人们的生活。

社会层面的重要性还应包括支持技术，例如人工智能、物联网和大数据。如何积极应用这些颠覆性的技术来改善生活和社会？

元宇宙的最佳应用是充分发挥其潜力，以改善社会和个人自由（在明确规定的限制范围内）。换句话说，技术必须符合最有利于社会的价值和原则。

在设计和实施元宇宙时，必须研究和解决的问题不在少数，例如：

· 元宇宙技术应该如何部署？

· 元宇宙应该如何使用？

· 元宇宙应该如何治理？

· 元宇宙中应该如何保护儿童？

· 元宇宙中是否应该限制言论自由？

· 元宇宙治理的正确或最佳方法是什么？

· 元宇宙的安全和隐私应该如何执行？

· 如何使元宇宙民主化，避免权贵精英操纵独揽？

· 谁拥有元宇宙的数据（例如个人、政府、企业）？

"政府在元宇宙中是否具备行使传唤权和执法权的能力？政府要如何保护人们和组织免受罪犯侵害？"

除了伦理的考量外，隐私权也是 Web 3 和元宇宙建设中必不可少的基本权利。人们应该可以像在"现实生活"中一样自由地使用元宇宙，而不必担心个人信息隐私的泄露。安全是保障隐私的基础，缺乏安全的环境，就不可能真正地保障隐私。

最终，就像只有一个互联网和 Web 一样，元宇宙也只能是唯一的存在。当然，人们可以在元宇宙中探索到许多独特的世界、游戏和平台。要让这些世界相互连接并作为一个完美无缝的整体运行，就需要有治理、标准和规定来支持。元宇宙必须能够让人们自由地在不同的世界之间穿梭，并能够在没有任何限制的情况下自由地运送虚拟物品。

伦理、安全、隐私和治理问题的答案将决定元宇宙技术的使用方式、风险的定义和缓解，以及元宇宙对人类意味着什么。在本章的余下部分，我们将探讨与元宇宙伦理、隐私、安全和规范相关的问题。随着元宇宙技术的不断发展，人们开始充分利用其新功能，所以这些基本问题必须得到妥善解决。

伦　理

通过历史的经验可以看出，人类之所以能够在社会中协作，共同努力追求共同的目标，是因为他们遵守一套共同的道德原则。只有建立在坚实道德框架上的社会才能繁荣昌盛。正如我们之前所讨论的，人们信任通过电子方式收到的银行账户中的钱可以用于交换商品和服务。他们相信银行不会卷款潜逃，雇主会准时存入工资，借记卡也可以在超市使用。道德在根本上转化为信任，因为信任影响着人与人之间的各个方面，包括个人、商业、政府、医疗和社会。

科技的发展让现代社会变得更加丰富多彩。元宇宙的出现也让人们对技术解决方案产生了更多的依赖。换言之，现代社会之所以能够实现如此多的进步，如提高农作物产量、改善交通、提供即时通信和便捷的远程办公环境，离不开智能手机、云计算、光纤、海底电缆等诸多科技的奇迹。如果没有这些技术的支持，我们的社会将会难以维持。

鉴于这种对科技的依赖，我们每个人都应该积极合作，就我们的道德价值观展开公开、诚实的对话，并更好地了解这些新范式和新设备将如何在短期和长期内影响人类和社会。

"幸福"的希腊词表达为"eudaimonia"。这个词可以追溯到亚里士多德时代，意指个人和社会层面的幸福、福祉和繁荣。通过关注实现社会成员的最大幸福（或福祉）并为之努力，作为群体的人类可以学习创造现实的道德标准。

许多道德实践都有着独特的观点和哲学，可以帮助我们理解道德考虑并保持明智、负责任的对话。无论我们的道德背景如何，元宇宙和主要的智能系统（无论是否是自治系统）都应该服务于人类的整体利益，同时尊重价值观和道德原则，不仅要提供人类所需的资源和机会，改善人类的生活质量，还要遵循可持续的环境实践，确保不对自然环境造成不良影响。

普遍伦理原则

伦理学源远流长，这个有趣的概念几乎可以追溯到人类存在之前。伦理学是一门研究道德、价值观、原则和规则的学科。作为哲学的一个分支，伦理学探讨正确和错误的概念，建立相应的行为系统。因此，伦理学的目标是帮助定义：

- 善与恶；
- 对与错；
- 罪恶与美德；
- 正义与罪恶。

伦理学的相关领域包括价值论、道德哲学（moral philosophy）和描述性伦理学（descriptive ethics）。

伦理学的一些核心术语有助于我们在元宇宙中进行伦理对话，并确保对话的一致性。例如：

价值观（values），即人们主观信仰的表达；

美德（virtues），是指道德上好的品质；

伦理（ethics），是区分对与错的哲学；

规范（norm），即行为标准。

商业伦理是一个相对较新的领域，旨在为商业实体制定道德行为准则。在元宇宙中，商业伦理同样适用。商业伦理涉及的一些问题包括：

· 哪些产品和服务应该出售，哪些不应该出售？

· 使用什么方法来销售、宣传和推广产品和服务？

· 企业对利益相关者、员工、经理和其他人的责任是什么？

· 企业是否应该在解决社会问题中发挥作用？

· 企业是否应该参与政治？

商业伦理试图回答的问题不止这些，这里只列举了其中一部分。

为了支持基于道德和价值观的元宇宙及其支持技术（如人工智能、加密货币、区块链等）的实施，应遵循以下一般道德原则。

人权（human rights）：元宇宙及其组成部分的设计和实施应尊重国际公认的人权。

福祉（well-being）：元宇宙应以提高人类福祉为目标。

数据代理（data agency）：个人应当有权访问和安全地共享自己的数据，并掌控自己的身份。

有效性（effectiveness）：应记录并提供有效性和适宜性的证据。

透明度（transparency）：任何决策都应该可以由他人查阅和了解。

问责制（accountability）：任何决策都应该具备明确理由。

滥用意识（awareness of misuse）：设计者和实施者应对运营期间元宇宙及其组成部分的风险和负面影响负责。

技能（competence）：负责实施和设计的个人应具备安全有效地执行任务的知识和技能。

接下来，我们一起来了解一些主要的伦理学理论，作为构建合乎道德元宇宙的参考点。

伦理基础

自柏拉图（Plato）和亚里士多德（Aristotle）时代开始，西方伦理学关注的核心便是个体、家庭和城邦（即城市或公共领域）。个体的道德与这些领域以及家庭内部的行政职责紧密相关，并在此基础上向公共领域拓展。在思考信息系统伦理问题时，我们必须将这三个关注领域纳入考虑，因为在当今社会，个体的道德往往与经济和政治相割裂。这种脱节的原因已被无数思想家深入探讨过。这样的讨论至关重要，因为它有助于我们更深刻地理解元宇宙伦理学的主题。

经典伦理学（classical ethics）。电气和电子工程师学会的《道德化设计》（*Ethically Aligned Design*）查阅了 2500 多年来有关伦理学的数据，并研究了包括世俗哲学在内的科学和宗教方法，以帮助理解数字时代的道德。这项工作回顾了自主权和本体论，并探讨了自治系统（autonomous systems，AS）的潜力以及道德如何适用于超道德系统（amoral systems）。他们的工作继续探讨了超道德系统做出的道德决策以及这些决策的道德后果。

美德伦理学（virtue ethics）。正如前文所述，亚里士多德认为人类的终极目标是追求幸福，即达到繁荣。这一目标可以通过平衡社会环境、物质财富、家庭、朋友和自我，通过习惯性地实践美德行为来实现，进而达到"中庸之道"（golden mean）的原则，即理性原则。在这个过程中，需要避免走向两个极端：过度和不足。对于元宇宙而言，这意味着要提供一个迭代学习和道德价值观的模型，通过交往和实践进行调整，而不是一组静态的规则。美德伦理学为技术设计和实施者提供了一个伦理框架，避免向某一端过度倾斜的趋势。

义务伦理学（deontological ethics）。它由 18 世纪哲学家伊曼纽尔·康德（Immanuel Kant）倡导，是一种主张基于义务的伦理学体系。其核心思想是，产生义务的规则是有价值的，它们不需要通过与更大的善进行比较来证明其价值。这些基本规则是人类自我价值的基石，能够为人类社会建立共存和互动的环境。康德的"绝对命令原则"也是义务伦理学的基础，即"只按照能同时使其成为普遍规律的准则去行动"。换句话说，规则必须是可取、可行、有价值且易于理解的。因此，个人选择创造的规则只有在被更广泛接受的情况下才能成为普遍的规则。

功利主义（utilitarian）。功利主义也称结果主义伦理学（consequentialist

ethics）。这种伦理学体系聚焦于行动和决策的结果，意味着正确的行动主要强调最大化最多人的效用（即实用主义）或快乐（即享乐主义），而非片面追求短期利益。因此，技术开发者应从长远的角度出发，考虑项目对社会公正的影响，确保其对人类产生积极的影响。同时，所有利益相关者都应充分了解项目的优势。

关怀伦理学（ethics of care）。这种伦理学体系强调特定背景下的人际关系，认为人类之所以存在是因为我们需要相互关心。它通常被认为是女性主义伦理学的一个分支。

很多时候，人们在讨论元宇宙时所表达的个人观点和视角都会在真实世界中体现出来，包括数字世界的理想经济、政治和社会系统。我们之前调查的伦理学方法可以用来帮助解决这些问题，并指导未来的对话。

伦理的力量

如今，无处不在且经济适用的互联网让任何角落的人都能够接触到元宇宙及其相关技术。通过运用这些技术，各机构应当在引领变革方面担当领袖的角色，改善人类的生存条件，实现可持续生活等目标。唯有以伦理为基石，这些组织才能引导元宇宙朝更好的方向发展。同时，企业除了为自身的利益相关者创造可观的利润之外，还应为文化、艺术、合作和交流的进一步发展做出贡献。这是一个复杂的议题，但如果我们将伦理置于讨论的核心，元宇宙将成为对社会更有益的力量。

隐私 / 安全

早期互联网和 Web 的设计者并没有在规范中充分考虑安全和隐私问题。底层架构和传输控制协议 / 互联网协议第 4 版、超文本传输协议等的设计未能注重保障安全和隐私。密码以明文形式存储，路由器和系统账户仍然采用出厂默认设置，操作系统和应用程序在设计和实现时也未充分考虑安全性问题。即便在今天，域名系统也因设计上的漏洞存在安全风险。

在个人计算机和大型计算机与互联网互联互通的年代，传统的信息安全措施已经无法应对当前的情况。在电子商务领域，为了保护信用卡和消费者信息，最低限度的安全措施已经成为必需。黑客、黑客组织，甚至国家等恶意行为者利用漏洞入侵电话交换机（当时用于互联网），攻击路由器，并渗透军事、电子商务和基础设施系统。

虽然传输控制协议 / 互联网协议第 6 版主要是为了解决 TCP/IPv4 地址数量的限制，但同时它也引入了更高层次的安全性需求。计算机操作系统和应用程序也经常需要通过补丁修复来解决安全漏洞，并且数据通信的加密已成为固定的标准。此外，强密码和生物特征识别技术的结合也受到了强制执行。

随着安全的重要性不断提高，隐私也变得越来越重要。消费者信任社交媒体、电子商务、医院和银行等机构可以保护他们的机密信息。恶意行为者试图突破这些和其他机构的防御，以获取包含敏感个人信息的大型数据库。这些信息可以被用于不良目的，甚至被出售给最高出价者。防止这些恶意行为者的攻击非常重要，所以许多企业创立了负责隐私的高管职位。

许多图书、课程以及大学课程都详细介绍了计算机安全和隐私的主题。本节将针对元宇宙的安全和隐私概念进行评估，并为此展开对话。

元宇宙安全性

元宇宙的主要目标是营造一个沉浸式的环境，具备完整的经济、治理系统、物品所有权以及社交联系。人们需要有安全感，并确信他们的私人信息得到了保护。为了让用户在访问、参与商业活动和社交互动时感到安全和放心，安全性和隐私保护必须置于元宇宙的核心地位。

元宇宙由机构、企业、政府和个人资助的虚拟世界组成，这些世界通常是在云端或本地进行托管。因此，为了确保平台的安全性，提供者需要遵循以下最佳实践：

· 对团队成员进行安全实践、政策和程序的培训。
· 强制使用复杂密码，并利用生物特征识别技术进行登录验证。

·保护网络安全，包括无线。

·制定完善并经过测试的备份策略，加以执行。

·安装防恶意软件和反病毒软件。

·保护任何物理设备。

·定期进行操作系统、固件和应用程序的安全更新。

·制定、发布和测试事件响应计划。

·数据在网络中的所有节点都必须加密，尤其是个人消费者数据。

增强现实和虚拟现实

增强现实和虚拟现实是提供高质量、引人入胜和沉浸式体验的必要元素。增强现实收集和接收存储在中心化或去中心化数据库中的数据，具体取决于应用程序。无论是在传输和接收过程中（即传输过程中），还是在数据库中，抑或在增强现实/虚拟现实设备上，这些数据本身就可能会被攻击者篡改或窃取。每种情况都代表了一个潜在的安全问题，并为攻击提供了途径。

与这些设备相关的一些问题包括以下方面：

·当增强现实/虚拟现实设备受到攻击时，有哪些安全和隐私问题需要考虑？

·如何保护传输过程和数据库中的数据？如何保护用户免受电子欺骗（spoofing）[①]？

·鉴于虚拟替身无法像指纹或视网膜扫描一样证明身份，如何在虚拟环境中验证身份？

·数据是否会与第三方共享？消费者如何控制这种共享？

·增强现实/虚拟现实设备如何接收固件和安全更新？

社交工程

在现实世界中，身份通常可以通过提供驾照、社保卡或护照等文件来证明。而身份的认证通常基于识别个人的面部或其他身体特征。然而，在虚拟世界中，人们如何证明自己的身份呢？他们可以创建一个具备所需特征的虚拟替身，但这

---

① 在网络上或邮件中假冒他人的行为或事例。

同时也为恶意实体提供了利用社交工程欺诈用户、窃取个人信息并进行欺诈活动的机会。

市　场

市场用于购买、出售和交易各种数字资产，如非同质化通证。由于其特殊性质，这些市场必须存储包括个人财务在内的其他个人信息（通常存储在个人的在线钱包中）。这也意味着市场的安全要求相当高，等同于银行和其他金融机构的安全要求。

区块链安全

当区块链首次问世时，人们一度认为它是不可被攻破的，因为攻击者至少需要占据 51% 的网络资源。所以，为何不利用这种计算能力来挖掘新的加密数字货币呢？但是，让人遗憾的是，2019 年，一名攻击者掌控了比特币基地（Coinbase）超过 50% 的计算能力，趁机篡改了交易历史，从而实现了多次使用加密数字货币的目的。这名攻击者随后窃取了 110 万美元，全球区块链资产交易平台网站芝麻开门（Gate.Io）也因此损失了约 20 万美元。

由此可见，区块链的安全性并非不可侵犯，它也存在被攻击的风险。另一个问题是，用于加密区块链块的底层加密方法是否容易受到攻击。黑客以前已经成功破解过加密，最著名的例子就是破解有线等效隐私协议（wired equivalency privacy，WEP）等网络安全协议。这也意味着，用于加密区块的加密方法同样可能会受到攻击。如果加密容易受到攻击，整个区块链如何才能升级到更加先进、更安全的加密方法呢？

身份盗窃

身份盗窃是一种通过获取个人敏感信息并冒用其身份的行为。通常，攻击者通过获取社会保险号等敏感信息来实现这一目的。凭借这些信息，不法分子可以在未经被盗取者允许或知情的情况下以其名义申请信贷等活动。为此，元宇宙必须采取措施以预防或减少身份盗窃的发生。

数据安全

元宇宙需要海量数据支持，每天可能达到数十亿甚至数百亿字节。其中一部分信息将采用去中心化的方式存储——被复制到网络上所有（或多个）节点。大部分数据将集中存储在大型数据库中，因此实施元宇宙的一个重要问题是如何保证这些海量数据的安全。必须对所有数据进行加密，尤其是包含个人身份信息（personally identifiable information，PII）的部分。此外，还需要采用最佳的安全实践来保护数据的安全。

元宇宙隐私

当人们对元宇宙的日常生活依赖程度不断提高时，他们不可避免要在其中进行银行业务、购物、游戏、投资、参加音乐会以及各种其他活动。与互联网一样，隐私保护成为人们最为关注的问题。泄露个人数据的安全漏洞可能会严重损害企业的声誉。

> 我们必须深刻理解安全重于隐私的原则。良好的安全实践是保护隐私的基础。

个人身份信息，又称个人信息（personal information，PI），是指任何可以用于识别、定位或联系某人的数据。如果这些数据可以单独使用或与其他数据结合使用，就会被视为个人数据。其中的一些例子包括个人姓名、地址、电子邮件地址、密码、执照 ID 和信用卡号码。其他不那么明显的个人身份信息包括地理位置数据（即 GPS）、传输控制协议 / 互联网协议地址或者屏幕名称。个人身份信息数据是任何可用于识别个人的数据。

州、省、国家、国际各级都制定了各种标准和规定。《加州消费者隐私法案》（CCPA）和《通用数据保护条例》（GDPR）为保护个人信息制定了标准和法律。组织必须了解其所在地和业务所在地的隐私要求（重要的是，如果在欧洲开展业务，美国企业必须符合 GDPR）。

保护个人身份信息的技术有许多种，通常是降低数据的可识别性，例如屏蔽数据（如用星号覆盖密码）、缩短数据（如将姓名从"Joe Smith"变为"J. Smith"）或聚合数据（如"10个人中有8个人喜欢这部电影"）。

除其他内容外，与资料私隐有关的主要关注领域包括：

·医疗保健；

·宗教数据；

·政治信息；

·私密或高度个人数据；

·遗传信息。

有时候，确定信息的敏感性并不像表面上看起来的那么简单，必须考虑到信息的上下文。例如，电子邮件地址本身可能不被认为是敏感的，除非它与其他敏感信息相关联。

必须明确哪些公司有权访问个人信息，并将其限制在那些真正需要了解个人信息的公司和人员上。例如，支付卡行业数据安全标准（PCI DSS）规定信用卡号码必须加密。当然，反欺诈部门在查案时可能会需要偶尔查看这些密码。在这个情况下，只有真正需要知道这些信息的员工才能解密和查看信用卡号码。

企业组织必须深切关注并贯彻良好的安全和隐私实践，这符合消费者、员工、利益相关者和组织的最佳利益。最佳实践必须渗透到整个组织中，这是实现目标的理想途径。每个人都必须了解安全和隐私，并且必须将其融入实际工作中。这不仅包括每个部门的每个人，也包括合同和开发人员。

数据通常会经历一个特定的生命周期，如下所述：

·对数据进行收集。

·对数据进行加密和存储。加密可能在数据收集过程中进行。

·根据需要使用信息。

·根据组织的隐私政策，数据可能被分享。

·数据可能被归档或销毁。请注意，分散存储在区块链中的数据通常不会被归档或销毁。

为确保数据始终保持私密，必须将保护数据隐私和完整性纳入任何系统或应用程序的设计中，并贯穿整个生命周期。

标准、治理和法规

标准、治理和法规是现代数字世界的基石，实现了系统的协调运作。此外，我们也必须考虑传输控制协议 / 互联网协议标准如何定义互联网通信的工作方式，这意味着人们可以互通互联并进行业务操作，无须担心计算机的连接方式。Web 1.0、2.0 和 3.0 以类似的方式工作，即任何人都可以使用他们的 Web 浏览器和应用程序，与全球的服务器和系统进行互操作。我们都不需要担心网站是否可以在浏览器中运行，因为根据标准，所有浏览器都必须接受超文本标记语言、Java 脚本（Java Script）和其他基于 Web 的语言。

为了让元宇宙以同样透明的方式运作，我们需要一套标准、治理和监管制度。有了这些标准，人们可以自由地在不同的世界之间转移他们的虚拟财产，而无须操心这种转移是如何实现的。一如我们可以在 Web 上从一个网站跳转到另一个网站，我们也可以自如地进入和离开不同的世界。

以下标准都是大家所熟知的。

行业标准：这些标准适用于行业，旨在确保设备和软件之间的无缝协作。如：

· IEC 60038 标准电压；

· IEC 60228 绝缘电缆的导体；

· IEC 60269 低压熔断器；

· IEC 60320 C13 连接器和 C14 插头；

· IEC 60884 家用插头和插座；

· IEC 61970 能量管理系统应用程序接口；

多重标准：硬件和软件标准协同工作，旨在支持各种技术需求。如：

· 蓝牙；

· 通用串行总线（USB）；

· 高清晰度多媒体接口（HDMI）；

· 小型计算机系统接口（SCSI）；

· 以太网；

· 传输控制协议 / 互联网协议；

· 超文本传输协议安全；

· 无线；

· 显示端口。

一系列标准

许多标准组织将会一如既往地为开放和包容的元宇宙做出贡献，包括：

· 万维网联盟；

· 电气和电子工程师协会；

· Web 3D[①]；

· 科纳斯（Khrono）[②]。

其中一个组织"元宇宙标准论坛"正在帮助制定下一阶段的互操作性标准，其方式与 W3C 定义 Web 标准相同。科纳斯集团总裁尼尔·特拉维特（Neil Travett）解释说：

> 元宇宙将集合各种技术，离不开由许多标准组织创建和维护的一系列互操作性标准。元宇宙标准论坛是一个独特的场所，可促进标准组织和行业之间的协调，旨在促进实用和适时的标准化，为开放和包容的元宇宙提供重要的支持。

2022 年，元宇宙标准论坛成立，旨在汇聚公司、企业和组织，共同开发构建开放元宇宙所需的互操作性标准。该论坛的主要目标之一是确定互操作性标准方面的差距，这可能会延误元宇宙的开发和部署。论坛向任何组织免费开放。

许多行业领袖认为，建立开放标准的基础是实现元宇宙全部潜力的最佳方式。许多互操作性标准都是必不可少的，而且需要由标准制定组织（standards developing organizations，SDOs）领导，例如科纳斯集团（The Khronos Group）、

---

① Web 3D 是一种使用 Web 技术（如 HTML、CSS 和 Java Script）创建和呈现三维图形的技术。

② 专注于制定开放标准的行业协会。

万维网联盟、开放地理空间协会（The Open Geospatial Consortium）、开放 AR 云组织（The Open AR Cloud）、空间网络基金会（The Spatial Web Foundation）等。

为什么需要标准

标准是技术和数字时代运行的重要基石。换句话说，网页遵循特定的标准，由一系列标准定义的超文本标记语言编写。浏览器始终依赖这些标准来解释和显示数十亿个网页。没有这些标准，这个数字世界就无法正常运转。

图像的工作方式与此类似。每种图像格式都遵循一定的标准。如果没有这个标准，图像文件只是一系列随机字符和数字，毫无意义。标准阐述了如何对这些文件进行解释，从而生成可见的图像和元数据。

元宇宙包含许多不同的组成部分，例如图像、文本、视频、三维动画、区块链、NFT 和去中心化自治组织。所有这些组成部分的创建、修改、显示和保护，都离不开标准对应用程序的指导。虽然许多标准已经明确定义（例如图像），但也有一些标准正在进行或尚未设计。

换句话说，标准是定义跨行业操作方式的协议。一旦标准被接受，企业便可以使用它来设计和构建产品，顺利实现产品的互操作性。

愿 景

不同规模的企业和组织正在合作创建标准，以便设计、实施和部署元宇宙。元宇宙标准论坛指出，以下技术需要标准化：

· 合成视觉现实；

· 实用的扩展现实光学技术；

· 实时环境扫描和语义理解；

· 用户端的 3D 内容创建工具；

· 物理模拟；

· 远程社交互动；

· 支持数百万并发用户；

· 大规模地理空间数据集的流处理；

· 持续的真实世界地理位置锚定；

· 通用数字孪生技术；

· 在线人物角色和社交联系；

· 逼真的虚拟替身；

· 可分享的消费者资产；

· 安全和隐私；

· 在线经济和货币。

因为有了这些标准，企业可以部署经过验证的技术，从而为所有消费者创造机会和价值。

开放标准

元宇宙标准论坛主张采用公开的标准，这些标准确保元宇宙的各个部分、应用或系统能够相互协作以及可互操作。也就是说，无论是由哪个开发者或提供商创建的元宇宙，采用开放标准有助于避免封闭的生态系统，促进互联互通。

小　结

元宇宙的坚固根基立足于业界广为认可的开放标准。此类开放标准可以支持虚拟物品在不同的虚拟世界之间转移，同时让用户在任何时候都能够使用相同的虚拟替身。治理和法规将会执行这些标准，以确保它们得到普遍接受和应用。

开放标准的创立和应用推动了互联网、万维网、浏览器、硬件、应用程序以及所有技术相关领域的发展和普及。甚至于电力在家庭和企业中的工作方式也离不开标准的制定。

在道德、安全和标准的加持下，我们可以专心致志地定义元宇宙原则，将社会各阶层紧密地连接和团结在一起，携手协作，共同繁荣发展，享受更美好的生活。

第11章 联系、团结和社区

要想在生活中获得幸福和健康，人们需要具备哪些条件呢？幸福的人们是否都有某种共同的生活方式，而那些通常不幸福的人则缺乏这种方式呢？

还记得经典电影《生活多美好》（*It's a Wonderful Life*）吗？在这部假日颇受欢迎的影片中，詹姆斯·斯图尔特（James Stewart）饰演的主人公乔治·贝利（George Bailey）一度感到自己的生活毫无希望。但幸运的是，一位守护天使出现了，向他展示如果他不在的话，他的城镇和居民会变成什么样子。这让乔治认识到，生活不仅仅关乎金钱和物质财富，更关乎与家人和朋友建立的深厚关系。

2015年，皮克斯动画工作室推出了电影《头脑特工队》（*Inside Out*），讲述了年轻女孩莱利（Riley）的冒险故事。影片生动地描绘了她的五种情感：喜悦、悲伤、愤怒、恐惧和厌恶。在电影中，我们跟随这些情感的引导，帮助莱利面对一系列的人生挑战。她深知每一种情绪都有其价值，通过经历各种情绪的波折，她逐渐学会了如何获得幸福。影片中流淌着一股未明示的情感，即友谊和家庭的重要性提升了莱利生活的品质。

《修女也疯狂》（*Sister Act*）是另外一部关于人性历程的电影。主角德洛丽丝（Deloris）由乌比·戈德堡（Whoopi Goldberg）扮演，因证人保护而被迫藏身修道院。她在那里领导唱诗班，并以她充满活力和热情的个性改变了修女们的世界。到电影结束时，德洛丽丝体会到了友谊的价值，认识到自己是一个充满爱心和关怀的人。

每一部电影都试图以独特的故事叙述人们追求幸福和满足的经历。乔治·贝利、莱利和德洛丽丝都经历了重重挑战，但最终领悟到了社会关系、家庭和朋友的珍贵，从而让他们的人生更加完整。他们能够克服困难，获得幸福，离不开他们亲密的社会网络的支持和鼓励。

在人生的道路上，我们总会遇到那些看起来永远都很快乐的人，他们似乎毫不费力地应对生活的各种困难。他们似乎不受压力、焦虑和抑郁的影响，而是享受着健康、成功和美满的生活。然而，也有许多人的生活充满了挑战和困难。

在大多数人的一生中，他们首先关注的是培养谋生和养家所需的技能。这是多年来的一种基本模式，尽管我们的技术不断进步，但这个模式却一直没有改变。许多人认为，生产力是幸福的关键。换句话说，一个人挣得越多或产出越多，他就越快乐。但这一说法是否属实呢？我们拥有的金钱和物质越多，我们是否就会越快乐？

哈佛大学的格兰特与格鲁克（Grant & Glueck）开展了一个"成人发展研究"项目（Study of Adult Development），旨在找到这个答案。格兰特小组由 268 名男性组成，他们都是哈佛大学 1939 年至 1944 年间的毕业生。格鲁克的研究小组由 456 名男性组成，他们都是来自波士顿市中心低收入家庭的男性。这项研究对这两组完全不同背景的男性进行了长达 80 多年的追踪调查。研究希望找出是否存在可识别的因素，用于预测人们随着年龄增长时的健康和幸福状况。

联系的力量

研究表明，人际关系（即联系）是生活中幸福和满足的关键，特别是高质量的关系。然而，许多人却渴望追逐物质财富、名声和表面的成就。最近的一项研究报告指出，千禧一代（Millennials）[1] 中有 49% 的人想要致富，而婴儿潮一代和 X 世代（Generation X）[2] 分别为 40% 和 55%。这个愿望与"成人发展研究"中男性的愿望没有太大的不同。然而，随着时间的推移，我们发现那些在事业和生活上取得成功的人会深深投入与家人、朋友和社区的关系及联系中。

---

[1] 千禧一代通常被定义为 1981 年至 1996 年之间出生的人。

[2] X 世代是指 1965 年至 1980 年间出生的人，他们在 20 世纪 80 年代长大，是未知、迷茫的一代人。

2016 年 1 月 25 日，心理学家、精神分析学家和禅师罗伯特·瓦尔丁格（Robert Waldinger）博士在 TED 演讲中详细介绍了这项研究以及有关幸福的发现。瓦尔丁格博士撰写了多篇科学论文和两本书，并在波士顿的马萨诸塞州总医院任教，指导精神病学住院医生和医学生。

在 TED 演讲中，瓦尔丁格博士深入探讨了美好生活的内涵。他谈及"成年人发展研究"（关于幸福的全面研究）中的经验和教训，以及促进长期幸福和健康的行为和态度。他指出，我们的教育体系通常强调个人必须专注上进、谋求生计和努力工作，这似乎成了追求美好生活的主流思维。

诚然，追求接受教育、寻找合适工作和拥有竞争力是非常合理的目标，因为它们能够帮助我们获得稳定、健康和幸福的生活。但是，如果我们过分强调这些目标，而忽视了社交生活、家庭和朋友，那么我们就可能失去通往幸福和满足的道路。

瓦尔丁格博士解释了人际关系的三个重要训诫。人类渴望社会联系，缺乏社会联系会导致孤独感，而孤独感是一种致命的情感。保持良好的社会联系可以带来快乐、健康和长寿。缺乏这种联系会导致幸福感降低、健康问题增加、寿命缩短，甚至会影响大脑功能。

他表示："良好的人际关系对于我们的身体健康和寿命有着积极的影响。"

在生活中，我们都会有孤独的时刻，即使身处于一群朋友之中也可能感到孤独。而有时候，最孤独的时刻往往是在不充实，甚至有毒的关系中度过。即使那些看起来非常善于交际、人脉广泛的人，也有可能比表面上展现的更加孤独。人际关系的质量比社交互动或联系的数量更加重要。

另一个训诫是，冲突会对心理健康造成负面影响。有毒的友谊、糟糕的婚姻和不满意的工作环境往往会让我们感到痛苦，这可能会导致身体健康状况不佳、认知能力下降和不快乐。换句话说，即使存在社会联系，不良的联系也会对心理健康造成不良的副作用。

研究表明，健康的人际关系对大脑的功能有益。换言之，随着年龄的增长，对他人的依赖会成为一种有益的行为。如果个体在面临困难时能够依靠他人，他将可以保持更清晰的记忆。相反，无法依赖他人的个体则可能会更早出现记忆力衰退。在这种情况下，人际关系的质量又不如人际关系的数量来得重要。事实上，当个体面临困难时，参与其中的人可以相互依赖和支持，从而共同克服挑战。

瓦尔丁格博士解释说："良好的关系不一定总是一帆风顺。一些七老八十的夫妇也会一天到晚争吵。但如果他们知道遇到困难时可以互相依靠，那么这些争吵就不会对他们的记忆力产生不良影响。"

他总结道，长寿、幸福的关键在于人际关系的品质。快乐的人通常都和朋友、家人、同事以及其他人建立了良好的关系。因此，社会关系是体验幸福的最重要因素。

瓦尔丁格博士表示，"虽然我们也认为拥有良好人际关系的人会更快乐，但我们一开始并不相信数据得出的结论，即良好的人际关系能让我们的身体更健康、更长寿。"但之后，其他研究也陆陆续续得出同样的结论。

联　系

乔恩·莱维（Jon Levy）在他的著作《邀请联结：建立联系、信任和归属感的艺术与科学》（*You're Invited: The Art and Science of Connection, Trust, and Belonging*）中也谈到了信任、联系和社群的必要性。

乔恩写道："以独特的方式将众人聚集在一起可以唤起无穷的感染力。"他继续表示："毋庸置疑，你身边的人至关重要。他们将决定你的成功（无论成功对你意味着什么），并有可能改变你的生活的方向。"

他进一步指出："建立有意义的联系是最为普遍的成功策略；与那些能影响我们、影响生活和影响所关心事物的人联系，这才是关键所在。"他最后写道："人类需要联系的程度，是任何物种都无法比拟的。它是我们得以生存的根源。"与老虎或海龟独行独断不同，我们注定要互相依赖，共同生存。

既然有意义的联系是幸福、健康和有意义的生活的关键之一，那元宇宙又如何在建立和鼓励联系方面发挥作用呢？显然，互联网深刻地改变了我们的社会，例如，员工可以居家办公，用智能手机进行交流，从全球订购产品。

互联网带来的意外效应

然而，我们也必须思考互联网和技术进步带来的一些意外效应，它们深刻地影响个人、企业、社会、政府甚至全球。意外效应是指因无法预料到的行为而导致的结果。经济学家和社会科学家们常常会引用意外效应法则（law of unintended consequences），它不分好坏——只要是没有预料到或计划到的结果，都可以算是意外效应。

从社会层面来看，我们必须诚实地探讨这些问题，这样才能找到更好的解决方案。以下将对意外效应进行概述，试图以一种有益、高效和有效的方式来重新构建未来，从而创造一个积极的元宇宙，为这个依靠众人灵感而生存的超级有机体提供支持。接下来，让我们一起探讨与互联网与技术相关的一些意外效应。

互联网让人类两极分化了吗

据《科学美国人》（Scientific American）报道，数字平台并不一定会导致人们两极分化；研究人员发现，实际情况与此相反。然而，他们确实发现了一个不同之处：数字平台放大了有影响力的人，这些人可以利用他们对数百万人的影响力，激进化或者极化大量群体。在平等主义群体中，任何人都有机会提出想法，平等主义群体倾向于重视质量和内容，而不是依赖某些有影响力的人的偏见或意见。在集中化群体中，由于群体追随一个或几个有影响力的人，这种集中化的管理方式可能会放大影响者存在的偏见。

综合各种因素，互联网提高了个人和群体查看数据的速度和数量。消息可以在几秒钟内传播给数百万人，并且可以被无数次分享和转发。随后，由影响者（或一群影响者）创建的虚假或不准确的数据可以迅速传播，并在没有事实核查的情况下被相当大的群体接受。

悉尼大学的乔丽娜·辛纳南（Jolynna Sinanan）提出了另一种观点："我们今年（在美国）看到的各种极端事件，在很大程度上都是'个体的价值不可或缺'（I matter as an individual）的外化。"

因此，互联网带来了一个预料之外的后果，它为人们提供了一个快速、简便且通常没有后果的交流渠道，从而使人们更容易强调自己的身份和信仰。

互联网是否创造了回声室效应

如果群体中某个人的观点不断地得到同样的回应时，就会导致回声室效应

（echo chambers）①。这种现象本质上会加强此人的观点，塑造出一种信仰体系，并使其与持有相反或冲突观点的人隔离开来。他总是看到自己的观点在群体中反复证实，这进一步坚定了他脑海里对自己的深信不疑，结果就只会强化个人的证实偏见（confirmation bias）②。

　　回声室效应是数字平台、搜索引擎和在线社交团体的附带效应。人们可以通过数字平台快速找到拥有相同观点和信仰的人并与之交往，这往往会形成回声室效应。搜索引擎和数字平台算法进一步强化了这种现象。

　　基本上，快速的信息传播和形成同质化的社交圈，再加上搜索引擎和数字平台算法的作用，往往会导致回声室效应的产生和加强。当初构思互联网时，人们肯定没有预料到这种影响。

互联网是否放大了情绪化、愤怒或虚假的帖子或信息

　　互联网开创了人类历史上一种前所未有的交流方式，让人们可以跨越时空，与全球各地的个人或群体进行交流，自由分享自己的想法、情感和思想。然而，据研究发现，网络上的帖子往往呈现出"正向偏差"（positivity bias），即大多数帖子都充满着阳光向上的内容。同样值得注意的是，专业新闻网站538（FiveThirtyEight.com）在 2016 年进行的一项研究中发现，针对这些帖子的评论者们往往自认为是某一领域的专家，因此他们的回复往往充满激情、情绪化和敌对性。除此之外，互联网的匿名性和标题党的煽动性更进一步衍生出愤怒的帖子。

　　因此，互联网和数字平台会进一步放大愤怒等负面情绪，轻易地导致虚假信息的传播。早在互联网的设计和实施之时，这一切都是始料未及的。

互联网是否会增加暴力事件的可能性

　　根据美国疾病控制和预防中心（Centers for Disease Control，CDC）发布的报告，电子攻击已逐渐成为一个新兴的公共健康问题。引用的数据显示，网络骚扰正在愈演愈烈。2000 年，10 至 17 岁年龄段的互联网用户中，仅有 6% 的人曾遭

---

① 回声室效应是指在一个相对封闭的环境里，一些意见相近的声音不断被重复，甚至被夸张扭曲，令身处其中的多数人认为这些声音就是事实的全部。

② 个人的证实偏见是指一种寻找确定性证据而拒绝或者忽视不确定性证据的心理倾向。

受网络骚扰；然而到了 2005 年，这一比例已攀升至 9%。尽管对于数字平台和互联网发生或引发的攻击和暴力的研究尚处于初步阶段，数据还不完备。但早期的结果却支持了这样的假设：互联网导致的骚扰和暴力事件呈上升趋势。对于 Web 和互联网的缔造者而言，这种暴力事件的增加是意料之外的。

互联网是否会帮助外国政府播撒纷争

根据联合国支持的一项研究："互联网和数字平台并非暴力行为的起因，而是更广泛的暴力激进化过程的催化剂。"研究人员还发现，数字平台被用于散布恐惧，加剧社会分化。他们强烈建议新闻媒体"避免制造恐慌、强化成见、宣扬证实偏见和散播虚假新闻以及制造'媒体恐慌'，同时要在年轻人激进化的情况下重申媒体道德的重要性，以抑制暴力极端主义的滋生"。

此外，综合性战略研究机构兰德（RADN）发布的一篇论文《打击社交媒体上的外国虚假信息》（Combating Foreign Disinformation on Social Media）揭示，一些外国政府资助了数字平台上的虚假信息宣传活动。互联网协议的联合发明者文顿·瑟夫（Vinton Cerf）总结道："我们从未想到有人会有意破坏这个系统。"

鉴于早期互联网设计的协议和标准在安全方面不够完善，我们可以推断出，利用互联网播撒纷争不在设计者的预料之中。

互联网会降低人与人之间的信任吗

互联网在设计之初并未考虑到信任和安全问题。数字平台和快速的信息传播让人们对是否可以信任他人感到困惑，即使这些人是陌生人。谷歌公司的副总裁、首席互联网布道官，互联网协议联合发明者以及互联网名人堂成员文顿·瑟夫曾指出：

> 信任正在互联网环境中迅速消失。除非内容和服务供应商增强保护用户信息的能力，否则信任将会继续蒙受打击。强身份验证对于应对账户劫持（hijacking of accounts）[1] 非常关键。

---

[1] 账户劫持指黑客或恶意攻击者通过各种方式获取到用户的账户信息，例如账户名、密码、安全问题答案等，并用这些信息入侵用户的账户。

互联网和数字平台未考虑信任问题，因此，由此带来的信任流失并非他们能预料到的后果。

互联网会导致更强烈的民粹主义运动吗

根据美国国家医学图书馆（National Library of Medicine）的说法，数字平台和互联网在传播信息方面具有巨大的力量，可以帮助个人或组织更快地接触到更广泛的受众。这种力量在某些情况下可能会被民粹主义者或其他运动滥用，为他们接触大众提供更快速、更有效的渠道。互联网的设计者没有完全预料到这种潜在的影响。

这如何适用于元宇宙

元宇宙将为世界各国人民提供一种普遍且快速的交流手段。在元宇宙的设计和实现中，必须考虑到它对个人、群体和整个社会的影响。否则，这些问题将会同样出现在元宇宙中。只有通过建立良好的安全、隐私和信任机制，元宇宙才能成为一个安全的场所，供企业和个人进行娱乐、获取信息以及业务交流。

联系：解决方案

接下来，我们将会探讨 7 个关键领域，以确保我们打造出一个富有成效且具有包容性的元宇宙，为世界带来增量价值。

用户认证

在当前的实践中，用户认证通常涉及创建带有相关电子邮件地址、密码、双重验证代码或生物特征识别的账户。平台会要求用户输入年龄和其他数据，但这一切都未经验证。在创建账户后，用户可以执行阅读、发布和编辑任务，并与平台上的其他用户建立联系。

为了加强认证，某些平台可能会要求用户提供与该平台无关的第三方身份验证，以下是一些可能的身份验证级别。

1.匿名身份验证。这是当前的普遍做法。用户可以创建匿名账户，不需要提供任何真实信息。

2.添加验证码。在创建账户时，用户必须通过验证码和其他防机器人技术来证明他们是人类而不是机器人。这将确保账户只能由真正的人类创建，但是如果恶意用户手动创建大量垃圾邮件账户，验证码并不能阻止他们。

3.验证用户的唯一身份（但不会存储信息用户）。在创建平台账户时，用户必须通过与平台无关的第三方身份验证，来证明自己的身份是唯一的且真实的。这一步骤在用户创建账户时执行一次。此外，平台会限制每个用户只能创建一个账户。

4.使用第三方进行认证，但信息会被储存。

5.验证每个人的身份，要求用户使用真实姓名发帖。

确保持不同政见者和告密者的安全和保护，需要特别关注身份验证的级别。

年龄限制和适龄设计

一般而言，人们可以在数字平台（包括元宇宙）上发布他们想要的任何内容。但一些数字媒体也会存在一些受限主题，例如色情信息、疫苗谣言等。然而，要对符合这些限制的图像、视频（以及其他媒体）进行扫描是一项困难且资源密集的工作。

目前，大多数数字平台（和网站）只是要求用户输入年龄信息，但并没有进行有效的年龄验证。为了确保未成年人不会接触到不适宜的内容，必须创建一种能够验证用户年龄的方法，这需要通过第三方进行用户身份验证（即上述的选项3、4和5）。

平台问责制和透明度

数字平台已经成为全球普通民众生活中不可或缺的一部分，因此，平台必须在其运营实践中保持透明，并承担相应的责任。

·《平台问责制和透明度法案》（Platform Accountability and Transparency Act）将使独立研究人员能够在经过美国国家自然科学基金会（National Science Foundation，NSF）批准后使用平台数据。

·《2022年算法责任法案》（Algorithmic Accountability Act of 2022）旨在增强联邦贸易委员会（Federal Trade Commission，FTC）的权力，以监督和指导民营企业在算法影响方面的作用。

降低信息病毒传播的架构变化

每个数字影响者都渴望自己的内容能够被迅速传播，这意味着他们的帖子可以在短时间内被数千甚至数百万人看到。但是，我们也可以观察到，这种病毒式的传播也带来了不可忽视的负面影响，例如宣传恶意信息和其他不良内容可以在短时间内影响大量人群。为了遏制这一趋势，可以通过限制在一定时间内可以加入群组的人数，或通过修改分享功能来限制或减慢帖子的传播速度等方式来减轻这种传播的影响。

改变激励机制，减少喷子和反社会行为

从互联网和论坛出现以来，喷子或那些通过煽动情绪而在网络上骚扰他人的个体一直是个问题。在用户认证中，如上述的选项3、4和5，要求用户进行身份验证可以减少喷子的数量和影响范围。

改变参数，减少噪声信号比例

在数字平台上，信号代表着真实、准确、民主的信息，而噪声包括了谬谈、鼓吹，以及其他虚诞之辞，这些内容破坏了积极的交流氛围。高噪声信号比例意味着真实和准确的内容将主导讨论，而低噪声信号比例则意味着不真实的内容占据主导地位。因此，提高噪声信号比例是最理想的状态。

数字平台需要在设计中考虑检测和反制虚假、恶意和不真实的内容，同时不妨碍言论自由。整体而言，我们必须确保真实和准确的信息能够占据主导地位。

如果个人不知道与其交流的人是谁，就可能被操纵并分享恶意或虚假信息。因为他们无法判断这些信息是由恶意外国势力发布的，还是单纯的个人观点。增加作者身份的透明度（提高用户认证的标准）是一种缓解措施。针对这个问题，一些相关法律被提出，包括以下几部。

·《自动程序披露和问责法》（Bot Disclosure and Accountability Act）旨在防止候选人、竞选团队和政治团体使用机器人进行政治广告。

·《诚实广告法案》（Honest Ads Act）要求维护所有针对赞助广告花费超过 500 美元的政治广告主名单。

·《加利福尼亚透明法案》（California Disclose Act）要求政治运动广告主列出前三名赞助商。

·《纽约州民主保护法案》（New York State Democracy Protection Act）要求广告的信息来源可供查阅。

为了增强识别机器人发布内容，目前仍有其他法律和指导方针正在制定。

深度伪造技术（deepfake）能够制造逼真的虚假视频、图片和音频。因此，《深度伪造责任法案》（Deep Fakes Accountability Act）要求任何深度伪造都必须添加一个无法删除的水印。

算法噪声也是一个不容忽视的问题。正如朱莉·科恩（Julie Cohen）在《平台经济的法律规制》（*Law for the Platform Economy*）一书中所述：

> 信息流的算法调节和选择意在将有争议性的材料定向于接受性受众……激发人们对抗那些与自己倾向或偏好的叙述相矛盾的事实，助长妖魔化和滥用的现象……新型数据收集技术旨在识别用户情绪和情感……这进一步恶化了这些问题；越来越多的网络信息流更加注重潜意识层面以及情感层面的吸引力。

因此，监管机构和行业需要共同制定标准和法规来解决这些问题。

联邦监管的必要性和合法性

权力越大，责任越重。数字平台深刻地影响着全球数十亿人的生活，承担着个人和企业建立社会联系，传递的信息，完成商品交易的重任。难道它们对全球数十亿人和企业的福祉的重要性不需要更多的监管吗？

这种影响对人们和企业的福祉至关重要，因此监管机构需要意识到数字平台的重要性，借鉴《多德 – 弗兰克法案》（Dodd–Frank）的监管规定，明确哪些公司具有系统重要性。监管机构还应建立一个论坛或委员会，以便讨论技术风险问题。

在众多问题中，数字平台的一个重要目标是遏制吸引眼球的操纵行为，为数十亿用户提供更多自主权。尽管许多平台是免费使用的，但它们会产生多巴胺反应，让用户长时间沉迷其中。据统计，醒着的美国人平均有 40% 的时间（青少年高达 60%）都在上网。因此，数字平台需要被指定为具有系统重要性的平台，从法律上要求其向中间件开放自己的平台，以便用户管理自己的体验。

此外，如果一家大数据公司破产或关闭，用户数据将如何处理？现有的治理框架无法处理这种意外情况。因此，我们需要制定议程，以确保在研究和决策中考虑这些可能性。

团结：群体智能（swarm intelligence）

单枪匹马的力量远不及众志成城的力量。这种团结在自然界中也有所体现。科学家们观察到昆虫和动物如何成群结队地合作，以提高整个群体的生存机会。同样，团结的力量也可以被应用于商业领域，带来更多的机遇、效率和成果，一如人际关系可以对个人产生积极的影响。

正如《哈佛商业评论》（Harvard Business Review）所指出，美国西南航空公司（Southwest Airlines）曾经注意到有些机场的货运航班无法安排货物装载，尽管整个航空公司的飞机仅使用了平均为 7% 的货舱空间。这个问题令人困扰：

为什么会发生这种情况？又该如何解决呢？

美国西南航空公司在解决这个问题时，从自然界寻求答案。为了喂养蜂巢或群体，蜜蜂和蚂蚁等昆虫高效地觅食。它们如何找到最有效的觅食路线？借鉴自然的智慧，美国西南航空公司将这些经验应用于解决自身的问题上。出乎意料的是，他们发现有时候即使货物要前往非目的方向，也最好将其留在飞机上，而非急于卸货。一旦采用这种方法，他们的货运转移率降低了 80% 以上，每年的成本也减少了大约 1000 万美元。

这便引出了群体智能这一概念。群体智能是指分散或自组织系统的集体行为，由众多智力有限的个体基于简单原则相互作用而形成。

基于数学模型的研究方法描述了群居昆虫的行为，这些方法已经从理论向实践演进，直接应用于商业领域的问题和挑战。

在《哈佛商业评论》的文章中，作者指出，昆虫使用群体智能成功的三个特点是：

1. 群体具有灵活性，能够根据环境的变化进行调整。

2. 即使个体失败，群体也能够继续执行任务。

3. 个体自组织，没有中央控制或局部监管。

群体智能是一种应对企业日常问题的有效策略。以路由互联网流量这样的艰巨任务为例，法国电信（France Télécom）、英国电信（British Telecom）和世界通信公司（MCI WorldCom）等大型电信企业都引入了群体智能的概念。他们相信，通过这种技术的模拟，其算法将超越所有现有的流量路由方法。

群体智能的魅力还在于，它可将个体遵循简单规则所产生的复杂行为娓娓道来。进化历程中，昆虫社会的形态演化出一系列优化效率、灵活性和鲁棒性①的规则。那么，我们是否可以运用这些概念，用群体智能取代企业组织中的等级制度和统领结构，解决日常业务问题呢？

在《哈佛商业评论》中，作者们提出了一个观点："我们相信这些发现对企业具有深远的意义，因为组织规模、市场特征和竞争环境都是商业世界中相互交

---

① 鲁棒性（robustness）是指系统或者算法在不同的情况下，仍能够保持稳定和可靠的能力。具体来说，在面对一些意外或异常情况时，鲁棒性强的系统或算法能够保持其功能和性能，而不会因为这些异常情况而崩溃或失效。

织的元素。当市场波动频繁、持续时间短暂但规模巨大，且竞争对手可能随时从任何地方冒出时，我们认为理想的企业规模应该是中等大小（作为大型企业集团的一个业务单元）。更重要的是，我们认为组织应该拥有强大的内部机制，以实现甚至鼓励创新。"

运用群体智能的概念有助于帮助企业在元宇宙中取得成功和繁荣。如果元宇宙能得到正确建造，它将联合和凝聚人们，为个人和企业带来福祉，同时也形成有益于整个社会的社区。

社　区

在之前的章节中，我们已经探讨了许多人参与虚拟社交活动和玩虚拟游戏的原因：寻找友谊，获得社交团体或社区的归属感（即与他人建立联系的感觉）。在这个数字时代，与朋友社交已成为参与虚拟世界和元宇宙的最强动力。

但凡使用过社交媒体的人都可以深刻体验到人际关系的重要性。如果没有联系（或常被称为朋友），那么我们所发布的照片、视频和信息将不会有人看到、点赞、分享或评论。在大多数情况下，这种单方面的发言往往会变得无足轻重。因此，许多人加入社交媒体都是为了与朋友和认识的人建立联系。

这也适用于游戏或社交活动。在现实世界中，除了单人纸牌游戏（Solitaire），大多数游戏都需要一个或多个其他游戏玩家一起玩。独自玩《大富翁》（Monopoly）、《超级战舰》（Battleship）或《国际象棋》（Chess）显得有点单调乏味。这种社交需求也延续到游戏世界。由于虚拟世界中已经存在或形成的联系，与在线或离线的朋友一起玩游戏将更具有吸引力和趣味性。

社交的重要组成部分之一就是与朋友和社交团体建立联系并团结在一起，从而产生一种社区感。在大多数社交媒体平台上，群组是将人们聚集到社区中的主要方式。在早期互联网时代，留言板则扮演了这个角色。人们可以体验到一种深刻的归属感，就像足球比赛的球迷们那样，留言板的版主和成员也常常会竭尽全力捍卫自己的团队。未来的元宇宙社区将会变得更加沉浸、引人入胜，且更有意义。

小　结

　　我们深知，联系是提升个人健康和幸福的重要因素。要让元宇宙实现最大的成功倍增效应，联系必须成为其核心价值主张的核心。元宇宙的第二个价值主张则凝聚着商业和组织层面的团结力量。自然界中的"群体智能"（也被称为"集体智慧"）正是这一团结力量的生动体现。元宇宙的第三个价值主张则围绕社区共享沉浸式体验而展开。

　　联系、团结、社区，三者融合便构成了赋能之道，引领着商业拓宽和社会进步迈向全新的辉煌时代。

第12章 结论：赋权的世界

地缘政治分析家彼得·泽汉（Peter Zeihan）认为，世界正在经历着不可预测的巨变。供应链断裂、人口结构崩溃、气候紧急情况、近期战争、通货膨胀及经济困境，种种挑战叠加。他总结道："地缘政治显示，自由贸易时代即将结束；人口结构显示，70年来一直是经济常态的消费驱动型增长时代正不声不响地走向终结。"

如此复杂的挑战让前瞻性的洞察变得异常困难。当前的经济工具很难甚至不可能提供可行的解决方案。因此，我们需要全新的方法来应对这些问题。

摩根大通银行董事会主席兼首席执行官杰米·戴蒙（Jamie Damion）强调了全球面临的挑战：

> 地缘政治的紧张局势、高通胀、消费者信心下滑、利率不确定性以及前所未有的量化紧缩及其对全球流动性的影响，再加上乌克兰战争对全球能源和食品价格的不良影响，这些因素很可能在未来对全球经济产生负面影响。

然而，从某些角度来看，这是一个"两个世界"的故事。斯科特·加洛韦（Scott Galloway）认为，从宏观角度看，如今的世界比以往任何时候都更加富有、自由，人们的受教育程度更高。

·1980年，全球40%的人口生活在极度贫困之中；2022年，这一比例降至20%以下。

·1980年，44%的人民没有民主权利；2022年，这一数字下降至25%。

·1980年出生的孩子预计只能活63年，如今这个数字已增加了10年之多。

· 1980 年，15 岁以上人口中有 30% 未接受正规教育；如今这一数字已减少了 50%。

毋庸置疑，世界日新月异。于是，企业应当抓住机遇，运用"持续效用"（persistent utility）这一战略方法和思维模式，为以下三个受众提供持续的服务循环，同时向元宇宙投资：

1. 元宇宙的创造者；

2. 从元宇宙中受益的消费者；

3. 正在扩张的企业。

查尔斯·达尔文（Charles Darwin）曾明言"适者生存"，这不是指最强壮或最聪明的生物能够存活下来，而是指那些最能适应环境变化的生物能存活下来。同样地，这个哲学也适用于企业，因为它们需要应对市场的颠覆，并加速向元宇宙转型（即将元宇宙融入自己的商业模式）。

传播集团 WPP 的首席执行官马克·里德（Mark Read）强调："我认为，对于公司和个人而言，成长才是最重要的。我们是否能充分发挥我们的潜力，是否能够留下让我们骄傲的事物？"

元宇宙有可能让企业的盈亏底线增长数倍，影响社会投资回报（social return on investment，SROI）和其他资本模型，包括环境、社会和治理（environmental, social and governance，ESG）模型。

经济与社会价值

正如本书所述，元宇宙是一个持久、互联的环境，其社会和经济结构与现实世界相似，并在真实世界和虚拟世界之间创造了文汇点。

为了凸显元宇宙的重要性，世界经济论坛（World Economic Forum）正在制定元宇宙战略：

……私营企业、民间团体、学术界和政策界的领袖人物正齐聚一堂，共同定义一个经济可行、可互操作、安全和包容的元宇宙，并着重关注两个核心领域：一个是治理，另一个是经济和社会价值的创造。

元宇宙将成为推动企业和社会实现增长的驱动力，并在此过程中解决联合国规定的 17 项主要可持续发展目标。

第 1 项目标：在世界各地消除一切形式的贫困。（No Poverty）

第 2 项目标：消除饥饿，实现粮食安全、改善营养和促进可持续农业。（Zero Hunger）

第 3 项目标：确保健康的生活方式，增进各年龄段人群的福祉。（Good Health and Well-being）

第 4 项目标：确保包容、公平的优质教育，促使全民享有终身学习机会。（Quality Education）

第 5 项目标：实现性别平等，为所有妇女、女童赋权。（Gender Equality）

第 6 项目标：人人享有清洁饮水及用水是我们所希望生活的世界的一个重要组成部分。（Clean Water and Sanitation）

第 7 项目标：确保人人获得可负担、可靠和可持续的现代能源。（Affordable and Clean Energy）

第 8 项目标：促进持久、包容、可持续的经济增长，实现充分和生产性就业，确保人人有体面工作。（Decent Work and Economic Growth）

第 9 项目标：建设有风险抵御能力的基础设施，促进包容的可持续工业，并推动创新。（Industry，Innovation and Infrastructure）

第 10 项目标：减少国家内部和国家之间的不平等。（Reduced Inequalities）

第 11 项目标：建设包容、安全、有风险抵御能力和可持续的城市及人类社区。（Sustainable cities and communities）

第 12 项目标：确保可持续消费和生产模式。（Sustainable Consumption and Production）

第 13 项目标：采取紧急行动应对气候变化及其影响。（Climate Action）

第 14 项目标：保护和可持续利用海洋及海洋资源以促进可持续发展。（Life Under Water）

第 15 项目标：保护、恢复和促进可持续利用陆地生态系统、可持续森林管理，防治荒漠化，制止和扭转土地退化现象，遏制生物多样性的丧失。（Life on Land）

第 16 项目标：促进有利于可持续发展的和平和包容社会，为所有人提供诉诸司法的机会，在各层级建立有效、负责和包容的机构。（Institutions，Good Governance）

第 17 项目标：加强执行手段、重振可持续发展全球伙伴关系。（Partnerships for the Goals）

企业增长

根据最新的麦肯锡全球调查（McKinsey Global Survey），55% 的企业将"实现业务增长及扩展市场"列为企业前三项优先级之一，这一比例几乎是几年前的两倍。麦肯锡发现，企业拓展的关键在于寻找未来收入增长的来源。而元宇宙则是一个近期收入增长的来源，因此需要采用不同的商业模式来开发这些增长领域。

花旗投资银行（Citigroup Investment Bank）在 2022 年初发布的报告中指出，元宇宙经济的总潜在市场规模在 8 万亿至 13 万亿美元之间。而高盛投资集团（Goldman Sachs）则预计，如果数字经济的三分之一能够转移到虚拟世界并增长 25%，那么这个领域的市场规模将达到 12.5 万亿美元。交代一下背景信息，全球 2021 年的 GDP 总额为 96.2 万亿美元。

这些前景如同一面旗帜，为专业人士、研究人员、艺术家和其他创新者呐喊助威，共同创造着社会、经济和文化的活力。为了满足消费者对于持续效用的更高期望，我们需要采用新的商业模式。

创意与创新

元宇宙将催生一种全新的非线性经济模式。全球各地的企业正在准备迎接这个虚拟世界，人们可以在其中玩乐、购物、社交和工作。在元宇宙中，人们将度过越来越多的时光，加入越来越庞大的社区，并为社区创造丰富的内容。这个去中心化的虚拟空间将会把当前不同的生态系统连接在一起。

元宇宙所带来的即时经济创造了一种全新的经济动态和模式，这需要一种以顾客为先、以实用性为核心的领导思维。这将为我们带来一个全新的时代，一个由创意驱动经济繁荣的时代。同时，这种新型元宇宙模式将会不断地拓展人们的技能。

斯科特·贝尔斯基（Scott Belsky）强调："如果我们从退出繁荣周期并退回约束和创新周期（相对于估值优化）中学到什么的话，那就是：太多/宽松的资金会延迟产品之间的精英管理，并且会分散我们追求正确目标的注意力。"

元宇宙是一种全新的虚拟社区参与模式，旨在通过提升业务扩展和客户价值，引领创意、技术和软技能的全新时代。

尽管元宇宙仍存在许多未知数，但正如沃顿商学院（Wharton School）的组织心理学家亚当·格兰特（Adam Grant）所言，我们需要建立增长思维，"虽然我现在还不清楚自己在做什么，但一切只是时间问题，我一定会找到答案。真正的自信在于相信自己具备学习的能力"。

策　略

实现元宇宙并不仅仅是一个简单的转换过程，而是要创造一个全新的经济和经济模型，将人、企业和社会紧密连接起来。元宇宙是一种经济倍增效应。

根据约瑟夫·熊彼特（Joseph Schumpeter）的创新理论，创造性破坏（creative destruction）就是"不断地从内部革新经济结构的工业进程，即不断摧毁旧的结构，创造新的结构"。这意味着，对现有技术规范可能会妨碍未来的创新，因此我们需要非常谨慎地思考元宇宙的规范方法。

我们可以自信地说，元宇宙将是由多种技术演变而来的，其使命是将人类效用放在首位。

赋权的世界

当我们从信息时代迈入元宇宙的创造时代，我们的决策将塑造未来。基于这一前提，如果我们放弃决策权，我们将会失去设计理想生活的能力。

谨慎设计的元宇宙将促进一个赋权的世界，包括性别赋权、社会赋权、教育赋权、经济赋权、政治赋权、心理赋权、身体赋权和个人赋权。

元宇宙将让每个人掌控自己的命运，而这也是一个呼吁企业以人为本，而非品牌为中心的时代。正如美联社（The Associated Press）战略高级副总裁吉姆·肯尼迪（Jim Kennedy）所言：

> 或许，我们也可以认为，元宇宙并非虚构，而是真实存在的新境界。我们在那里创造的事物，和我们在其中选择的活动，将成为真实存在的事物。因此，元宇宙将成为工作和娱乐的新天地。

英国摇滚乐队"齐柏林飞艇"（Led Zeppelin）似乎早已窥见元宇宙的未来，他们在歌曲《克什米尔》（Kashmir）中唱道："我是穿越时空的旅行者（I'm a traveler of both time and space）。"

随着元宇宙的到来，我们都将成为这个新维度中的旅行者和掌控者。

愿我们在元宇宙中相遇，共同探索这个新世界！